EL LIBRO PELIGROSO
PARA LOS CHICOS

Conn Iggulden

El libro PELIGROSO para los Chicos

Hal Iggulden

A todas las personas que nos dijeron «*Tenéis* que incluir...»
hasta que decidimos no hablarle del libro a nadie más por temor
a tener que incluir nuevos capítulos. Queremos dar las gracias muy
especialmente a Bernard Cornwell, cuyos consejos nos ayudaron a superar
un momento de dificultad, y también a Paul D'Urso, buen padre
y buen amigo.

«No os preocupéis por llegar a ser genios ni por no ser listos. Confiad más en el trabajo duro, la perseverancia y la determinación. La mejor máxima para una larga marcha es "No te quejes. Sigue adelante".

»El futuro está en vuestras manos. No flaqueéis jamás en vuestra fe. No os deis aires. El muchacho que se da aires –y lo mismo cabe decir del hombre ya formado– lo hace porque no da para mucho más. Es como un mercachifle que proclama a los cuatro vientos las virtudes de su mercancía. Cántaro vacío, con sólo aire hace ruido. Sed sinceros. Sed leales. Sed amables. No olvidéis que la facultad más difícil de adquirir es la entrega, y que como virtud, es uno de los máximos atributos de la hombría.

»Gozad del mar, del rumor de las olas y de la extensión de las colinas.

»Mantened limpios el cuerpo y la mente.»

Sir Frederick Treves, Bart, Caballero Comandante de la Orden Real Victoriana, Compañero de la Muy Honorable Orden del Baño, camarero del servicio regular de Su Majestad el Rey, cirujano personal de Su Alteza Real el Príncipe de Gales, escrito en el 6 de Wimpole Street, Cavendish Square, Londres, el 2 de septiembre de 1903, con ocasión del veinticinco aniversario de *The Boy's Own Paper*

SUMARIO

DE NIÑO YO NO TUVE
UN LIBRO COMO ÉSTE

—✳—

EN ESTA ERA DE LOS videojuegos y los teléfonos móviles hay que buscar un hueco para aprender a hacer nudos, construir casas en un árbol y escuchar narraciones sobre hazañas increíblemente valerosas. Siempre tenemos la impresión de que en la infancia disponíamos de más tiempo. Este libro te ayudará a revivir las tardes de domingo y los largos veranos de antaño, porque si sabes cómo evocarlos seguirán siendo largos.

La esencia de la niñez es la curiosidad, y tanto los hombres adultos como los niños pueden disfrutar con las historias de Scott en la Antártida y de Joe Simpson en *Tocando el vacío,* del mismo modo que revolviendo el cobertizo en busca de las piezas necesarias para fabricar un electroimán, cultivando un cristal, construyendo un monopatín o aprendiendo a encontrar el norte en la oscuridad. En estas páginas no sólo encontrarás batallas famosas, insectos y dinosaurios, sino también citas imprescindibles de Shakespeare, pistas sobre cómo fabricar puntas de flecha de sílex e instrucciones sobre cómo hacer los mejores aviones de papel del mundo.

¿Para qué sirven la longitud y la latitud? ¿Cómo se fabrica la tinta invisible o se transmite la clave empleada por Julio César para comunicarse con sus generales? En este libro encontrarás las respuestas a estas preguntas. Lo escribieron dos hombres que habrían dado hasta el gato por tener estas notas cuando eran niños. Bueno, lo cierto es que tampoco era un gato muy simpático. ¿Y por qué hemos querido escribirlo a estas alturas? Porque las cosas de las que trata este libro siguen siendo relevantes, y porque entonces nos habría gustado saber más sobre ellas. Pocas cosas resultan tan satisfactorias como saber hacer un as de guía decente cuando alguien lo necesita, o simplemente saber lo que pasó en Waterloo y la batalla del Somme. Se trata de cosas que hay que explicar una y otra vez para que no se pierdan en la noche de los tiempos.

Los relatos de hazañas valerosas pueden leerse como simples aventuras, o tal vez como fuente de inspiración, ejemplos de acciones extraordinarias de gente corriente. No son sólo unas historias formidables, sino parte esencial de una cultura, una parte de la misma cuya desaparición nos sumiría en una enorme pesadumbre.

¿Quiere esto decir que estamos chapados a la antigua? Pues según se mire. Los hombres y los chicos de hoy son como los de siempre: les siguen interesando las mismas cosas. Es posible que cuando se hagan mayores conquisten mundos nuevos, pero les seguirán encantando historias como éstas para ellos y sus hijos. Tenemos la esperanza de que en años venideros éste sea uno de esos libros que se sacan del desván para ilustrar a un par de chavales que están parados ante un montón de tablas de madera sin saber qué hacer con ellas.

Al hacerse mayor uno se da cuenta de que todo cambia, pero de niño sabe que no es cierto. La acampada perdurará siempre. Si te apetece aprender a hacer trucos con monedas y a jugar al póquer es porque nunca se sabe cuándo pueden ser de utilidad tales conocimientos. Conviene ser autosuficiente y saber orientarse guiándose por las estrellas. Quizá por tener algo que transmitir a los que vengan detrás. ¿Por qué no?

Conn Iggulden y *Hal Iggulden*

EL MATERIAL BÁSICO

HOY EN DÍA YA NO ES TAN FÁCIL hacerse con una lata de tabaco antigua, pero lo cierto es que tienen el tamaño idóneo para una colección de cosas como éstas. Uno de los autores recuerda que una vez llevó un ratón de laboratorio al colegio, pero teniendo en cuenta lo que pasó cuando se sentó encima de él, no nos parece recomendable. Somos de la opinión de que los bolsillos están para llenarlos de cosas útiles.

1. Navaja suiza

Sigue siendo el mejor cortaplumas que hay. Se puede meter en el equipaje cuando se viaja en avión, aunque no como equipaje de mano. Vale la pena ahorrar un poco para adquirir un modelo sofisticado y con muchas prestaciones, con tantas hojas y accesorios como sea posible. Dicho esto, se pueden adquirir buenas navajas suizas por menos de treinta euros. Vienen muy bien para las tareas que requieren destornillador, para sacar astillas y también para abrir botellas de cerveza y de vino, pese a que en esta etapa de la vida esto último quizá no sea una prioridad.

También pueden comprarse con fundas de cuero; las mejores vienen provistas de accesorios como compás, cerillas, lápiz, papel y tiritas.

2. Brújula

Ser propietario de una pequeña brújula produce una gran satisfacción. Pueden comprarse en cualquier tienda de actividades al aire libre, y duran para siempre. En serio, deberías saber dónde queda el norte, estés donde estés.

3. Pañuelo

Son muchos los usos que pueden dársele a un trozo de tela, desde prevenir la inhalación de humo y ayudar a cortar una hemorragia nasal hasta ofrecérselo a una chica para secarse las lágrimas. Los grandes, además, pueden utilizarse para fabricar hondas. Vale la pena llevar uno encima.

4. Caja de cerillas

Ni que decir tiene que hay que comportarse de forma responsable. Unas cerillas guardadas en una lata bien seca o en una bolsa de plástico pueden venirte de perillas en una noche fría en la que te veas forzado a dormir al raso. Mojar las cabezas en cera las hará impermeables. Cuando quieras encender una, retiras la cera con la uña y ya está.

5. Un tirador

Tu canica grande favorita.

6. Aguja e hilo

Con aguja e hilo se pueden hacer un montón de cosas útiles, desde suturarle una herida a un perro inconsciente hasta reparar una camisa rota. Asegúrate de que el hilo sea resistente y de que se pueda emplear para pescar.

7. Papel y lápiz

Te harán falta si presencias un delito y quieres apuntar el número de matrícula de un coche o una descripción. Si no, también valen para hacer listas de la compra o casi cualquier otra cosa.

8. Una linterna pequeña

Las hay pequeñas y ligeras, pensadas para hacer de llaveros. Si alguna vez te encuentras a oscuras y quieres consultar un mapa, una linterna del tipo que sea te resultará muy útil.

9. Lupa

De interés general, también puede emplearse para encender un fuego.

10. Tiritas

Sólo una o dos, o mejor aún, un trozo de esparadrapo que pueda cortarse con las tijeras de tu navaja suiza. Es probable que no las utilices, pero nunca se sabe.

11. Anzuelos de pesca

Si dispones de un hilo resistente y de un pequeño anzuelo, sólo necesitas un palo y un gusano para tener alguna posibilidad de pescar algo. Clava la punta en un trozo de corcho si no quieres acabar teniendo un enganchón con él.

EL MEJOR AVIÓN DE PAPEL DEL MUNDO

Durante la década de 1950, el director de un instituto de enseñanza secundaria vio a un alumno arrojando aviones desde una de las ventanas. El director estaba pensando en el castigo más apropiado cuando se fijó en que el avión seguía surcando los aires y había llegado al otro lado del patio de recreo. El chaval se libró del castigo, pero a cambio tuvo que enseñarle a hacer aviones al director, quien a su vez enseñó a hacerlos a sus hijos. Hay modelos más complicados que éstos. Puede que quieran convencerte de que los mejores aviones precisan el uso de tijeras y lecciones de papiroflexia. Tonterías.

El avión de la derecha —el Harrier— es sencillo, veloz y puede fabricarse con una hoja de papel A4. Es el mejor planeador para recorrer distancias largas que verás jamás, y con apenas uno o dos retoques, también el mejor avión de acrobacias. Hasta ha ganado concursos. En uno de ellos, el objetivo era atravesar la calzada entera desde el balcón de un hotel situado al lado del castillo de Windsor el día de Nochevieja. Otros cuatro aviones se estrellaron contra el asfalto, pero éste llegó limpiamente a su destino. El de la izquierda —el Cazador— es un mero dardo, un avión de calentamiento, por así decir. También es un planeador competente.

El Cazador

1. Dobla una hoja A4 por el eje longitudinal para marcar la línea del centro.
2. Dobla dos esquinas de la hoja sobre la línea central, como se aprecia en el dibujo.
3. Dale la vuelta al papel y dobla esas esquinas por la mitad, como muestra el dibujo.
4. Dobla el morro puntiagudo sobre sí mismo. También podrías probar a doblarlo por debajo. Los dos procedimientos dan buenos resultados.
5. Dobla todo el avión longitudinalmente, como indica el dibujo.
6. Por último, dobla las alas por la mitad y habrás completado el Cazador.

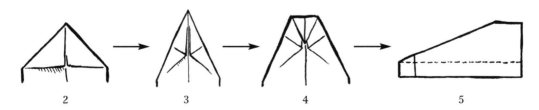

2   3   4   5

Muy bien. Ahora ya conoces un modelo que da muy buenos resultados. Quizá te hayas fijado en el avión del centro del primer dibujo, el que tiene aspecto de insecto. Cierto es que tiene complejos «flotadores» y pliegues invertidos. Con todo, no vuela muy bien, al igual que la mayor parte de los modelos complicados. Nosotros opinamos que eso tiene su importancia. Vale, sí, parecerá una langosta, pero si cae en picado, ¿de qué te sirve?

Éste es, por tanto, el quid de la cuestión: que vuele.

EL HARRIER

1. Empieza de la misma forma que con el Cazador. Dobla la hoja por el eje longitudinal para hallar la línea del centro y después dobla las dos esquinas sobre esa misma línea, como indica el dibujo.
2. Dobla el triángulo de la parte superior así formado de la forma que muestra el dibujo. Debería tener aspecto de sobre.
3. Ahora dobla el segundo par de esquinas. Debería quedar asomando una punta triangular.
4. Dobla el triángulo sobre las esquinas para asegurarlas.
5. Ahora dobla el avión por la mitad a lo largo de su espinazo, dejando el triángulo en la parte externa, como se muestra en el dibujo.
6. Por último, dobla las alas sobre sí mismas, buscando con cuidado la línea del punto medio. Con cuanta más exactitud hagas estos pliegues, mejor volará el avión.

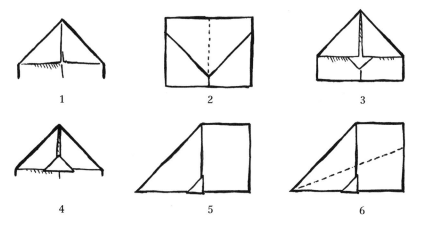

Éste es un avión que vuela bien cuando se lanza a velocidades moderadas. A alta velocidad puede sufrir un parón, pero si levantas ligeramente uno de los alerones de la parte de atrás, descenderá en picado y volverá a tu mano o describirá una gran espiral. Prueba con tus aviones hasta que quedes satisfecho con el resultado. Cada uno de ellos será un poco distinto del anterior y tendrá personalidad propia.

LAS SIETE MARAVILLAS
DEL MUNDO ANTIGUO

LAS CÉLEBRES SIETE MARAVILLAS del mundo antiguo eran la gran pirámide de Keops en Giza, los jardines colgantes de Babilonia, el templo de Ártemis en Éfeso, el mausoleo de Halicarnaso, el coloso de Rodas, la estatua de Zeus en Olimpia y el Faro de Alejandría. Sólo la Gran Pirámide de Giza ha llegado hasta nuestros días.

1. **La Gran Pirámide** es el mayor sepulcro jamás construido, y tenía por destinatario al faraón egipcio de la cuarta dinastía, Kufu (2898-2875 a.C.), más conocido por su nombre griego, Keops.

LA GRAN PIRÁMIDE DE KEOPS

Se trata de una de las tres grandes pirámides de Giza, situada en las inmediaciones de El Cairo; las otras dos fueron construidas para los faraones Menkaure (Micerinos) y Jafre (Kefrén). Durante más de cuatro mil años, hasta el advenimiento del siglo XIX, la mayor de las tres, la de Keops, fue la estructura más alta de la Tierra. Aunque en algún momento se eliminó el vértice, probablemente medía 146 metros de altura.

La base es un cuadrado perfecto, toda una hazaña de precisión si se tiene en consideración el tamaño de la estructura. Cada uno de los lados tiene una longitud de 231 metros y una pendiente de 51° 51'. La pirámide está compuesta por dos millones de bloques de piedra, cada uno de los cuales pesa más de dos toneladas. Encajan de forma tan perfecta que entre ellos ni siquiera puede deslizarse la hoja de un cuchillo.

2. **Los Jardines Colgantes de Babilonia** fueron construidos en lo que hoy es Irak, a orillas del Éufrates, por el rey Nabucodonosor II para su reina, entre los siglos VII y VI a.C.

Se dice que se recurrió a complejos sistemas hidráulicos para extraer miles de litros de agua del río y mantener floridos los jardines. No podemos sino especular acerca del método exacto empleado, pero es muy posible que fuera algo similar al tornillo de Arquímedes.

3. **Se dice que el templo de Ártemis (Diana) en Éfeso,** la actual Turquía, asombró a Alejandro Magno por su extraordinaria belleza; no obstante, los ciudadanos se negaron a sufragar los gastos de la restauración que éste se ofreció a llevar a cabo. Construido en el siglo VI a.C., el templo fue destruido y reconstruido en más de una ocasión, aunque la más sonada fuera la noche en que nació Alejandro, cuando un hombre llamado Eróstrato lo incendió para conseguir que su nombre pasara a la posteridad, en uno de los máximos actos de vandalismo de todos los tiempos. En torno al siglo III d.C., finalmente cayó en ruinas.

LOS JARDINES COLGANTES DE BABILONIA

EL TEMPLO DE DIANA EN ÉFESO

4. **El mausoleo de Halicarnaso** tenía por destinatario al rey Mausolo de Persia, que reinó entre el 377 y el 353 a.C. En la actualidad Halicarnaso se llama Bodrum, y está en Turquía. Sobre un sarcófago rectangular, treinta y seis columnas sostenían una pirámide escalonada rematada con estatuas de Mausolo y de su esposa (y hermana), Artemisia, conduciendo un carruaje, con una altura aproximada de 43 metros. El mausoleo fue destruido en 1522, cuando los Caballeros de la Orden de San Juan, durante una de las últimas cruzadas, utilizaron las piedras para levantar un castillo que todavía sigue en pie. Los bloques de mármol pulido de la tumba resultan claramente visibles en las paredes de éste. Mausolo, en fin, nos dejó como legado la palabra «mausoleo», que significa sepulcro magnífico y suntuoso.

5. **También la estatua de Zeus en Olimpia** se perdió para el mundo moderno. De ella no han quedado más que imágenes grabadas en monedas y descripciones que nos trasmiten el asombro que despertaba en el siglo v a.C.

MAUSOLEO DE HALICARNASO

ESTATUA DE ZEUS EN OLIMPIA

Olimpia fue la sede de los antiguos Juegos Olímpicos, de ahí el origen del término «olímpico». El lugar estaba consagrado a Zeus, y fue Fidias de Atenas el encargado de tallar la estatua. Ésta estaba hecha de madera con capas de oro para representar la vestimenta y láminas de marfil para representar la carne. En la mano derecha sostenía a la figura alada de la diosa de la Victoria (Niké), hecha de marfil y de oro. En la izquierda sostenía un cetro de oro en cuyo extremo estaba posada un águila.

Durante el siglo I d.C., el emperador romano Calígula quiso trasladar la estatua a Roma, pero el andamiaje se hundió bajo el peso de la misma y se desistió de tal proyecto. Más adelante, fue trasladada a Constantinopla, donde permaneció hasta ser destruida por el fuego en el siglo V.

6. **El coloso de Rodas**, en Grecia, es quizá la más célebre de las siete maravillas del mundo antiguo. Se trataba de una estatua de Helios de más de treinta metros de altura.

En realidad, no atravesaba el puerto de un extremo a otro, sino que descansaba sobre un promontorio que daba al mar Egeo. La base estaba hecha de mármol blanco y la estatua fue construyéndose poco a poco, reforzada con hierro y piedra a medida que iban añadiéndose piezas de bronce. Su cons-

EL COLOSO DE RODAS

trucción requirió doce años, y cuando finalmente estuvo acabada, en torno al 280 a.C., se hizo célebre con gran rapidez. Cincuenta años después, un terremoto tuvo fatales consecuencias: se rompió a la altura de la rodilla y cayó a tierra, donde permaneció durante ochocientos años hasta que la vendieron los invasores árabes.

7. **El Faro de Alejandría** fue construido por el arquitecto Sostrato de Cnido para el rey greco-egipcio Ptolomeo Filadelfo (287-247 a.C.)

El antecesor de Ptolomeo había sido uno de los generales de Alejandro Magno, y su descendiente más célebre fue Cleopatra, primera representante de su linaje griego en hablar la lengua egipcia.

EL FARO DE ALEJANDRÍA

Cuando Julio César llegó a Alejandría, tuvo que haber pasado por delante de aquella torre luminosa de la isla de Pharos. Se dice que su luz se veía a 55 kilómetros de distancia. Se desconoce su altura exacta, pero para haber arrojado luces visibles a esa distancia, tuvo que haber medido entre 121 y 182 metros.

Tan famoso era, que Pharos dio origen a la palabra «faro» en la mayoría de las lenguas romances: francés (*phare*), italiano (*faro*), castellano (*faro*), portugués (*farol*).

Como puedes apreciar, incluso las mayores maravillas pueden perderse o ser destruidas por el paso de los milenios. Quizá la auténtica maravilla esté en nuestra capacidad de construirlas, y en ir siempre en busca de algo más grande que nosotros mismos.

LOS CINCO NUDOS QUE TODO
MUCHACHO DEBERÍA CONOCER

SER CAPAZ DE HACER NUDOS resulta de lo más útil. Asombra comprobar cuánta gente no sabe hacer más que el nudo de rizo y el de la abuelita, de modo que en lugar de dar cientos de nombres, los fuimos descartando hasta dejar sólo cinco de los más útiles.

Que quede claro, sin embargo, que requieren mucha práctica. Yo aprendí a hacer el as de guía a bordo de un buque de vela en el Pacífico. Por espacio de tres semanas, utilicé un trozo de cuerda viejo durante todas las guardias, de noche y de día. Al regresar a Inglaterra, intenté demostrar cómo se hacía y descubrí que se me había olvidado. A decir verdad, no me costó demasiado recordarlo, pero hay que practicarlos de vez en cuando, de manera que cuando los necesites estén allí. Existen centenares de buenos libros sobre el tema, incluyendo los que tocan facetas reservadas a expertos, como los nudos de empalme y los decorativos. Éstos son los clásicos y fundamentales que le sirven a todo el mundo.

1. NUDO DE RIZO

Este nudo se emplea para arrizar velas, o sea, reducir el área de la vela cuando el viento arrecia. Si te fijas en la vela de un bote, verás que de la tela penden cuerdas. Cuando la vela se pliega sobre la botavara, las cuerdas se atan, agrupadas, utilizando nudos de rizo. Se trata de un nudo simétrico y grato a la vista.

La regla a seguir es la siguiente: izquierda sobre derecha, derecha sobre izquierda.

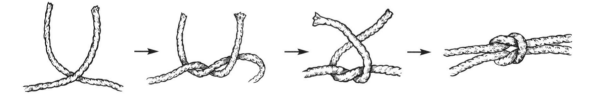

2. NUDO EN OCHO

Este nudo es un «tope»: se hace al final de una cuerda e impide que ésta pase por un agujero. A veces se utiliza un doble nudo en ocho para darle más peso al extremo y poder lanzar la cuerda. Se denomina nudo en ocho porque se parece a un ocho.

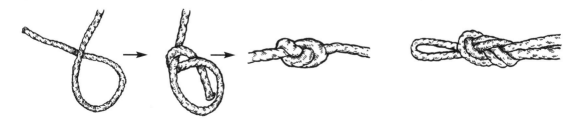

3. As de guía

Este nudo es de una utilidad extraordinaria y muy sólido. Se utiliza siempre que hace falta un lazo en el extremo de una cuerda, para un poste, una anilla o, a decir verdad, cualquier otra cosa.

i.   Haz un círculo hacia ti mismo, dejando suficiente cuerda libre para dar la vuelta al poste, árbol o similares.
ii. Ahora imagínate que el círculo es la madriguera de un conejo y que uno de los extremos de la cuerda es el conejo y el otro es el árbol. Pasa el extremo por el agujero, o si lo prefieres, saca al conejo de la madriguera.
iii. Ahora haz que el conejo dé la vuelta al árbol.
iv. Ahora el conejo vuelve a meterse en la madriguera, regresando al círculo original.
v.   Ajusta el nudo con cuidado.

NOTA: Se puede fabricar un lazo simple haciendo un as de guía y pasando el otro extremo de la cuerda por el círculo.

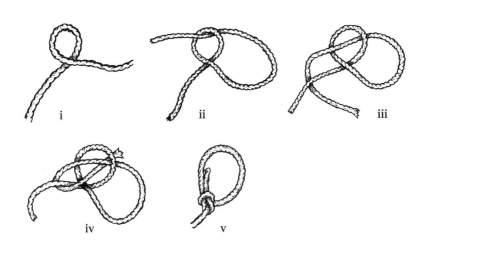

4. Vuelta de escota

Éste es un nudo útil para unir dos cuerdas. Cuando se trata de unir cuerdas de distinto diámetro el as de guía no sirve de nada, pero los nudos de escota funcionan muy bien.

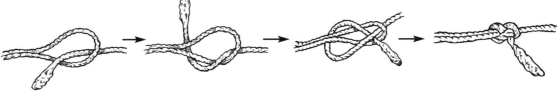

Vuelta de escota

5. Ballestrinque: para sujetar dos objetos muy rápidamente

Es un nudo para poco rato, de los que usan los vaqueros del Oeste en las películas para enganchar los caballos. Su principal ventaja es que resulta muy fácil de hacer. Consiste en rodear un poste con una cuerda e introducir el extremo en un círculo. Practícalo una y otra vez hasta que te salga con rapidez.

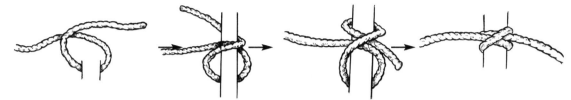

Estos cinco nudos te resultarán útiles en una gran variedad de situaciones, desde la construcción de una casita en la copa de un árbol hasta una acampada, para la navegación a vela o para enganchar el caballo a la entrada de una taberna. No será fácil aprenderlos. Requieren práctica y paciencia. Saber hacer nudos no es algo que impresione a las chicas, pero podría salvarte la vida. O evitar que se te escape el caballo.

PREGUNTAS ACERCA DEL MUNDO – PARTE I
—✳—

1. ¿Por qué son más largos los días de verano que los de invierno?
2. ¿Por qué hace más calor en el ecuador?
3. ¿Qué es el vacío?
4. ¿Qué son la latitud y la longitud?
5. ¿Cómo se determina la edad de un árbol?

1. ¿Por qué son más largos los días de verano que los de invierno?

En Australia, el día más corto es el 21 de junio, y el más largo cae en 21 de diciembre. En el hemisferio norte, el 21 de junio es el día del solsticio de verano, y el solsticio de invierno cae en 21 de diciembre. En Australia, Navidad es la temporada de hacer barbacoas en la playa.

Aunque el Polo Norte apunte de manera aproximada hacia Polaris, la Estrella Polar, el eje de rotación de la Tierra tiene una inclinación de veintitrés grados y medio respecto al recorrido que efectúa en torno a nuestro Sol.

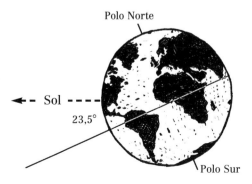

Polo Norte

Sol

23,5°

Polo Sur

Cuando el hemisferio norte se inclina hacia el Sol, nos llega más luz solar directa. A esta época del año la llamamos verano. El 21 de junio es el día en que el Polo Norte apunta directamente al Sol y la inclinación se halla en su punto máximo. Los días son más largos, ya que la mayor parte del hemisferio norte está expuesto. En el sur, los días son más cortos, pues la propia Tierra impide que la luz llegue a sus ateridos habitantes.

A medida que la Tierra gira alrededor del Sol, la inclinación sigue siendo la misma. El equinoccio de otoño (22 o 23 de septiembre) es el día en que el día y la noche duran exactamente lo mismo, doce horas, al igual que en el equinoccio de primavera, que tiene lugar el 20 de marzo. «Equinoccio» es una palabra que procede de un término latino que significa «noche igual».

Cuando el hemisferio norte se inclina en la dirección opuesta al Sol, llega menos luz a la superficie terrestre. Para nosotros ese momento es el otoño, que acaba dando paso al invierno. Los días se alargan en el hemisferio sur mientras en el hemisferio norte los días se acortan. El solsticio de verano del 21 de junio es también el momento en que el Sol se encuentra a su máxima altura.

La Tierra está más cerca del Sol en el mes de enero que en junio. No es cuestión de distancia, sino de inclinación.

La mejor forma de demostrarlo es levantando una mano en forma de puño y la otra en forma de palma para simbolizar la inclinación terrestre. A medida que la palma se mueve alrededor del puño, deberías ver cómo la inclinación da lugar a las estaciones y por qué se ven invertidas en el hemisferio sur. Somos muy afortunados de tenerlas. Un verano o un invierno interminables harían imposible la vida.

Durante los solsticios de verano y de invierno, las condiciones pueden llegar a ser de lo más peculiar. El Sol de verano tarda seis meses en ponerse en los polos norte y sur, pero cuando lo hace, no vuelve a salir durante otros seis. Los países septentrionales, como Finlandia, también experimentan este efecto «Sol de medianoche».

2. ¿Por qué hace más calor en el ecuador?

Existen dos motivos por los cuales hace más calor en el ecuador que en el resto del planeta. Por extraño que parezca, el hecho de encontrarse físicamente más cerca del Sol que, digamos el Polo Norte, no es relevante. La razón principal es que la Tierra se curva menos en la región ecuatorial. La misma cantidad de luz solar se distribuye sobre un área más pequeña, lo que puede apreciarse con claridad en el diagrama situado abajo.

Además, los rayos solares tienen que atravesar menos cantidad de atmósfera para llegar a la franja ecuatorial, por lo que conservan una parte mayor de su calor.

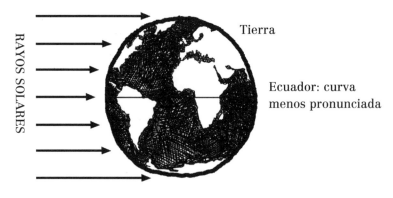

RAYOS SOLARES

Tierra

Ecuador: curva
menos pronunciada

3. ¿QUÉ ES EL VACÍO?

Un vacío perfecto es un espacio en el que no hay absolutamente nada, ni aire ni materia de ninguna clase. Como la temperatura del cero absoluto (–273,15 °C/0 Kelvin), sólo existe de forma teórica. Las bombillas de tu hogar presentan un «vacío parcial»; como parte del proceso de fabricación la mayor parte del aire se retira. Sin ese vacío parcial, el filamento ardería con mucha mayor rapidez, pues el aire contiene oxígeno.

El experimento científico clásico para demostrar una de las cualidades del vacío es introducir un reloj en marcha dentro de una campana de vidrio y expulsar el aire con una bomba. En muy poco tiempo, el sonido se hace inaudible, pues sin moléculas de aire para transportar las vibraciones de sonido, no puede haber sonido. ¡Ése es el motivo de que en el espacio nadie pueda oír tus gritos!

4. ¿QUÉ SON LA LATITUD Y LA LONGITUD?

La Tierra es un globo. El sistema de coordenadas geográficas de latitud y longitud es un sistema artificial creado para localizar un punto en la superficie del planeta.

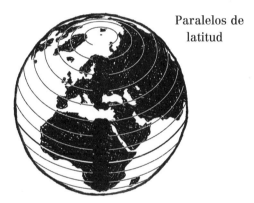

Paralelos de latitud

La **latitud** parte del ecuador como línea cero. Si se divide el mundo por la mitad en ese punto, el resultado sería un plato horizontal. El punto central de ese plato está a noventa grados con relación a los polos situados encima y debajo de él.

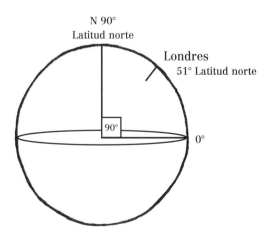

N 90°
Latitud norte

Londres
51° Latitud norte

90°

0°

PREGUNTAS ACERCA DEL MUNDO – PARTE I

La latitud no se mide en kilómetros, sino en grados que van del noventa al cero en ambos hemisferios. Londres, por ejemplo, está situado a 51° latitud norte. La curva que representa el cambio de noventa grados se divide en líneas imaginarias denominadas «paralelos», al ser éstas paralelas entre sí y al ecuador.

Cuando se trata de algo de las dimensiones de la Tierra, un solo grado puede resultar poco preciso. Tanto para la longitud como para la latitud, cada grado se divide en sesenta «minutos de arco». Cada minuto de arco, a su vez, se divide en sesenta «segundos de arco». Los símbolos que los representan son:

Grados: °   Minutos: '   Segundos: "

Cuando se trata de algo de las dimensiones de una ciudad, bastaría con las dos primeras cifras. Londres, por ejemplo, estaría situado a 51° 32'. La ubicación de una casa concreta requeriría echar mano de la tercera cifra, así como de una coordenada de longitud.

Hay un elemento de azar en el hecho de que un grado de latitud resultara ser el equivalente exacto de sesenta millas náuticas, lo que supone que un minuto de latitud se aproxime mucho a una milla náutica, es decir, 1.852 metros.

La *longitud* de Londres es cero, aspecto que abordamos a continuación.

La **longitud** está constituida por trescientas sesenta líneas imaginarias que van de un polo al otro. Londres está en la longitud cero y hay ciento ochenta grados en dirección este u oeste.

Si el mundo efectúa una rotación completa en un día, eso son 360 grados. 360 dividido por 24 = 15 grados de giro por hora. Llamamos «meridianos» a esas rayas de quince grados. («Meridiano» significa «mediodía», de manera que hay veinticuatro puntos de mediodía en todo el planeta.)

La cosa funcionaba de la manera siguiente. A bordo de tu barco, en el quinto pino, tomabas nota de la hora en que el Sol atravesaba el punto máximo de altura. Se podía utilizar un sextante y conocimientos de trigonometría para comprobar el ángulo. Si era mediodía y el reloj del barco decía que en Greenwich eran las nueve de la mañana, habías recorrido tres líneas de meridiano al este o al oeste, dependiendo de la brújula y en función de la puesta o la salida del Sol. Te encontrarías en longitud +/– 45°.

Evidentemente, para realizar este cálculo era fundamental disponer de un reloj capaz de mantener la hora exacta de Greenwich mientras el barco era azotado y zarandeado por el mar. En 1759, John Harrison, un relojero de Yorkshire, diseñó un reloj llamado H4 lo bastante fiable como para utilizarse con este fin.

Después ya sólo quedaba escoger el Primer Meridiano (Meridiano Cero), o grado cero de longitud. Durante algún tiempo París pareció ser una posible candidata, pero los barcos mercantes londinenses se ponían en hora utilizando el reloj de Greenwich, en Flamstead House, donde cada día caía una «bola del tiempo» para marcar las 13.00 horas. Con ella se sincronizaban los cronómetros de los barcos y la hora de Greenwich se convirtió en la hora estándar. En 1884, una conferencia de veinticinco naciones celebrada en Washington formalizó el acuerdo. Si uno viaja a Greenwich hoy en día, puede colocarse encima de una banda de latón que separa el oeste del este.

En el lado opuesto del mundo, los dos hemisferios se encuentran en la Línea Internacional del Cambio de Fecha en el océano Pacífico. Se llama Línea Internacional del Cambio de Fecha porque todos hemos acordado cambiar la fecha al atravesarla. De lo contrario, podría viajarse desde Greenwich en dirección oeste hasta volver a las 11.00, las 10.00, las 9.00 y así sucesivamente, dando la vuelta al planeta entero hasta llegar el día anterior. Eso, evidentemente, no puede ser. Igualmente, cruzar la línea en dirección oeste añadiría un día a la fecha. ¿Complicado? Bueno, sí, un poco, pero así son el mundo y los sistemas que hemos creado para controlarlo.

Al igual que la latitud, la longitud puede expresarse con tres cifras, que indican por grados, minutos y segundos. Lo habitual es enunciar primero las cifras de latitud, pero como a ésta siempre la delata la letra Norte o Sur, en realidad no se las puede confundir. Una indicación completa de seis cifras tendrá aproximadamente este aspecto:

38° 53' 23" N, 77° 00' 27" O   Washington DC
39° 17' 00" N, 22° 23' 00" E   Farsalia, Grecia, donde César derrotó a Pompeyo y puso
                               fin a la guerra civil..
39° 57' 00" N, 26° 15' 00" E   Troya

5. ¿Cómo se determina la edad de un árbol?

Se tala y se cuentan los anillos. Por cada año de crecimiento, nacen un anillo claro y otro oscuro de madera nueva. Las dos bandas agrupadas se conocen como el «anillo anual». La parte más clara se forma en primavera y a comienzos del verano, cuando las células de madera son más grandes y tienen paredes más delgadas y de aspecto más claro. La anchura varía en función de las condiciones de crecimiento, de manera que un tocón puede hacer las veces de registro climático mientras un árbol viva, a veces por espacio de siglos. La edad de un árbol, por tanto, puede calcularse contando los anillos anuales.

CÓMO FABRICAR UNA PILA

EN SU FORMA MÁS ELEMENTAL, una pila se compone de cátodo (polo positivo), ánodo (polo negativo) y electrolito (la parte de en medio). Existen muchas combinaciones distintas. La electricidad consiste en el movimiento de los electrones, que son minúsculas partículas de carga negativa. Para el ánodo se emplean sustancias que liberan electrones con facilidad, como el zinc, que libera dos electrones por átomo. Para el cátodo, sustancias que aceptan electrones con facilidad, como el cobre.

El electrolito puede ser un líquido, un gel o una pasta. Lo único importante es que contenga iones de carga positiva y negativa que fluyan al activarse el ánodo y el cátodo. Cuando el físico italiano Alessandro Volta fabricó la primera pila, empleó cobre para el cátodo, zinc para el ánodo y un electrolito hecho de papel secante y agua marina. De su apellido procede la palabra «voltio». Si te imaginas la electricidad como una tubería de agua, un voltio equivaldría a la velocidad del agua, pero ésta necesita un agujero grande por el que fluir, y eso son los «amperios». Se puede tener voltaje suficiente para ponerte los pelos de punta, pero sin amperios no hará más que lanzar una chispa pequeña. Un suministro doméstico, sin embargo, tiene doscientos cuarenta voltios y suficientes amperios para dejarte más tieso que la mojama.

Se necesita:

- Diez monedas de cinco céntimos de euro
- Papel de plata
- Papel secante
- Dos trozos de cable de cobre (que se pueden sacar de cualquier cable eléctrico)
- Vinagre de malta
- Sal
- Un cuenco
- Un diodo emisor de luz, o LED (que se puede comprar en una ferretería)
- Cinta aislante

Las monedas de cobre serán el cátodo, y el papel de plata el ánodo.

Corta el papel de plata y el papel secante en discos, de tal manera que puedan amontonarse unos encima de otros. El papel secante estará impregnado en vinagre, pero también tiene por función impedir el contacto de los metales entre sí, de manera que los discos de papel han de ser un poco más gruesos que los de papel de plata o las monedas.

1. Mezcla un poco de vinagre y sal en el cuenco. El vinagre es ácido acético, y todos los ácidos pueden emplearse como electrolitos. Para las baterías de los automóviles se utiliza ácido sulfúrico, pero no andes enredando con algo tan corrosivo. Devora la ropa y puede causar quemaduras en la piel, a diferencia del vinagre, que se puede utilizar para aderezar ensaladas o dar más sabor a las patatas fritas. La sal común es cloruro sódico, una combinación de iones positivos y negativos (Na+ y Cl–), que se separan en el electrolito, incrementando la fuerza de éste.

2. Impregna los discos de papel secante en el electrolito rico en iones.

3. Con la cinta aislante, pega el extremo de uno de los cables al dorso de un disco de papel de plata. Ahora ve haciendo un montón en este orden: papel de plata, secante, moneda, papel de plata, secante, moneda. Cada una de estas combinaciones es una minúscula pila, pero incluso para encender un diodo emisor de luz necesitarás unas cuantas. La batería de un coche tiende a tener unas seis, pero con un área de superficie mucho más grande para cada «celda». Por regla general, cuanto más grande es la pila, mayor potencia tiene. (Potencia que se mide en vatios = amperios x voltios.)

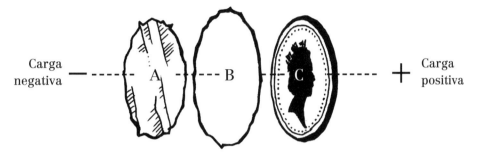

Carga negativa — A — B — C — + Carga positiva

Todos los iones positivos van a parar a una terminal, y todos los negativos a la otra. Así lo que estás haciendo es cargar tu pila.

4. Cuando ya tengas hecho el montón, puedes pegar un cable a la última moneda con cinta aislante, con lo cual tendremos la terminal positiva. Ahora podremos iluminar un diodo LED, como se ve en el dibujo de abajo o, con suficientes pilas de monedas, incluso una pequeña bombilla.

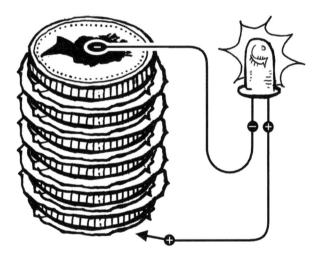

Quizá llegue el día en que las pilas pasen a una nueva generación, pero si eres capaz de comprender la que acabas de fabricar, podrás comprender todas las que existen en la actualidad, desde las de níquel-cadmio a las de litio-iones, y desde las pilas recargables de los teléfonos móviles a las que dan energía a los conejitos de juguete. En las pilas alcalinas, que emplean gel o pasta, no se puede oír el rumor del vinagre, pero los principios son idénticos.

REGLAS DEL MUS

E L MUS ES EL JUEGO DE CARTAS españolas por parejas, que obliga a una buena compenetración entre ambos jugadores. Cada pareja deberá comunicarse con signos y expresiones propias del juego con su compañero con el fin de ganar la partida. Los valores de las cartas son: figuras y treses, 10 puntos, ases y doses, 1 punto; el resto de cartas conservan el valor que se expresa en las mismas. Se juega sin ochos ni nueves.

Se hacen cuatro rondas de apuestas: **grande**, **chica**, **pares** y **juego** o en su defecto **punto** si ningún participante tiene «Juego». En cada lance la pareja vencedora acumulará puntos (piedras) dependiendo de las apuestas (envites) efectuadas.

La partida se divide en **vacas**, **juegos** y **puntos**. Cada vaca está compuesta por diversos juegos (1, 2 o 3 juegos) y a su vez cada juego se compone de 40 puntos. Gana la partida el que consiga el número de vacas a las que se haya convenido inicialmente la partida.

Después de repartir las cartas cada jugador puede decidir quedarse con ellas e iniciar la partida o descartarlas hasta que considere que los naipes le son favorables. Puede llegar el caso en que, tras varios descartes de uno o más jugadores, se acaben las cartas y se tenga que barajar de nuevo.

Después comienzan los lances del juego, cuatro. En cada lance, o apuesta, las cartas tienen diferentes valores. Al final de la partida la pareja a la que pertenezca el ganador sumará todos los puntos obtenidos. Los lances y su valor en puntos:

Grande

Es la primera apuesta del juego y gana el jugador que tiene las cartas más altas. Normalmente «la grande» la gana el que tiene un rey, sin importar el resto de sus cartas. Si hay un empate ganará el que tenga la siguiente carta más alta. En caso de empate, gana el más próximo al jugador mano.

Chica

Aquí vence el jugador con las cartas de menor valor. En caso de empate, ganaría aquel que tiene la siguiente carta con valor más bajo.

Pares

En este lance vence el jugador que tenga dos o más cartas del mismo valor. Hay 3 tipos:
- **Pareja**: dos cartas de igual valor (el 3 es igual que el rey y el 2 que el as).
- **Medias**: tres cartas de igual valor.
- **Duples**: cuatro cartas iguales o dobles parejas.

Lógicamente un jugador con duples gana a uno con medias y uno con medias gana a una pareja.

Esta apuesta sólo se jugará si al menos dos contrarios tienen alguna pareja y sólo podrán apostar estos jugadores. Si nadie o sólo un jugador tiene pares, no habrá apuesta.

Juego o Punto

Para disponer de «Juego» ha de sumar 31 puntos o más (las figuras suman 10, el 3 es una figura y el 2 vale uno). Por orden gana el jugador que suma 31, después 32, 40, 37, 36, 35, 34 y por último 33. Si un jugador no suma 31 no tiene juego y, por lo tanto, no entra en la apuesta.

El jugador mano que dispone de 31 sólo puede ser superado si se juega con la opción de mesa «**31 real**». Esta combinación especial se consigue al poseer una sota y tres 7 (10-7-7-7).

Juego o Punto
A Punto (no juego)

Si ningún jugador tiene «Juego», se apostaría a «Punto». Gana el que disponga de una suma de 30 seguido de 29, 28, 27, etc. Si hay empate gana el jugador más próximo a la mano.

Desarrollo de las apuestas

Empieza el jugador «mano» que puede pasar o apostar. Si pasa, el siguiente deberá decidir si apuesta o pasa. Si todos pasan, se da por finalizado el lance y se pasa al siguiente.

Si un jugador llega a apostar (o **envidar**), se pasa el turno a la pareja contrincante, que puede:

- rechazar la apuesta: el contrario suma lo envidado hasta la penúltima apuesta. Si es la primera apuesta, sumaría **1 piedra**.
- aceptarla: se pasa al siguiente lance y gana quien tenga mejor jugada.
- subir la apuesta: pasa el turno a la otra pareja para que decida si quiere o no, o si vuelve a subir la apuesta.

Apuesta a Pares
En este lance, si al menos dos contrincantes tienen pares, se procede a apostar de la forma descrita antes. Si una de las parejas no tiene pares, la otra sumará los puntos de Pares al final de la ronda. Si nadie tiene Pares, no hay puntos que sumar y se pasa al lance siguiente.

Apuesta a Juego (o a «Punto»)
Para que haya apuestas en este lance debe tener «Juego» por lo menos un jugador de cada pareja. Si una de las parejas no tiene, la otra sumará los puntos de «Juego» al final de la ronda. Si nadie tiene se pasará a apostar por «Punto».

Órdago
Si un jugador apuesta a **órdago** significa que apuesta las 40 piedras de golpe. La pareja que recibe el «órdago» puede:

- rechazarlo: el contrario suma lo apostado hasta este rechazo.
- aceptarlo: se mostrarán todas las cartas y el que tenga una mejor jugada según el lance actual gana el juego entero.

Reparto final de piedras
Reparto de piedras en Grande y Chica
Si no hubo apuesta la pareja con mejores cartas gana 1 punto. Si se aceptó la apuesta, al final de la ronda se decidirá quién ha ganado el lance y esa pareja sumará los puntos que se habían apostado.

Reparto de piedras en Pares
Si nadie tenía pares no se recoge ninguna piedra. Si había pares pero no se apostó, se verifica quién tiene mejor jugada y la pareja ganadora se apunta las piedras según esta tabla:

Par: una piedra por cada jugador que tenga par.
Medias: dos piedras por jugador de la pareja que tenga medias.
Duples: tres piedras por jugador de la pareja que tenga duples.

Si hubo apuesta y se rechazó, la pareja apostante gana los pares. Además de las piedras ganadas en el rechazo, se sumarán las piedras obtenidas según la tabla anterior.

Si se aceptó la apuesta, se verifica quién ha ganado al final de la ronda y recogerá los puntos de la apuesta más los puntos correspondientes según la tabla anterior.

Reparto de piedras en Juego
Si había «Juego» el proceso es idéntico a lo explicado para pares, sólo cambia la tabla de puntos:

- **Las cartas suman 31 puntos**: tres piedras por jugador de la pareja ganadora que tenga 31.
- **Las cartas suman más de 31 puntos**: dos piedras por jugador de la pareja.

Reparto de piedras «a Punto» (no juego)
Si nadie tenía «Juego», es decir, nadie llega a 31, se apostaría **a punto**, con lo que la pareja ganadora conseguiría lo apostado más una piedra adicional. Si nadie apuesta, la pareja con mayor suma se llevaría la piedra adicional.

TIRACHINAS

——✳——

LOS TIRACHINAS LLEVAN INTRIGANDO a los chavales desde que éstos tuvieron acceso a las tiras de goma. Con anterioridad se empleaban hondas de cuero que se remontan a los tiempos de la Biblia, cuando David mató a Goliat de una pedrada en la frente. Tienen, por supuesto, usos más serios: como armas de caza, o para lanzar cebo a un río cuando se está pescando. Sin embargo, la imagen clásica del tirachinas se asocia más con Daniel el Travieso o con Bart Simpson. Los tirachinas pueden tener una potencia y una precisión asombrosas, aunque no conviene demostrarlo diciéndole a tu hermano pequeño que eche a correr antes de soltar una risotada desagradable. Nunca apuntes ni dispares contra otra persona.

> Se necesita:
> - Un palo bifurcado en forma de «Y».
> - Un trozo de goma de unos 60 centímetros de largo.
> - Cordel de cáñamo para asegurar los extremos.
> - Un trozo de cuero, como, por ejemplo, la lengüeta de un zapato viejo.

1   Encuentra y recorta un palo bifurcado. El nuestro lo sacamos de una arbusto de acebo, pero la forma en «Y» es muy común.

   Las navajas suizas tienen accesorios en forma de sierra que vienen muy bien para cortar pequeñas ramas de árbol. No interesa que el diámetro de la madera supere en grosor el de tu pulgar. Si no te fías de tu ojo clínico, corta una que sea un poco más larga de lo que crees que vas a necesitar. Una buena longitud de conjunto podría estar entre los 15 y los 17 centímetros.

2. Corta unas anillas en los extremos de la «Y» para sujetar la goma. Para eso también es perfecta la navaja suiza.

3. Encontrar la goma es la parte más complicada. Tras una búsqueda infructuosa en las ferreterías y tiendas de juguetes, descubrimos que las tiras hechas con neumático de bicicleta dan muy buenos resultados. Corta una extensión de 60 centímetros y después haz dos cortes longitudinales para obtener una tira alargada. Será preciso experimentar un poco hasta encontrar el grado de tensión y potencia exactos.

   [Nótese que nosotros hemos empleado dos tiras de goma. Resultaba tentador emplear una larga y enhebrar la badana. En la práctica, comprobamos que ésta se movía al cabo de sólo uno o dos disparos, con lo cual nos encontramos que teníamos un tirachinas que podía disparar en cualquier dirección sin previo aviso. Es mucho mejor atar de forma segura dos trozos de goma.]

4. La badana es fácil de fabricar si tienes un zapato viejo. Se puede emplear la lengüeta o alguna otra parte para fabricar un rectángulo de unos 10×5 centímetros. El mejor material es el cuero, pues puedes hacer agujeros en él sin que luego se raje. Haz dos agujeros con un objeto puntiagudo y asegura los extremos de la goma. Ahora ya tienes un tirachinas.

FÓSILES

Hace 500 millones de años la vida terrestre no existía aún, y en los mares sólo había gusanos, caracoles, esponjas y cangrejos primitivos. Cuando dichas criaturas morían, sus cuerpos se hundían en el cieno, siendo cubiertos poco a poco. A lo largo de millones de años, el fondo marino se solidificó hasta convertirse en roca, y los minerales óseos fueron reemplazados, molécula a molécula, por minerales rocosos como el hierro y la sílice.

Con el tiempo, este proceso transforma los huesos en piedra, dando lugar a los fósiles, moldes creados poco a poco de animales muertos hace cientos de millones de años. Otros fósiles se forman cuando un animal moribundo queda atrapado en una turbera o cubierto por la arena. Puesto que cada capa de sedimento nueva requiere el transcurso de millones de años para formarse, podemos calcular la edad de los fósiles a partir de la profundidad a la que éstos se encuentran. Podemos viajar en el tiempo, de hecho, con sólo emplear una pala. En algunos lugares se puede acceder a la era romana con sólo excavar un par de metros. Para remontarse hasta millones de años atrás, hay que encontrar un acantilado donde las capas ya se encuentren al descubierto.

Desde los tiempos en que nadaba en un oscuro océano, un animal marino puede recorrer mucho trecho. La acción geológica puede desplazar grandes placas terrestres, de manera que un fósil submarino puede acabar en la cima de una montaña o en un desierto que en otro tiempo fueron valles de un fondo marino.

En determinadas partes de Nueva Zelanda pueden verse en las costas los restos fósiles de ancestrales bosques prehistóricos en forma de bandas negras visibles. Este material comprimido es carbón, y da muy buenos resultados como combustible. El petróleo también es un fósil. Se forma en bolsas, bajo una gran presión, a partir de animales y plantas que vivieron hace trescientos millones de años. Sin duda alguna es la sustancia más útil que hayamos descubierto jamás: del petróleo, además de la gasolina con la que propulsamos aviones y coches, proceden todos los plásticos.

Por medio del estudio de las plantas y animales fosilizados, podemos asomarnos a un mundo que, por lo demás, ha desaparecido. Se trata de una forma de observación limitada, y la información no es ni de lejos tan completa como quisiéramos, pero nuestros conocimientos aumentan con cada descubrimiento.

Hasta los fósiles más comunes pueden resultar fascinantes. Si sostienes un pedazo de pedernal a contraluz podrás ver criaturas que se arrastraron por última vez antes de que el hombre hubiera salido de las cuevas, y mucho antes de que existieran Séneca o Moisés. Hace volar la imaginación.

He aquí algunos tipos de fósiles clásicos.

Ammonites. Una criatura marina con concha que se extinguió hace 65 millones de años (ver «Dinosaurios»). Los tamaños varían enormemente, pero pueden presentar colores muy atractivos.

Trilobites. También éstos son relativamente comunes, aunque por lo general hay que partir la roca para poder verlos. Los cazadores de fósiles llevan pequeños martillos para retirar trozo a trozo pedazos de las muestras rocosas.

Erizo de mar. Los erizos de mar fosilizados y los organismos simples del tipo de las estrellas de mar están muy bien, pero en el sur de Inglaterra se han hallado restos de mamut, así como de los grandes carnívoros y herbívoros del Jurásico. Ahora bien, es probable que en algunos lugares encuentres unos cuantos ammonites en una sola tarde, en tanto que un esqueleto del Jurásico sería uno de esos hallazgos que sólo se dan una vez en la vida. Dicho esto, el que no busca no encuentra.

CÓMO CONSTRUIR UNA CASA EN UN ÁRBOL

SEAMOS SINCEROS. Construir una casa decente en un árbol no es tarea fácil. Se requieren unas sesenta horas de trabajo y una inversión de más de 150 euros en madera y materiales. En otras palabras, es un trabajo para papis. Podrías gastarte la misma cantidad en una videoconsola y unos cuantos juegos, pero las casas en los árboles no son una moda pasajera, y además, digámoslo claro, son más sanas que otra clase de diversión. Somos muy conscientes de la satisfacción que se obtiene clavando trozos de madera en un árbol, pero si lo que buscas es algo que tenga buen aspecto, que sea resistente y seguro, y que dure más de unos meses, hace falta algo más.

Aparte de una canoa o un pequeño bote neumático, una casa en un árbol es una de las mejores cosas que se pueden tener. El esfuerzo, el sudor, la inversión y hasta la sangre de aquel al que le toque construirla –si es un poco torpe con las herramientas eléctricas– valen la pena. Se trata de algo bello, y además, debería llevar una calavera y unas tibias cruzadas en alguna parte.

Se necesita:
- Treinta tirafondos de 15 centímetros con arandelas cuadradas resistentes.
- Ocho tirafondos de 20 centímetros con arandelas.
- Treinta y dos tirafondos de 10 centímetros con arandelas.
- Vigas de 10×7 centímetros. Por lo menos de 5 metros, pero mejor si son de 6.
- Tablas de pino de 5×15 cm (19,5 metros).
- Madera de construcción para fabricar vigas y paredes: 10 metros + 46 metros: 56 metros.
- Tablones de pino para la escalera: 2,5 metros cuadrados.
- Caladora, taladro eléctrico, sierra circular. (A ser posible, de mesa.)
- Nivel de burbuja.
- Brocas de 14, 16 y 18 mm.
- Escalera de mano y escalera larga.
- Cuerda de seguridad.
- Una bolsa de clavos y martillo.
- Tablones machihembrados: los suficientes para cubrir cuatro paredes con una superficie total de 7,8 m², a los que hay que añadir otros 4,5 m² para el tejado.
- Llave de carraca con un conjunto de cabezales para apretar los tirafondos.
- Escoplo para las bisagras de la trampilla. Dos bisagras.
- Cuatro hembrillas que puedan atornillarse al árbol.
- Una bolsa de tela para servir de contrapeso a la trampilla.

Para construir la plataforma, te harán falta tablones de pino de 5 × 15 cm, que se pueden adquirir en cualquier almacén maderero. Nuestra base medía 2,1 × 2,1 metros, lo que se tradujo en ocho tablones de 2,1 metros, y otro más para hacer abrazaderas. En conjunto: 19,5 metros de tablones de 5 × 15.

La mayoría de los padres se preocuparán de que el resultado sea lo más seguro posible. No interesa nada que algo tan pesado pueda caerse con niños dentro. Allí donde nos fue posible, preferimos exagerar en el empleo de los materiales antes que escatimar, partiendo del principio «si se produjera una guerra nuclear, esta casa-árbol seguiría en pie».

Elige el árbol y comprueba si desde la casa-árbol se vería el jardín de un vecino. En caso de que así fuera, y los vecinos tuvieran algo que objetar, el ayuntamiento podría exigirte que la desmontaras. Elige la altura a la que quieres que esté del suelo, cosa que debería depender de la edad de los niños que van a usarla. La nuestra la situamos a 2,5 metros de altura. A más altura resultan más impresionantes, claro, pero dan más trabajo. Si el terreno de alrededor es blando, utiliza un tablón para impedir que se claven en él los pies de la escalera.

La plataforma

Para los tirafondos se requieren agujeros hechos de antemano, de modo que asegúrate de tener una broca en condiciones y un alargador suficientemente largo para llegar hasta el árbol. Nosotros acabamos utilizando tres alargadores colocados uno a continuación de otro y una toma de corriente doble. Para una tarea anterior, habíamos montado una sierra circular sobre una mesa vieja, lo cual nos resultó de lo más útil para cortar madera de la forma requerida.

Construye la plataforma tal como se muestra en los diagramas de la parte inferior de la página. Utiliza la cuerda de seguridad para dar soporte a los tablones hasta que estén asegurados, pasándola por encima de una rama situada a más altura y atándola cuando estén todos colocados. No intentes caminar sobre la plataforma antes de que esté apoyada en cada esquina. Para que se cayera, tendrían que des-

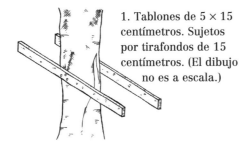

1. Tablones de 5 × 15 centímetros. Sujetos por tirafondos de 15 centímetros. (El dibujo no es a escala.)

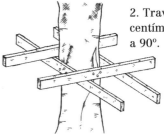

2. Travesaños de 5 × 15 centímetros, colocados a 90°.

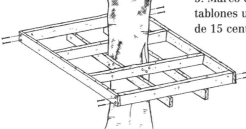

3. Marco de plataforma construido alrededor del par superior de tablones utilizando tablas de 5 × 15 centímetros. Dos tirafondos de 15 centímetros en cada rincón.

viarse numerosos tirafondos, pero la fuerza de giro que ejercería una persona colocada en una esquina sería inmensa y podría tener efectos desastrosos. La parte de mayor complejidad técnica es asegurar la plataforma.

Las vigas que miden 10 × 7,5 centímetros son tremendamente fuertes, probablemente mucho más de lo que requiere esta tarea. Dado que es muy probable que el tronco sea irregular, con casi toda certeza tendrán que ser de diferentes longitudes. Primero córtalas de tamaño aproximado, y asegurándote de que sobre antes de que falte. Lo difícil es cortar la juntura donde el extremo de la viga encaja con la plataforma.

La estabilidad procede del hecho de que la plataforma descansa sobre una superficie plana en sus cuatro esquinas. La ensambladura para ello se parece un poco al pico abierto de un pájaro. Córtala a mano, señalándola cuidadosamente. La primera tarea consiste en hacer un triángulo de noventa grados con dos líneas de serrado.

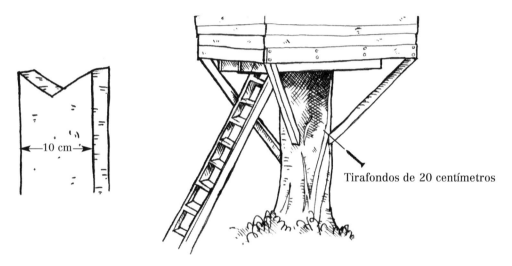

Tirafondos de 20 centímetros

Marca un punto situado a 10 centímetros del extremo en ambos lados, y luego traza una línea que llegue a él desde el borde opuesto. Repitiéndolo obtendrás dos líneas diagonales. El punto donde se encuentran es el centro. Mídelo todo dos veces. Corta desde el borde hacia dentro.

El segundo corte, espacialmente más complicado, se realiza directamente hacia abajo sobre uno de los bordes de corte. Una vez más, mídelo todo de forma cuidadosa y corta. Quizá valga la pena practicar primero con un trozo de madera sobrante. Tendrías que acabar con cuatro extremos que encajen perfectamente dentro de la esquina de la plataforma principal y que le proporcionen además soporte.

Quizá parezca excesivo utilizar tirafondos de 20 centímetros para unir las cuatro diagonales al tronco, pero todo depende de ellas. Taladra los 10 centímetros de viga diagonal, de tal manera que otros 10 centímetros de acero penetren en el interior del árbol. No te preocupes, eso no lo matará. Los árboles son muy resistentes, y una buena poda del servicio de jardinería municipal hace más daño.

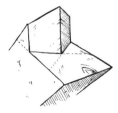

Cuando las cuatro diagonales estén colocadas, la plataforma no podrá volcarse sin aplastar una de ellas, lo cual es prácticamente imposible. Nosotros hicimos una prueba de fuerza consistente en que subieran a la casa-árbol seis adultos, que sumaban un peso total combinado de 380 kilos.

Empleamos trozos de 2 × 6 para colocar abrazaderas en cualquier hueco libre que quedase en la plataforma. Más que de nuestra habitual exageración, se trataba de dar soporte a los tablones del suelo. Asegúrate de dejar un hueco para la trampilla. Nosotros utilizamos tablones estándar que se pueden adquirir en cualquier tienda de bricolaje, que tienen la ventaja de estar tratados contra la humedad, al igual que todas las demás maderas empleadas. Tratarlas sale un poco más caro, pero es lo que marca la diferencia entre una casa que dura diez años y otra que dura veinte. Atornillamos los tablones directamente a las abrazaderas y las vigas principales de la plataforma, utilizando una caladora para ajustar la forma de los tablones a la del tronco del árbol. Deja un pequeño margen para los movimientos del árbol y para barrer fácilmente el polvo y la hojarasca acumulados.

LAS PAREDES

Resulta más fácil montar estos rectángulos en el suelo para después subirlos y colocarlos en su sitio. Dicho eso, pesan muchísimo, de modo que hay que hacerlo con cuerdas y entre dos personas por lo menos. Si no dispones de una cuerda muy resistente para sujetarlos, no intentes subirlas.

Para cada una de las paredes, utilizamos vigas de 10 × 5 centímetros, sujetas por tirafondos de 10 centímetros. Teníamos previsto cubrir la mitad inferior de cada una de las paredes con listones provistos de traslapos, salvo una de ellas, que pensábamos dejar abierta y con alambrada suficiente para que los niños no pudieran caerse. Para ello fue de decisiva importancia disponer de un taladro lo bastante potente como para introducir los tornillos directamente en la madera sin tener que hacer los agujeros de antemano. En caso contrario, es probable que aún estuviéramos allí.

La forma era la de un rectángulo sencillo con un alféizar y un par de montantes. Cuando decidas la altura que quieras que tenga, no olvides que es una casa para niños. Nosotros la hicimos de 1,65 metros, medida más bien generosa.

Cada una de las paredes la apoyamos directamente sobre los tablones y la atornillamos a éstos desde arriba. Tened en cuenta que en esta fase todavía dará la impresión de tambalearse. Las cuatro paredes se dan soporte entre sí y al colocar la última es cuando la estructura adquiere una enorme solidez. También el tejado aporta estabilidad.

Hay que tener en cuenta que dos de las paredes serán más cortas que las otras dos, de modo que tienes que diseñarlas y medirlas con mucho cuidado si no quieres pasarlo fatal. También es posible que las cabezas de los tirafondos den algunos problemas. Aunque requiera mucho tiempo, quizá tengas que avellanarlos con una broca para madera de 16/18 milímetros. Además de los tirafondos de 10 centímetros, utilizamos tuercas y tornillos de 15 centímetros para unir los laterales.

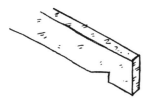

Una vez que estén colocadas firmemente las cuatro paredes, ya podemos pensar en el tejado. Nosotros utilizamos ocho vigas de 5 × 10 centímetros. La longitud depende de los ángulos, pero cuenta con que cada una de ellas tenga al menos un 1,21 metros de largo.

Córtalas del tamaño aproximado, y luego recorta un triángulo hacia el extremo para que encajen bien sobre la esquina superior de las paredes. En teoría, se trata del opuesto exacto de las diagonales inferiores, pero no nos pareció que mereciera la pena cortar más ensambladuras de «pico de pájaro».

Mide y corta con mucho cuidado, pues uno de los extremos estará en contacto con un tronco de superficie muy desigual. Utiliza tirafondos de 15 centímetros para sujetarlas al árbol; el tejado soporta únicamente su propio peso.

Después de colocar las cuatro vigas diagonales para las esquinas, añade otras cuatro entre éstas, una por cada lado. Utiliza un nivel para asegurarte de que estén todas a la misma altura, ya que de lo contrario el tejado te saldrá torcido.

Existen, por supuesto, varias maneras de rematar un tejado. Nosotros utilizamos lámina de plástico clavada a las ocho vigas con clavos. Sobre eso, clavamos listones para construir cobertizos, con traslapos. Daba un aspecto muy natural, pero había que cortar cada trozo del tamaño exacto y luego subirlo al árbol. También clavamos listones muy delgados sobre las diagonales para dar un aspecto más cuidado.

El tejado fue quizá la parte del conjunto que más tiempo consumió, y a esa altura una buena cuerda de seguridad era algo absolutamente imprescindible. De hecho, para llegar hasta el punto del tejado más alto, tuvimos que apoyarnos en los alféizares de las ventanas, hacer una lazada con la cuerda y dejar que ésta nos sostuviera mientras estábamos asomados al vacío. Lo mínimo que se puede decir es que es peligrosísimo y sólo para adultos.

Finalmente, utilizamos los mismos listones con traslapo para cubrir la parte inferior de las paredes, y luego fabricamos una escalera con los tablones para el suelo. Sujetamos el extremo superior de la escalera con tornillos pero sin apretarlos demasiado, teniendo en cuenta la posibilidad de que en algún momento alguien quisiera subirla al árbol. De todas formas, no es muy probable, pesa demasiado.

La trampilla la fabricamos a partir de trozos de tablón y listones sobrantes, atornillándolos bien. Para cerrar la trampilla a tus espaldas, lo idóneo es una cuerda que cuelgue de una hembrilla.

Para impedir que se cierre sobre deditos vulnerables, vale la pena contrabalancearla. Para hacer esto, consíguete una bolsa para ropa, de esas que a veces se utilizan para guardar zapatos. Pasa una cuerda por la trampilla, con el nudo en la parte de abajo. El otro extremo debería atravesar una hembrilla situada a

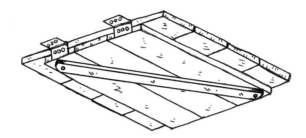

una altura un poco mayor y el tercero debería ir en una de las paredes. Ata la bolsa llena de piedras en el extremo y déjala colgando de modo que puedan llegar hasta ella los niños. Para abrir la trampilla desde abajo, pueden tirar de la bolsa. Para cerrarla, tienen que tirar de la cuerda con nudos que cuelga de la trampilla. Habrá que ajustar el peso de la bolsa al peso de los niños, claro, y eso significa que la trampilla tiene que cerrarse presionando con el pie cuando se está dentro de la casa, pero es mucho más seguro.

Lo más importante cuando todo está terminado es esperar a que llegue una hermosa noche de verano, subir a la casa con unos cojines, unas mantas y una linterna y pasar la noche bajo las estrellas. Llévate unos tentempiés: tanto aire fresco abre el apetito.

REGLAS DEL FÚTBOL

DE FORMA MUY OPORTUNA, el juego más popular del planeta sólo tiene diecisiete leyes fundamentales, basadas en las reglas compiladas en Inglaterra en 1863 y ratificadas formalmente por la International Footbal Association Board en 1886.

1. **El campo.** Longitud: 90-120 metros. Anchura: 45-90 metros. Las dos líneas largas se llaman líneas de banda, y las dos cortas, líneas de meta. El campo está dividido por una línea en la que hay un punto central donde se produce el saque inicial que da comienzo al partido. En cada una de las metas, hay un área de 5,5 metros conocida como el área de portería. Fuera de ésta hay un área de 16,5 metros conocida como el área de penalti. Hay un punto de penalti situado a 11 metros delante de los postes de la portería. Entre éstos existe una separación de 7,32 metros; tienen una altura de 2,44 metros.

2. **El balón.** Circunferencia: entre 68 y 70 centímetros. Peso: entre 410 y 450 gramos.

3. **Los equipos.** En cada uno de los equipos puede haber un máximo de once jugadores incluyendo al portero. En función de la categoría de la competición, puede haber entre tres y siete suplentes. Además, cualquier jugador puede cambiarse de posición con el portero, siempre y cuando se informe de ello al árbitro y que el cambio tenga lugar en un momento en que el juego haya sido interrumpido.

4. **Vestimenta.** Los jugadores llevan camisetas de fútbol, pantalón corto, espinilleras debajo de unos calcetines largos y botas de fútbol. Los porteros llevan uniformes de distintos colores.

5. **El árbitro.** Todas las decisiones tomadas por el árbitro son inapelables. Entre sus facultades está la de amonestar de forma verbal, advertir mediante tarjeta amarilla o mostrar la tarjeta roja, lo que tiene como consecuencia la expulsión inmediata del terreno de juego. Una segunda tarjeta amarilla equivale a la roja. El árbitro también hace de cronometrador del encuentro y supervisa la reanudación del juego cuando éste se interrumpe por cualquier motivo.

6. **Jueces de línea.** Éstos indican por medio de banderas cuándo un balón ha atravesado las líneas de banda y ha salido fuera de juego, indicándole al árbitro a cuál de los dos equipos le corresponde realizar el córner, el saque de puerta o el saque de banda. También pueden levantar las banderas para indicar cuándo un jugador puede ser penalizado por encontrarse en fuera de juego.

7. **Duración.** Dos mitades de cuarenta y cinco minutos cada una, con un intervalo de descanso no superior a quince minutos.

8. **Comienzo.** El equipo al que por suertes le haya correspondido efectúa el saque inicial e inicia así el juego. El balón regresa al punto central después de cada gol y al comenzar la segunda mitad del partido. Todos los jugadores han de encontrarse en su mitad del campo en el momento del saque, y estar situados a una distancia mínima de 9,15 metros del balón.

9. **Balón en juego o fuera de juego.** El balón se halla en fuera de juego cuando atraviesa completamente cualquiera de las líneas de banda o de meta, y también en el caso de que el juego haya sido interrumpido por el árbitro. En todos los demás momentos está en juego.

10. **Marcar.** El balón tiene que atravesar la línea de meta. Si un jugador del equipo defensor lo toca por accidente, se trata de un «gol en propia meta», y sigue siendo válido. El equipo que más goles marca gana.

11. **Fuera de juego.** La regla del fuera de juego tiene por finalidad impedir que los jugadores merodeen en las inmediaciones de la portería rival a la espera de que les llegue un pase largo. A un jugador se le declarará en fuera de juego si se encuentra más cerca de la línea de meta contraria que el balón y el penúltimo adversario. Nótese que los jugadores pueden ocupar la línea de meta si así lo desean, pero no pueden recibir el balón sin que el árbitro pite fuera de juego. Se produce una «trampa del fuera de juego» cuando los defensas se adelantan deliberadamente para dejar a un delantero en una posición en la que no puede recibir el balón sin que se le declare en fuera de juego. Cuando un jugador recibe el balón como consecuencia de un córner, un saque de puerta o un saque de banda no se aplica la regla del fuera de juego.

12. **Faltas.** Pueden concederse al equipo contrario tiros libres, directos e indirectos, si el árbitro considera que se ha cometido una falta. El tiro se realiza desde el punto en que ocurrió la falta. Las faltas van desde tocar el balón con las manos hasta golpear a un jugador rival. Por añadidura, y dependiendo de la infracción, el jugador puede ser amonestado o expulsado del terreno de juego.

13. **Tiros libres.** Pueden lanzarse tiros libres a la portería si el lugar donde tuvo lugar la infracción está situado lo bastante cerca; suelen concederse en el caso de las faltas más graves. El balón se lanza desde una posición estacionaria. A los jugadores rivales no se les permite estar a menos de 9,15 metros, lo que en la práctica ha acabado por significar que el equipo contrario levanta una barrera compuesta por sus jugadores a esa distancia para obstaculizar la visión del encargado de lanzar la falta. Los tiros libres indirectos no se pueden disparar directamente contra la portería, sino que ha de pasarse primero el balón a otro jugador.

14. **Penaltis.** Se conceden por las mismas infracciones que los tiros libres directos, en el caso de que la falta haya sido cometida dentro del área de penalti del equipo rival. Esto se hace para prevenir la comisión de faltas en las que se derriba a un jugador en ataque para impedir que marque gol. El guardameta ha de permanecer sobre su propia línea y entre los postes de meta hasta que se lance el disparo. Los demás jugadores han de estar fuera del área de penalti y a una distancia de por lo menos 9,15 metros del punto de penalti, motivo por el cual existe un arco en torno al área de penalti. El penalti consiste en un único disparo contra la portería. Siempre que entre en la meta, puede golpear los postes e incluso al portero. Cuando las cosas discurren con normalidad, un penalti que rebote sobre el guardameta sigue estando en juego y puede volver a chutarse el balón. Éste no es el caso cuando un partido tiene que decidirse por medio de una tanda de penaltis, en cuyo caso sólo hay una ocasión para marcar.

15. **Saques de banda.** El jugador ha de estar mirando al campo y tener ambos pies en el suelo, sobre o detrás de la línea de banda. Tiene que emplear ambas manos y lanzar el balón desde detrás de su cabeza. El jugador que efectúa el saque ha de pasarle el balón a otro antes de poder volver a tocarlo.

16. **Saques de puerta.** Se conceden cuando el equipo contrario envía el balón fuera del campo a través de la línea de meta, por ejemplo, después de un tiro que no logró introducirse en la portería. El saque de puerta se puede realizar desde cualquier punto situado dentro del área de portería; el balón ha de estar fuera del área de penalti antes de que pueda tocarlo otro jugador.

17. **Saque de esquina o «córner».** Se concede cuando un miembro del equipo defensor hace traspasar al balón su propia línea de meta. El portero puede hacerlo como consecuencia de sus esfuerzos por impedir un gol, o puede hacerlo un defensa de forma deliberada para impedir que un disparo llegue a puerta. Se marcan muchos goles como resultado de un córner, de manera que siempre que se pita uno se masca la tensión en el ambiente.

Los jugadores defensores deben permanecer a una distancia de al menos 9,15 metros del balón hasta que éste sea lanzado. En la práctica, suelen agruparse en torno a la portería. Los defensas trabajan duro para impedir que los atacantes encuentren un hueco libre. Los atacantes se esfuerzan para desmarcarse del defensa, recibir el balón y estrellarlo en la red, tanto con la cabeza como con los pies. Durante los córner, los porteros las pasan canutas. La visibilidad se reduce debido al número de personas involucradas y el balón puede llegar desde casi cualquier parte con muy poco tiempo para reaccionar.

Otras cuestiones de interés

El portero es el único jugador al que se le permite emplear las manos. No obstante, salvo antebrazos y manos, cualquier otra parte del cuerpo puede emplearse para controlar el balón.

Si un partido tiene que disputarse hasta que se produzca la victoria de uno de los dos equipos (como sucede en un Mundial, por ejemplo) se puede conceder una prórroga. Existen varias formas de prórroga, pero lo habitual son dos mitades de quince minutos. Si al final de la prórroga continúa el empate, se recurre a una tanda de penaltis para determinar al equipo vencedor. Cinco jugadores predeterminados disparan por turno contra la portería. Si después de esto las puntuaciones aún permanecen empatadas, el partido se decide por penaltis «a muerte súbita»: uno tras otro hasta que se determina un ganador.

Una de las ventajas que tiene el fútbol con respecto al rugby y el críquet es que si se dispone de un frontón se puede entrenar siempre que se quiera. Para los otros dos deportes realmente hace falta otra persona. Existen muchas habilidades con el balón que hay que practicar para asimilarlas. Está muy bien leer que se puede centrar el balón con un efecto de derecha a izquierda golpeando la mitad inferior del lado derecho del balón con el interior de la bota, o darle un efecto de izquierda a derecha golpeando con el empeine la mitad inferior del lado izquierdo del balón. Pero seamos realistas: para conseguirlo hay que pasarse muchas horas practicando. Así son las cosas, trátese de cualquier deporte y en general de cualquier tipo de habilidades. Si se quiere hacer algo bien, hay que hacerlo con regularidad. Se trata de un refrán muy, muy viejo, pero «el que algo quiere algo le cuesta» sigue siendo tan cierto hoy como lo era hace cientos de años. Las habilidades innatas están muy bien, pero no es tanto lo que dan de sí contra alguien que practica todos los días algo que le gusta.

DINOSAURIOS

E L TÉRMINO «dinosaurio» significa «lagarto terrible», y fue acuñado en 1842 por el científico británico Richard Owen. Estos reptiles –entre los que había desde fieros depredadores hasta apacibles herbívoros– habitaron la Tierra durante ciento cincuenta millones de años antes de extinguirse misteriosamente.

Los dinosaurios de mayor tamaño fueron también los animales terrestres más grandes que nunca hayan existido. En 1907, se descubrieron los inmensos huesos de un braquiosaurio en África oriental. En vida, el animal medía 23 metros de largo, pesaba entre 50 y 90 toneladas y su altura era de 6,5 metros. Estos gigantes rivalizaban en tamaño con las mayores ballenas de nuestros océanos actuales. En comparación, los mayores animales terrestres vivientes de la actualidad, los elefantes, ¡apenas pesan cinco toneladas!

Braquiosaurio, el «reptil-brazo»

La era de los dinosaurios

La era de los dinosaurios se conoce como el Mesozoico, y tuvo lugar hace entre 248 y 65 millones de años. Se divide en tres períodos: el Triásico, el Jurásico y el Cretácico. A comienzos del Mesozoico, todos los continentes del planeta seguían unidos en un único supercontinente, Pangea, rodeado por un inmenso océano denominado Panthalassa. Estos nombres impresionan

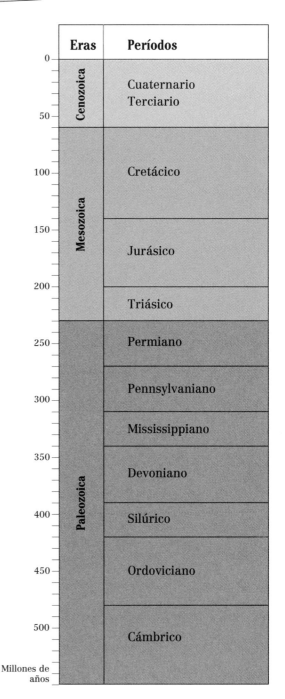

Eras	Períodos
Cenozoica	Cuaternario Terciario
Mesozoica	Cretácico
Mesozoica	Jurásico
Mesozoica	Triásico
Paleozoica	Permiano
Paleozoica	Pennsylvaniano
Paleozoica	Mississippiano
Paleozoica	Devoniano
Paleozoica	Silúrico
Paleozoica	Ordoviciano
Paleozoica	Cámbrico

Millones de años: 0 – 50 – 100 – 150 – 200 – 250 – 300 – 350 – 400 – 450 – 500

bastante hasta que uno se da cuenta de que significan «toda la tierra» y «todo el mar». En 1912, el geofísico alemán Alfred Wegener formuló por primera vez la teoría de las placas tectónicas móviles. Examinó las semejanzas existentes entre rocas halladas en lugares tan distantes entre sí como Brasil y el sur de África y se dio cuenta de que todas ellas procedían de una misma masa continental.

Los primeros pequeños dinosaurios aparecieron en el Triásico, y caminaban sobre sus patas traseras. Este período tuvo lugar hace entre 248 y 206 millones de años. A lo largo de millones de años, Pangea se dividió en continentes que se fueron alejando unos de otros. Tras la separación, grupos diferentes de dinosaurios fueron evolucionando en cada continente durante el Jurásico, período que abarca entre hace 206 y 144 millones de años. Ésta fue la era de los gigantes. Los bosques y las praderas –que cubrían continentes enteros– estaban habitados por inmensos dinosaurios herbívoros.

Las placas continentales siguen desplazándose hoy en día. A decir verdad, cuando una región es propensa a los terremotos o a la actividad volcánica, casi siempre se debe a la presión de una placa que está empujando a otra, a veces en las profundidades del mar. Así es como se formaron las inmensas cordilleras montañosas de los Andes y de las Montañas Rocosas.

El período Cretácico duró desde hace 144 millones de años hasta hace 65. En esta era vivieron herbívoros acorazados como el Triceratops, ramoneadores como el Hadrosaurio y enormes carnívoros como el Tiranosaurio.

También los mares estaban llenos de depredadores y de presas, muy distintos a los actuales habitantes marinos, salvo los tiburones, que curiosamente alcanzaron por lo visto un estado de perfección evolutiva y han permanecido idénticos durante millones de años. Los cocodrilos son otro ejemplo de un dinosaurio que sobrevivió y ha llegado a nuestros días. Los cocodrilos y caimanes modernos son más pequeños que sus primos prehistóricos, pero se trata en esencia del mismo animal. Un cocodrilo del Cretácico habría alcanzado los 15 metros de longitud.

El mundo de los dinosaurios

El mundo de los dinosaurios era caluroso y tropical, y la tierra prehistórica estuvo habitada por dinosaurios de muchos tamaños y formas. Una de las facetas más interesantes que tiene el estudio de los dinosau-

El Tiranosaurio, quince metros de sanguinario depredador. Nótese que no tenemos la menor idea del color real que tenía su piel

rios es comprobar cómo –antes de que se hiciera tabla rasa 65 millones de años antes del nacimiento de Cristo– la evolución siguió una ruta diferente. A medida que iban transcurriendo las eras, los carnívoros se convirtieron en eficientes máquinas de matar, mientras sus presas se hacían más veloces o más acorazadas, en una especie de carrera armamentística originaria. Un herbívoro inmenso podía comer hojas de las copas de árboles tan grandes como un edificio de cinco plantas. Los herbívoros de mayor tamaño eran tan gigantescos que ninguna otra criatura osaba atacar a un adulto sano, y menos si se desplazaban en manada. Sin duda estos herbívoros tenían que consumir inmensas cantidades de follaje todos los días para nutrir sus inmensos cuerpos, acompañado quizá de piedras para ayudarles a triturar el alimento.

La era de los grandes dinosaurios eclipsó a un mundo de depredadores y de presas más pequeños. El Compsognathus tenía aproximadamente el mismo tamaño que un moderno gato doméstico. Sabemos que devoraba lagartos más pequeños, pues se halló uno en el interior de la cavidad estomacal de un Compsognathus.

El grupo de dinosaurios más veloces probablemente era el de los ornitomimos, cuyo nombre alude a su gran parecido con aves modernas como el avestruz. Siempre resulta difícil calcular la velocidad de desplazamiento de un animal exclusivamente a partir de restos fósiles, pero al tener unas piernas más largas que el Compsognathus, es posible que pudiera correr tan rápido como un caballo de nuestros días. Se han encontrado ornitomimos en lugares lejanos entre sí como Norteamérica y Mongolia.

Compsognathus, o «mandíbula bonita»

Ornitomimo

Carnívoros y vegetarianos

Durante el Cretácico, gigantescos carnívoros como el Tiranosaurio, el Daspletosaurio y el Tarbosaurio dominaban en tierra firme. El Tiranosaurio poseía sesenta dientes, largos como cuchillos e igual de afilados. Pese a ser un feroz depredador, es posible que su enorme mole le impidiera desplazarse con rapidez. También es posible que embistiera y golpeara a sus presas con la cabeza, aturdiéndolas antes de emplear sus cortos brazos para sujetarlas antes de devorarlas vivas; con todo, es difícil atribuir conductas únicamente a partir de restos fósiles. Una gran parte del estudio de los dinosaurios está basada en suposiciones y conjeturas. Y hasta que sea posible viajar en el tiempo, ¡seguirá siendo así!

El Velocirráptor alcanzó la celebridad gracias a la película *Parque Jurásico*, en tanto que versión más pequeña del Tiranosaurio, que cazaba en manadas. Es posible que trabajara en equipo para seleccionar y atacar a sus víctimas. Desde luego, los Velocirráptor estaban bien equipados para matar, pues estaban dotados de garras y dientes afiladísimos y cuerpos de una gran agilidad.

Lo que sabemos acerca de la evolución y del mundo moderno hace pensar que los cazadores carnívoros son más inteligentes que los herbívoros. En el mundo contemporáneo, por ejemplo, las vacas necesitan muy poca inteligencia para sobrevivir, en tanto que los lobos y los leopardos manifiestan conductas mucho más complejas. Nosotros aplicamos los patrones que conocemos para ir colmando los vacíos del archivo fósil, pero la inteligencia es uno de esos factores que es prácticamente imposible adivinar. Si fuera una cuestión de dimensiones cerebrales, los elefantes serían los amos de la Tierra y las ballenas dominarían los mares.

Caparazón

Una de las características de la era de los dinosaurios que prácticamente ha desaparecido de nuestro mundo es el uso defensivo del caparazón. Sobrevive en las tortugas y los escarabajos, pero por lo demás ha desaparecido como respuesta válida frente a los depredadores. A finales de la era mesozoica, la carrera armamentística entre los depredadores y sus presas había dado lugar a algunos extraordinarios

Garra y hueso del pie de un Velocirráptor

especímenes de herbívoro acorazado. El Estegosaurio, que significa «lagarto con placas» o «lagarto con techo», es uno de los ejemplos más conocidos, y evolucionó desde mediados del Jurásico hasta finales del mismo período, hará unos 170 millones de años.

El Estegosaurio era un inmenso herbívoro que tenía la longitud aproximada de un camión de tres ejes con remolque. Las placas que llevaba a lo largo de la

Estegosaurio

espalda habrían dificultado sobremanera que un depredador le dañara la columna vertebral. Por si fuera poco, poseía una cola rematada con feroces pinchos con la que azotar a sus enemigos. Algunos dinosaurios, como el Anquilosaurio, tenían acorazados hasta los párpados.

Triceratops significa «cara con tres cuernos» y fue bautizado de esa guisa por Othniel C. Marsh, un buscador de fósiles estadounidense. Se diría que este dinosaurio estaba acorazado tanto para el ataque como para la defensa. Podía llegar a pesar hasta diez toneladas. El caparazón que le protegía el cuello era una placa de hueso puro, claramente diseñado para impedir los mordiscos en un área tan vulnerable. Fue un dinosaurio muy común hace entre 65 y 70 millones de años, en el Cretácico tardío.

Se desconoce qué clase de camuflaje empleaban los dinosaurios. Es una lástima, pero la piel no se conserva tan bien como los huesos, y por lo que sabemos, es posible que algunos dinosaurios tuvieran plumas o hasta pelo. Los animales contemporáneos nos ofrecen, sin embargo, algunas pistas. Los parientes vivos de los dinosaurios, como las aves y los cocodrilos, permiten suponer que la piel de algunos dinosaurios fuese de colores muy vivos. Es probable que herbívoros de gran tamaño como el Iguanodón tuvieran una piel verde y escamosa –muy semejante a la de los lagartos actuales–, lo que dificultaría que fueran descubiertos por depredadores entre los helechos del bosque. También es posible que algunos carnívoros fueran de color verdoso o marrón para facilitar que se aproximaran subrepticiamente a sus presas. Es muy posible que cazadores avezados como el Velocirráptor desarrollaran una piel de color arena si habitaban regiones desérticas o la sabana, al igual que los leopardos de nuestra era.

Al igual que los cocodrilos contemporáneos, los dinosaurios ponían huevos. Algunos, como el Maiasauro –que significa «lagarto buena madre»– cuidaban de ellos hasta que los pequeños rompían el cascarón. Se han hallado pruebas en favor de esta hipótesis en el primer Maiasaurio que se halló, en Montana, en un nido que contenía materia vegetal regurgitada, lo que hace suponer que los padres regresaban al nido para alimentar a sus crías, como hacen las aves. Por añadidura, los huesos de las patas de los bebés fosilizados no parecen lo suficientemente robustos como para aguantar el peso de éstos después de nacer, lo que induce a pensar en un período de vulnerabilidad que transcurría en el nido. Compárese esto con los cocodrilos de nuestra era, cuyas crías, desde el momento en que nacen, son versiones plenamente autónomas pero más pequeñas de sus padres, capaces de nadar y alimentarse por sí solas.

Los cielos del Mesozoico estaban poblados por los antepasados reptiles de las aves. Existían muchas variedades, aunque la mayoría de ellas se agrupan bajo el género de los Pterodáctilos, nombre que significa «dedos alados». De todas las especies de la Tierra, el vínculo de estos animales de la era mesozoica con las aves es el más obvio: tenían patas con escamas, huesos huecos, alas y picos. Muchos de ellos se asemejaban a los murciélagos, y tenían las falanges de los dedos claramente marcadas en las alas. Como cabría esperar, sin embargo, el Jurásico dio lugar a algunas variedades enormes. Es posible que el mayor animal volador que jamás haya existido pesara tanto como un ser humano. Se llama Quetzalcoatlus, en honor de la deidad azteca Quetzalcóatl, la serpiente emplumada. Tenía una envergadura de doce metros entre un ala y otra, aproximadamente la misma que una pequeña aeronave; de lo contrario no habría podido levantar el vuelo. Con casi toda seguridad planeaba, pues los músculos requeridos para batir unas alas de semejantes dimen-

Elasmosaurio

siones habrían pesado demasiado para que el animal pudiera despegar.

En los mares del Mesozoico no había icebergs. En el sentido más estricto de la palabra, tampoco había dinosaurios, pues éstos eran animales terrestres. No obstante, los océanos prehistóricos estaban llenos de una enorme variedad de extraños y maravillosos reptiles, como el Elasmosaurio, una gigantesca serpiente marina. Sólo el cuello de ésta alcanzaba los siete metros de longitud. En la actualidad hay personas que creen que «Nessie», el monstruo del lago Ness, sería un descendiente de un Elasmosaurio o algún otro Plesiosaurio.

Extinción

Hace 75 millones de años, la Tierra estaba habitada por cientos de especies diferentes de dinosaurios, y no obstante, diez millones de años más tarde, prácticamente todos se habían extinguido. Sólo sobrevivieron sus descendientes, las aves. Lo que pasó exactamente sigue siendo un misterio. Con casi certeza, un enorme cráter que hay en el golfo de México fue causado por el impacto de un gigantesco asteroide contra la Tierra. El impacto tuvo lugar hace 65 millones de años, al mismo tiempo que se produjo la desaparición de los dinosaurios. Las muestras geológicas del período situado entre las eras Cretácica y Terciaria –el momento en el tiempo geológico conocido con el nombre de límite cretácico-terciario– son ricas en iridio, elemento comúnmente presente en los meteoritos y los asteroides.

El asteroide habría golpeado la Tierra a una velocidad increíble, modificando dramáticamente la composición de la atmósfera. El Sol habría quedado tapado por enormes nubes de rocas y polvo, cerrando el paso a la luz y, lo que es más fundamental aún, al calor. Algunos animales –los escorpiones, las tortugas, las aves y los insectos, por citar sólo a algunos que dieron pruebas de resistencia suficiente– sobrevivieron a estos cambios. No existe una respuesta definitiva a la pregunta de por qué desaparecieron los dinosaurios, pese a que hoy por hoy la hipótesis del impacto del asteroide goza de mucho apoyo en la comunidad científica.

CÓMO FABRICAR UN ARCO Y UNAS FLECHAS

En ALGÚN MOMENTO cabe la posibilidad de que te propongas fabricar un arco y unas flechas. Quizá se deba a las películas del Oeste en las que has visto a los indios disparando sus flechas contra quienes osaran atravesar sus tierras. Disparar un arco puede resultar inmensamente gratificante, aunque no se haga con intención de acertar en un blanco, sino sólo por contemplar el vuelo de la flecha y luego recorrer y calcular la distancia alcanzada por ésta. Con el arco descrito en este capítulo, nosotros lanzamos una flecha de punta muy gruesa, la cual alcanzó una distancia de 41 metros antes de clavarse en tierra.

Pese a que los arqueros ingleses de la batalla de Crécy lanzasen flechas a una distancia de 275 metros, para nosotros fue un momento glorioso. El actual récord del mundo está en manos de Harry Drake, un estadounidense que tumbado sobre su espalda lanzó en 1971 una flecha a una distancia de 1.854 metros.

No eches a perder unos momentos tan espléndidos haciendo alguna tontería. El arco y la flecha descritos aquí podrían ser empleados para cazar o tirar al blanco en un jardín. No olvides en ningún momento que es un arma, y que jamás se apunta con un arma a otros niños.

Flechas y puntas de flechas

Se necesita:

- Sílex o hueso para fabricar puntas.
- Una lata.
- Unas tijeras fuertes y una navaja.
- Astas de madera de olmo, fresno o tejo, rectas y flexibles, de 1,20 metros de largo.
- Fustes de madera de 90 centímetros para fabricar flechas.
- Hilo y pegamento.
- Un destornillador de cruz.
- Cuerda.
- Plumas, que pueden encontrarse tiradas o pedirse en la pollería.
- Una tira de cuero para protegerse los dedos.

Hay varias maneras de fabricar una punta de flecha. Los hombres de la Edad de Piedra utilizaban el sílex, y sigue siendo apasionante fabricar una punta sencilla con este material. El sílex es el residuo fosilizado de pequeños organismos. También servía para encender fuego por su capacidad de crear chispas al chocar con otra pieza de igual o mayor dureza. Nuestro surtido salió de un campo recién arado absolutamente lleno de fragmentos del tamaño de un puño. Suele hallarse junto a fragmentos de tiza, en lo que, hace millones de años, era el lecho de un océano.

Busca y encuentra un pedazo de buen tamaño, como el que aparece a la derecha. Una de las pocas ventajas que tiene llevar gafas es que los ojos quedan mejor protegidos de las esquirlas. Si tú no las llevas, mira hacia otro lado al golpear con fuerza otro trozo de sílex o ponte unas gafas protectoras.

Comprobarás que si se golpea con fuerza suficiente, el sílex se rompe de forma muy semejante al cristal, desprendiendo fragmentos afiladísimos que recuerdan de inmediato a las cabezas de hacha y las puntas de flecha. Nosotros descubrimos que, con un poco de suerte, cinco o diez de esos impactos producen un puñado de trozos idóneos, fragmentos que pueden convertirse en puntas de flecha.

Quizás hayas visto fotografías de puntas de flecha de la Edad de Piedra con una sucesión de semicírculos festoneados en torno al borde. Éstos se forman por compresión, habilidad que no es fácil adquirir. Mucha gente practica la talla lítica como afición, y fabrican puntas de flechas no sólo muy utilizables sino además bellas.

Con un utensilio puntiagudo, como un destornillador de cruz, es posible ir royendo el borde afilado de un trozo de sílex hasta darle la forma adecuada. Coloca el sílex sobre un trozo de madera blanda, con el borde afilado en contacto con la misma, y luego aprieta con el destornillador contra el mismo filo, hacia abajo.

Se trata de un proceso lento y fatigoso, pero da buenos resultados, y si fuera el único modo de matar a un ciervo para alimentar a tu familia, el tiempo invertido habría valido la pena. Con una piedra de afilar y paciencia también se pueden fabricar puntas de flecha bastante decentes, aunque sin el aspecto tradicional. Una combinación de ambos procedimientos también daría buenos resultados.

Acuérdate de dejar suficiente «mango» para ceñir la punta al astil, y no te sorprendas si unas cuantas

se parten por la mitad y quedan inservibles antes de que consigas tener una que te guste.

La siguiente la hicimos sólo con una piedra de afilar. Es muy pequeña, pues mide sólo 17 milímetros, pero si las haces mucho más grandes, reduces el alcance de la flecha. También comprobamos que si se le da un hueso de cordero a un perro grande, las astillas que deja éste pueden convertirse en puntas de flecha sin excesivos problemas.

Las puntas de flecha más fáciles de fabricar son las que se hacen a partir de latas: de sopa, de guisantes o de lo que sea. Tanto la base como la tapa son una superficie plana de metal. Utiliza un buen par de tijeras, y es posible que descubras que es muy fácil cortarse y pasar el resto del día en el hospital. Pídele a un adulto que te ayude con esta parte de la operación. Deja un largo «mango» como el del dibujo. Te ayudará a asegurar bien la cabeza.

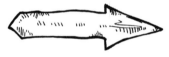

Ten en cuenta que estas últimas puntas no sirven para tirar al blanco, porque se doblan. Probablemente sean mejores para cazar conejos, aunque nosotros descubrimos que ya sólo tensar el arco espantaba a todas las criaturas vivientes en un radio de medio kilómetro. Para practicar la puntería lo mejor es sacarle punta al extremo de madera de la flecha con una navaja y usar un blanco más bien blando, como un jersey viejo relleno de periódico o paja.

Tradicionalmente, las fechas se fabricaban con ramas muy delgadas y muy rectas, talladas, recortadas y lijadas hasta quedar lisas. Pero las espigas de car-

pintería ya vienen perfectamente rectas y lisas, y pueden comprarse en cualquier ferretería importante. La flecha que fabricamos nosotros era de olmo, pero vale cualquier madera que no se astille fácilmente.

Hay tres aspectos importantes a tener en cuenta a la hora de fabricar una flecha: conseguir que salga recta, ponerle la punta y colocar las plumas. La palabra antigua para «fabricante de flechas» era «flechero», y es todo un arte en sí mismo.

Si dispones de una punta metálica, sólo tienes que hacer una ranura en el extremo de la flecha, encajar la punta y luego ceñirla bien con hilo para asegurarla. Las puntas de sílex sólo se pueden sujetar de esta forma cuando son planas.

Para emplumar la flecha te harán falta plumas. Como nosotros vimos un faisán muerto junto a la carretera, utilizamos plumas de faisán. Si esto no es posible, pide algunas en la pollería o busca plumas de paloma en un parque. Tradicionalmente las plumas predilectas son las de ganso, pero no son fáciles de encontrar. Asegúrate de tener una buena provisión de plumas a mano. Son mucho más ligeras que el plástico y los arqueros profesionales siguen utilizándolas en la actualidad.

Con una navaja o simplemente unas tijeras, recorta la pluma hasta darle esta forma, pero conservando una parte del raquis para que no se deshaga. Aún estarás a tiempo de recortarle las puntas cuando la flecha esté terminada, de manera que en esta fase no tiene que quedar necesariamente impecable.

Deberías dejar 2,5 centímetros del extremo de la flecha al desnudo para tener algo que sujetar con los dedos en el momento de tensar el arco. Nosotros nos olvidamos de ello hasta el momento de probar el arco.

Fíjate también en que las tres plumas estén colocadas con una separación entre sí de ciento veinte grados (3

× 120 = 360). La pluma guía es la que se encuentra en un ángulo de noventa grados con respecto a la ranura del culatín, como puede apreciarse en el dibujo. Al disparar, la flecha descansa sobre la parte exterior de la mano que sujeta el arco y la pluma guía apunta hacia el rostro del arquero. Las otras dos plumas pueden pasar así junto al arco a gran velocidad sin golpearlo.

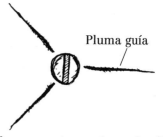

Pluma guía

Un toque de pegamento mantiene a las flechas en su sitio, pero por tradición y por estética deberías atarlas cuidadosamente con un hilo. Se trata de una tarea compleja, pero con un hilo resistente fabricarás una flecha que sea una gozada contemplar. Ata con cuidado los dos extremos, recortando el hilo que sobre.

Es buena idea preparar cinco o seis flechas. Hay muchas posibilidades de que un par de ellas se rompan o se pierdan. Sé sensato, y no las dispares donde exista el riesgo de que acaben en el jardín de algún vecino.

El arco

Lo ideal sería que la madera con la que fabricases tu arco fuera recta y flexible, que la cortaras cuando estuviera verde y la dejases secar en algún sitio durante un año. Ahora bien, de acuerdo con nuestra experiencia infantil en materia de construcción de arcos, éstos se fabricaban siempre el mismo día en que se cortaba la madera, de modo que eso es lo que hemos vuelto a hacer en esta ocasión. La madera de olmo da unos excelentes resultados, y lo mismo puede decirse de la de avellano y de la de fresno. Los arcos más potentes son los que se fabrican con una combinación de albura y duramen de tejo. Los druidas consideraban sagrados los tejos y construían templos junto a ellos, inaugurando una asociación con los lugares de culto que se ha mantenido hasta el día de hoy. Las bayas rojas del tejo son extremadamente tóxicas. No tales ningún tejo. Son antiquísimos.

Los arcos recién cortados pierden su potencia al cabo de uno o dos días. No deberían encordarse a menos que estés dispuesto a disparar; también deberías experimentar con los diferentes tipos de madera que haya en tu localidad para ver cuáles proporcionan la mayor elasticidad.

Lo más importante es que el arco tiene que poder doblarse. Resulta tentador seleccionar un grueso árbol joven en función de su potencia inmediata, pero cualquier cosa que supere los dos centímetros probablemente será demasiado grueso.

Si tienes acceso a herramientas de carpintería, sujeta el arco con un tornillo de banco, y utiliza un cepillo de carpintero para estrechar las puntas. La mayor parte de los arcos que encuentres en los bosques ya estarán algo estrechados por los extremos, y ahora sólo se trata de igualarlos.

Todas las muescas y ranuras de este arco y las flechas las hicimos con la sierra de una navaja suiza. Ahora bien, con un cuchillo de cortar el pan con dientes de sierra podrían obtenerse unos resultados casi idénticos.

Haz muescas en ambos extremos, a 5 centímetros de las puntas. Utiliza un poco de sentido común: se trata de darles sólo la profundidad necesaria para sujetar la cuerda sin que ésta resbale.

Te hará falta una cuerda muy fuerte y muy fina. A nosotros nos pareció que lo mejor es el nailon. Los sedales de pesca se partían con demasiada facilidad. Las cuerdas de arco tradicionales se hacían con lino encerado y crin de caballo trenzada, formando cables en miniatura de tremenda fuerza. ¡Los romanos utilizaban crin de caballo para fabricar grandes resortes para sus catapultas de guerra!

Tanto para amarrar una canoa como para encordar un arco hace falta un buen nudo todoterreno. La ventaja que tiene es que el nudo como tal no se estrecha más cuando está sometido a pre-

sión, de manera que siempre puedes soltarlo cuando no vayas a disparar. Se denomina vuelta muerta con dos semillaves.

Primero envuelve la cuerda alrededor del extremo del arco, como se muestra en el dibujo. Ésta es la «vuelta». Luego pasa el otro extremo por debajo de la cuerda y vuelve a atravesar el seno: una semillave. Apriétalo bien. Por último, haz otra semillave de la misma manera: por debajo de la cuerda, atravesando de nuevo el seno; si empiezas el primer nudo hacia la izquierda tienes que hacer los otros dos en la misma dirección. Tendrías que terminar con un nudo que no tocase la madera del arco pero sin embargo muy sólido.

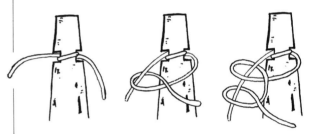

Como nota final, es muy buena idea ponerse un guante en la mano que sostiene el arco al tensarlo. La flecha pasa sobre ella a gran velocidad y puede llegar a levantar la piel. También comprobamos que era mucho más fácil tensar la cuerda con tiras de cuero en torno a los dedos corazón y anular. Probablemente puedas conseguir un trozo de cuero de muestra en una tienda de muebles, o un recorte de un tapizador. Otra posibilidad es sencillamente ponerse otro guante. Quizá te interese saber que el gesto grosero de mostrarle dos dedos a alguien fue inventado por los arqueros ingleses en Agincourt. Los franceses habían dicho que después de vencerles, iban a cortarles los dedos con los que disparaban las flechas. Sin embargo, fueron los franceses los derrotados, y los arqueros ingleses se burlaron de ellos mostrándoles los dedos, que seguían en su sitio.

El tiro con arco es un deporte fascinante y que exige gran destreza, y ésta no es mala manera de iniciarse.

NOCIONES GRAMATICALES – PARTE I

Es curioso lo satisfactorio que resulta distinguir lo correcto de lo incorrecto. La gramática consiste en reglas y estructuras. Por ejemplo, se debe decir *detrás de mí.* Si oyes a alguien que dice *detrás mío,* está mal dicho. Es así sin más, no es cuestión de opinión.

La gramática del castellano es más compleja de lo que se puede plasmar aquí, pero un esquema básico de lo esencial está dentro de nuestro alcance. Nunca utilizarías un cincel sin saber por dónde cogerlo. En el mismo sentido, conviene distinguir el extremo afilado del romo en todo lo demás, incluido el lenguaje. El castellano es la tercera lengua más hablada en el mundo, después del inglés y el chino. Es importante conocerla bien.

Lo primero que debes saber es que hay nueve clases de palabras. Nueve.

SUSTANTIVO

1. Los **sustantivos** son los nombres de las cosas. Hay dos grandes tipos: propios y comunes. Los nombres propios se escriben con mayúscula inicial y designan entidades únicas; por ejemplo, *Barcelona.* Los nombres comunes son los demás. Dentro de éstos, se distinguen los nombres abstractos y los concretos. Los abstractos designan las cosas que existen pero no se pueden tocar: *valentía, lealtad, crueldad, simpatía.* Los nombres concretos son las palabras que designan todos los objetos: *carne, ojos, perro, coche,* y así sucesivamente.

    Los sustantivos pueden ser masculinos (*barco, oso, bombero*) o femeninos (*lámpara, culebra, azafata*). Si designan objetos animados (personas o animales), el género puede corresponder con el sexo: masculino para los machos y femenino para las hembras. Pero si se trata de objetos inanimados, la diferencia entre masculino y femenino es puramente gramatical (un *barco* no es un hombre y una lámpara no es una mujer).

VERBO

2. Los **verbos** son palabras que expresan acción, cambio, estado: *transformarse, lavar, construir, comer, vivir, estar,* etcétera. Existen tres conjugaciones: la primera (verbos acabados en -ar, como *cantar, saltar, callar*); la segunda (verbos acabados en -er, como *beber, crecer, desaparecer*); la tercera (verbos acabados en -ir, como *reír, preferir, venir*).

    Cada verbo puede adoptar formas muy distintas. Así, el verbo *hablar,* por ejemplo, se puede decir de muchas formas: *hablé, habláis, hablarían, hemos hablado*, entre otras muchas. El conjunto de las formas en que se puede expresar cada verbo es la conjugación verbal. Por una parte, cada verbo se puede conjugar en tres personas de singular (las correspondientes a *yo, tú, él*) y tres de plural (las de *nosotros, vosotros, ellos*). Además de la persona y el número, el verbo en castellano se puede conjugar según el tiempo: presente (*hablo*), pasado (*hablé, he hablado, había hablado*), futuro (*hablaré, habré hablado*). Si se multiplican las seis formas de número y persona por todos los tiempos y modos del verbo, más las formas no personales, nos salen un total de 55 formas diferentes para cada verbo.

Existen verbos regulares e irregulares. Los primeros siguen las mismas pautas para la construcción de todas las formas. Los segundos, en cambio, tienen formas únicas que hay que conocer para no emplearlas mal. Por ejemplo, no se dice *hací* (como sería si el verbo *hacer* fuese regular), sino *hice*.

ADVERBIO

3. Los **adverbios** son las palabras que modifican a los verbos, adjetivos y otros adverbios. Son importantes, pues existe una gran diferencia entre *sonreír cruelmente* y *sonreír alegremente*. El verbo no basta por sí solo para expresar todo lo que queremos.

La mayor parte de los adverbios acaba en -mente, como en los ejemplos anteriores.

Sin embargo, si dices *Mañana voy a ir de compras, mañana* es un adverbio, porque añade información sobre la acción *voy a ir*. Las palabras como *pronto* y *despacio* también pertenecen a esta categoría.

Los adverbios pueden ser de tiempo (*hoy*), de lugar (*abajo*), de modo (*rápidamente*), de cantidad (*enormemente*), negación (*apenas*), afirmación (*sí*), duda (*posiblemente*).

El adverbio también puede modificar a un adjetivo o un adverbio. En *Es muy grande, muy* es un adverbio que modifica al adjetivo *grande*. En una oración como *Caminaba muy despacio, muy* modifica al adverbio *despacio*. No hay que ser un genio para entenderlo. Estúdialo lentamente y apréndelo paso a paso.

ADJETIVO

4. Los **adjetivos** son palabras que modifican a los sustantivos. En *una serpiente enorme, enorme* es un adjetivo. Se puede emplear más de un adjetivo en la misma oración: *una serpiente enorme, venenosa y escurridiza*. Observa que se pone una coma entre los dos primeros adjetivos y la conjunción *y* entre el segundo y el último. Es lo correcto.

Los adjetivos concuerdan en género y número con los sustantivos a los que modifican. Así, se dice *estantería blanca*, pero *techos negros* y *río cristalino*.

PRONOMBRE

5. Los **pronombres** son palabras que sustituyen a los sustantivos en una oración. Sería un poco burdo decir *Juan coge el dinero y entrega el dinero a la vendedora*. Es más elegante: *Juan coge el dinero y se lo entrega a la vendedora*. *Se* y *lo* son pronombres en esta oración.

Más ejemplos de pronombres: *yo, tú, él, nosotros, vosotros, ellos, me, te, se¸ le, les, lo, la, lo, las, nos, os, mí, ti, sí, conmigo, contigo, consigo*. Además de estos pronombres, llamados *personales*, existen los posesivos (*mío, tuyo, suyo*), demostrativos (*éste, ése, aquél*) e indefinidos (*uno, alguno, ninguno, muchos*).

CONJUNCIÓN

6. Una **conjunción** es una palabra que sirve para enlazar partes de una misma oración: *Cerré la puerta y me senté a esperar*. Cerrar la puerta es una acción independiente de sentarse a esperar, pero ambas van unidas por la conjunción *y*. Las conjunciones pueden unir también adjetivos, *dulce y refrescante*, o adverbios, *lenta pero firmemente* (observa que cuando se unen dos adverbios en -mente por una conjunción, sólo se dice *-mente* en el segundo).

Ejemplos de conjunciones: *y, ni, pero, si, aunque, porque*.

La norma general dice que una oración no debe empezar con una conjunción. Sin embargo, encontrarás muchos ejemplo de oraciones que empiezan por conjunción. Los escritores profesionales se saltan esta norma, pero tú debes conocerla bien para poder saltártela. Uno no puede incumplirla a la ligera.

Los ejemplos anteriores son bastante claros. Sin embargo, la cosa se complica cuando las conjunciones introducen una cláusula subordinada. (De las cláusulas hablaremos en la segunda parte de las nociones gramaticales.)

Aunque era mi único amigo, lo odiaba (aunque).

Ya que estoy aquí, me tomaré un refresco (ya que).

En estos dos ejemplos, se han reordenado las oraciones para alterar el énfasis. Se podría decir también: *Me tomaré un refresco ya que estoy aquí* o *Lo odiaba aunque era mi único amigo*. A veces *aunque* y *ya que* son elementos de unión en medio de las oraciones, pero en muchos casos aparecen al comienzo.

ARTÍCULO

7. Los **artículos** son más fáciles de recordar: *el, la, los, las, un, una, unos y unas.* No hay más.

   Un, una, unos y unas son **artículos indefinidos**. Se emplean cuando el objeto es desconocido. *Hay un perro en el jardín; Un elefante se ha sentado encima de mi padre.*

   El, la, los, las son **artículos definidos**. *El perro está en el jardín* se refiere a un perro en particular que ya conocemos. *El elefante se ha sentado encima de mi padre* sólo designa a un elefante concreto que nos es familiar. Posiblemente una mascota que tenemos en casa.

   El artículo siempre concuerda en género y número con el sustantivo: *una manzana, unos cocodrilos, la electricidad, el horizonte.*

PREPOSICIÓN

8. Las **preposiciones** son palabras que indican la posición o relación de una cosa con respecto a otra. Ejemplos: *en, desde, sobre, entre, por, para, con, hacia, hasta.* En *Ven con nosotros a la playa* hay dos preposiciones. ¿Cuáles son?

   La norma general de las preposiciones es: nunca acabes una oración con una preposición.

   Si quieres aprenderte la lista completa de preposiciones, como hacían tus padres y tus abuelos, aquí la tienes: *a, ante, bajo, cabe, con, contra, de, desde, en, entre, hacia, hasta, para, por, según, sin, so, sobre, tras.*

INTERJECCIÓN

9. Las **interjecciones** son sonidos simples que se emplean para expresar un sentimiento interior, como pena, sorpresa, enfado o felicidad. Es un grupo muy amplio, porque se puede emplear casi cualquier cosa como interjección. Los ejemplos más claros son: *¡oh!, ¡demonios!, ¿cómo?, ¿eh?, ¡caramba!, ¡maldita sea!*

   Observa en el último ejemplo que una interjección puede contener más de una palabra. En tal caso se denomina **locución interjectiva**.

Ya están las nueve

Y éstas son las nueve clases de palabras. Son nueve clases que también encuentras en otras lenguas próximas, como el inglés o el francés. Es muy importante aprender a distinguirlas. A ver si eres capaz de identificarlas en la siguiente oración:

¡Eh! ¡Te digo que he visto al lobo más viejo mordiéndole la pierna a María rabiosamente!

(Respuesta: *¡Eh!,* interjección; *te,* pronombre; *digo,* verbo; *que,* conjunción; *he visto,* verbo; *al,* preposición *a* más artículo *el*; *lobo,* sustantivo; *más,* adverbio; *viejo,* adjetivo; *mordiéndole,* verbo *mordiendo* más pronombre *le*; *la,* artículo; *pierna,* sustantivo; *a,* preposición; *María,* nombre propio; *rabiosamente,* adverbio.)

FÚTBOL DE MESA

S E TRATA DE UN JUEGO MUY SENCILLO, aunque requiere cierta habilidad y mucha práctica. Sirve para entretenerse cuando estamos aburridos en clase.

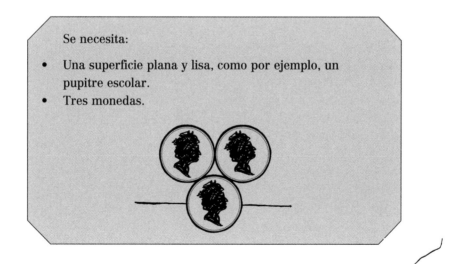

Se necesita:

- Una superficie plana y lisa, como por ejemplo, un pupitre escolar.
- Tres monedas.

1. Coloca las monedas en el borde del pupitre que te quede más cercano, como se aprecia en el diagrama. Se asesta con la mano un primer golpe a la moneda cuyo canto asoma del borde del pupitre, lo que dispersará las monedas sobre la superficie del mismo. A partir de ese momento, sólo puede tocarse la moneda más próxima al jugador.

2. El objetivo del juego es hacer avanzar las monedas por la mesa haciendo pasar la más cercana a ti entre las dos más avanzadas. Si no lo consigues, ha terminado tu turno y es tu rival el que vuelve a empezar desde su lado de la mesa. Lo habitual es que sólo se utilice un dedo para impulsar las monedas, que deben permanecer en contacto con la mesa en todo momento, por lo que se requiere mucha habilidad para calcular la fuerza que conviene emplear en cada situación; también hace falta planear las jugadas con antelación.

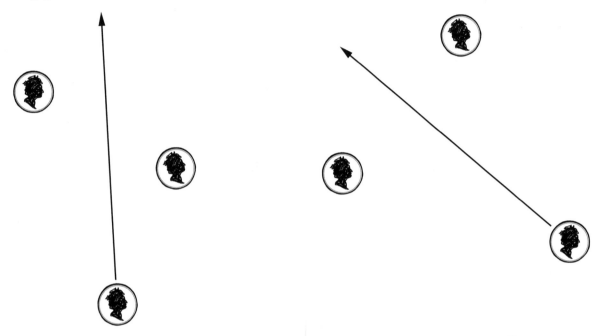

3. Al cabo de varios de estos «pases», la portería del contrario se pondrá a tiro. Como se muestra en el dibujo, la forma el rival con los dedos.

4. Si fallas el disparo a puerta, pierdes. Si la moneda «chutada» golpea alguna de las otras dos también has perdido.

En la versión «rugby» del juego, se marcan ensayos en lugar de goles, y éstos valen cinco puntos. El que puntúa tiene después la oportunidad de obtener dos puntos más transformando el ensayo, lo cual es cuando menos difícil.

1. El jugador rival reforma su portería de fútbol hasta convertirla en una portería de rugby, en forma de «H», como se ve en el dibujo.

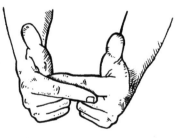

2. Primero ha de hacerse girar en el sitio la moneda. Mientras gira, hay que cogerla de la forma que se muestra en el dibujo y lanzarla por encima de los postes en un solo movimiento. No se permite vacilar antes de apuntar. Resulta muy difícil, como debe ser.

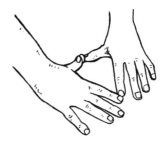

3. Jugar a un número acordado de ensayos, o quizá para quedarse con las monedas.

LA PESCA

LOS PESCADORES *NO* SON GENTE PACIENTE. La expectación y la concentración pueden llegar a hacer de este deporte algo extenuante. Se trata, en gran medida, de un pasatiempo solitario. Casi nunca se ve gente pescando en grupo, riéndose y charlando unos con otros, o bebiendo alcohol y cantando. Un pescador es capaz de pasarse el día entero en silencio. Incluso si no pescas nada jamás, las ociosas tardes de verano que se pasan pescando pueden resultar relajantes, gratificantes e incluso adictivas.

El material imprescindible para empezar –una caña, cebo, un corcho, una plomada y un anzuelo– requiere una inversión de unos 45 euros. Como requisito legal, tendrás que sacarte una licencia de pesca. Infórmate en tu Consejería de Medio Ambiente. Puedes elegir entre sacarla para un día, una semana o un año. Ten en cuenta que si eres menor de 12 años no estás obligado a sacártela. Los chicos de entre 12 y 13 años pueden tramitar una licencia «júnior», más barata que las licencias para adultos.

En las tiendas de caza y pesca de tu ciudad tendrán todo el material que necesites, y además podrán decirte si hay cotos de pesca gratuitos en los alrededores. En la mayoría de las ciudades hay un tramo del río en el que no se exigen tasas extras por pescar. El más grande es el que hay en Londres entre London Bridge y Staines. Ricardo I se lo cedió a los ciudadanos de Londres y desde entonces es gratuito.

Por lo demás, cualquier canal o río grande vale. Es posible que te pidan una pequeña tasa extra por un permiso de un día. Si de por medio hay peces valiosos, como la trucha o el salmón, casi con toda seguridad se te pedirá que muestres tu licencia y se requerirá que obtengas el permiso del dueño. Técnicamente, la pesca nunca puede ser furtiva, ya que los peces son *ferae naturae,* o animales salvajes. Sin embargo, si no pides permiso, puedes ser procesado por entrar sin autorización en propiedad privada y pescar sin licencia. Los guardas fluviales, además, tienen derecho a confiscarte el equipo de pesca, pero no lo que hayas pescado.

El método de pesca clásico es con corcho. Las larvas de mosca azul o verde se enganchan a un anzuelo suspendido desde un corcho que se balancea sobre la superficie del agua. Introduce el anzuelo por el extremo más grueso de la larva, con cuidado de no reventarla, para que ésta no muera con demasiada rapidez.

Para que el corcho se mantenga vertical suele ser necesario colocar un par de plomadas en el sedal. Si no sabes cómo hacerlo, pregunta en la tienda de caza y pesca.

Lanza con cuidado, ya que la experiencia de clavarse un anzuelo en la ceja es muy desagradable. Ten cuidado con los cables o ramas de árbol que pueda haber por encima de tu cabeza. La bobina tiene dos posiciones, una para lanzar y otra para recobrar el anzuelo. Déjala suelta y lanza anzuelo y corcho río arriba, esperando a que la corriente lleve el anzuelo hasta la altura a la que te encuentras. Ese primer momento en que el corcho se moja es una experiencia que hay que guardar como un tesoro. Por lo demás, recoge lentamente el sedal y vuelve a intentarlo, reemplazando las larvas según dejan de moverse. Si hace buen tiempo, busca un lugar donde sentarte y gozar de esa gloriosa tranquilidad que dura hasta que aparece alguien y pregunta: «¿Qué? ¿Cómo va?».

El segundo método clásico se denomina *plomeado*. Requiere una plomada de mayor peso, que sirve para mantener el anzuelo abajo. Al tomar el cebo los peces no notan ninguna resistencia, lo que da buenos resultados con la carpa, por ejemplo.

Debería quedar claro que el método elegido depende de los peces. Los lucios y las percas tienden a atacar a peces heridos o moribundos. Por eso se pescan con cucharilla, un aparato que al desplazarse por el agua se asemeja a un pez herido. Muchos pescadores utilizan señuelos complejos que imitan el movimiento de los insectos sobre la superficie del agua. Un principiante, sin embargo, debería darse por contento con pescar uno de los siguientes peces:

Rutilo

Rutilo (*Rutilus rutilus*). Se trata del pez ideal para el principiante. Los rutilos comen en todas las circunstancias, en todos los niveles, en verano y en invierno. Viven en lagos, lagunas, ríos y canales de la mayor parte de Europa, entre otros lugares. No son grandes. Pescar un rutilo que pese en torno al medio kilo estaría francamente bien.

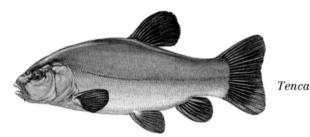

Tenca

Tenca (*Tinca tinca*). Miembro de la familia de las carpas. De color entre dorado y verdoso, suele picar más cuando hace calor. Suele hallarse en aguas profundas: estanques, presas y lagos, pudiendo llegar a los siete kilos, aunque para que alcancen semejante talla tiene que tratarse de aguas muy profundas.

Cacho, escalo o **leucisco** (*Leuciscus cephalus*). Típico del curso medio de los ríos. Está ampliamente difundido por Europa. Su dieta omnívora hace que no rechace ningún cebo, lo que incluye muchos señuelos y moscas artificiales. Puede llegar a pesar hasta un kilo y medio.

También existen buenas posibilidades de que pesques pececillos de pequeño tamaño utilizados como cebo para atraer a lucios y percas o que sencillamente se devuelven al agua. Pueden servir entre otros:

Gobios o **barbos.** Se encuentran en aguas de flujo lento y lagos. Viven en el fondo en pequeños bancos.

Espinosos. Un pez aún más pequeño dotado de inofensivas espinas. Con frecuencia atrapados con red por niños pequeños.

Piscardos. Los piscardos son minúsculos pececillos que suelen vivir en los tramos altos de los ríos en aguas oxigenadas, con fondos pedregosos.

Las otras especies que pueblan ríos y lagos son demasiadas como para incluirlas aquí.

Pescar puede ser muy emocionante: lo verdaderamente difícil no es conseguir que piquen sino ir recogiendo el sedal sin romperlo y sin que el pez se escape. Como nota final, prueba a leer el relato clásico acerca de la pesca, *El viejo y el mar,* que escribió Ernest Hemingway. Que te diviertas.

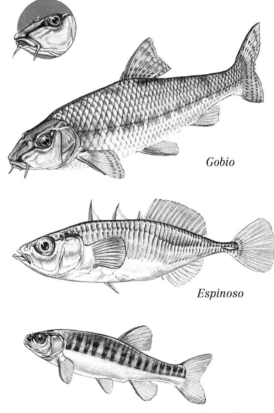

Gobio

Espinoso

Piscardo

Escalo

TEMPORIZADORES Y CABLES TRAMPA

> Se necesita:
>
> - Un viejo despertador.
> - Una bombilla.
> - Dos extensiones de cable eléctrico aislado.
> - Cinta adhesiva.
> - Una pila del tamaño C ó D.

Los temporizadores y cables trampa son muy sencillos de fabricar y el resultado es muy satisfactorio. Para el temporizador, cualquier despertador de los de cuerda bastará, a ser posible uno que tenga manecillas de plástico. La idea es utilizar el reloj para completar un circuito y encender una luz. Lo que se pretende, digamos, es que la bombilla se encienda dentro de veinte minutos, quizá para ganar una apuesta o para asustar a tu hermanita haciéndole pensar que hay un asesino loco oculto en casa.

En primer lugar, retira la pantalla de plástico. Pega uno de los cables a cada una de las manecillas con cinta adhesiva, de modo que cuando una de ellas pase debajo de la otra, los extremos se toquen. Debería quedar claro que ahora ya puedes construir un circuito con el intervalo requerido hasta que la aguja grande recorra la distancia que la separa de la pequeña.

Pega uno de los extremos del cable al polo positivo de una pila. Pega una bombilla de linterna al polo negativo con cinta adhesiva y el extremo del otro cable al extremo de la bombilla. Prueba el dispositivo unas cuantas veces, juntando las manecillas del reloj. La bombilla debería encenderse cuando los cables de las manecillas se toquen y cierren así el circuito.

Ten en cuenta que cuando la aguja grande llegue a donde estaba antes la aguja pequeña, ésta se habrá movido, de manera que merece la pena comprobar el tiempo que le cuesta encenderse a la bombilla después de poner la aguja grande a menos cuarto, por ejemplo. Mientras esperas, puedes preparar el terreno asustando a tu hermanita con la historia de Jack el Destripador, el asesino en serie londinense.

CABLE TRAMPA

Se trata prácticamente de lo mismo, en el sentido de que funciona mediante un circuito formado por una pila y una bombilla ligada a un interruptor, en este caso un cable trampa. Con un cable lo bastante largo, la bombilla se puede encender a cierta distancia del interruptor, para así tener un tiempo de reacción mayor.

Se necesita:

- Una pinza de ropa.
- Un corcho de botella.
- Papel de plata.
- Sedal de pesca o hilo.
- Una pila, una bombilla y cable aislado, al igual que para preparar el temporizador.
- Cinta adhesiva.

Envuelve en papel de plata los extremos de una pinza de tender la ropa de madera o de plástico. Pega los cables a los extremos de las pinzas con cinta adhesiva, y conéctalos al mismo dispositivo de pila y bombilla que utilizaste antes para fabricar el interruptor del despertador.

Lo importante es que haya un elemento no conductor entre las dos pinzas de ropa. Nosotros pudimos comprobar que un corcho de botella funcionaba bastante bien. El cable también tiene que ser lo bastante fuerte como para tirar del corcho y sacarlo, pues si se parte la bombilla no se encenderá. Para eso resulta perfecto el alambre rígido de acero inoxidable, ya que es muy resistente y muy difícil de ver. También es importante que la pinza esté sujeta bajo un objeto pesado de alguna clase. Cuando se tire del cable sólo debería moverse el corcho.

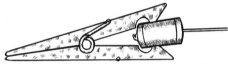

Cuando el corcho salta, las dos piezas de la pinza se cierran y entran en contacto, haciendo que los extremos envueltos en papel de plata se toquen, completando así el circuito y encendiendo la bombilla para que te alerte.

Esto da muy buenos resultados en hierba alta, aunque el principal inconveniente es que la persona que tropieza con el interruptor tiende a darse cuenta de lo que ha pasado. Un soldado enemigo, por ejemplo, se pondría inmediatamente en estado de alerta al saber que peligraba. Claro está que, en el caso de un conflicto bélico real, el cable habría retirado la anilla de una granada de mano.

Placa de presión

Alfombra Cuadrado de papel de plata Goma espuma

Cuadrado de papel de plata

Se puede instalar un dispositivo de advertencia sin que la persona afectada se dé cuenta por medio de una placa de presión. Una vez más, requiere un simple circuito de bombilla, si bien ahora los cables van unidos a dos trozos de cartón separados por un trozo de goma espuma, como el que se utiliza para fabricar las letras de juguete para los niños pequeños. También valdría perfectamente un trozo de esponja.

Esta vez, pega unos cuadrados de papel de plata sobre los extremos de los cables sobre la cara interior de los trozos de cartón y prepara un circuito sencillo de bombilla y pila como antes. Con una ligera presión, los dos trozos de cartón se juntan, lo que hace entrar en contacto los dos cuadrados de papel de plata. El circuito estará completo y la bombilla de advertencia se encenderá. A pasarlo bomba.

Dinastía de los Austrias

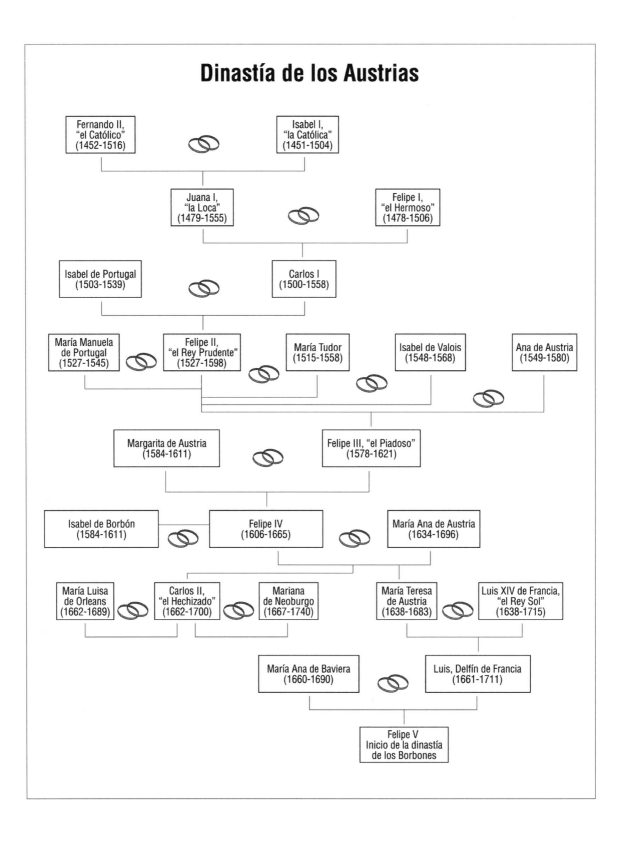

Dinastía de los Borbones

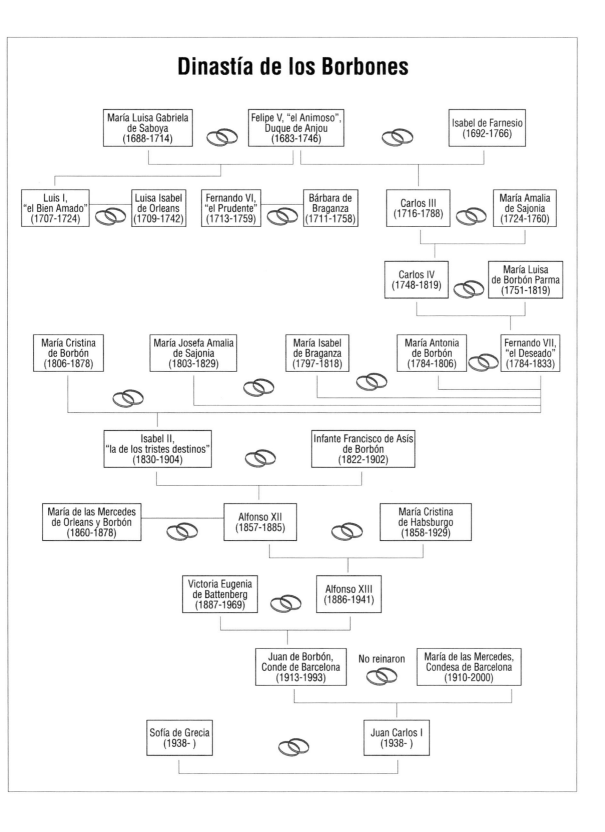

María Luisa Gabriela de Saboya (1688-1714)

Felipe V, "el Animoso", Duque de Anjou (1683-1746)

Isabel de Farnesio (1692-1766)

Luis I, "el Bien Amado" (1707-1724)

Luisa Isabel de Orleans (1709-1742)

Fernando VI, "el Prudente" (1713-1759)

Bárbara de Braganza (1711-1758)

Carlos III (1716-1788)

María Amalia de Sajonia (1724-1760)

Carlos IV (1748-1819)

María Luisa de Borbón Parma (1751-1819)

María Cristina de Borbón (1806-1878)

María Josefa Amalia de Sajonia (1803-1829)

María Isabel de Braganza (1797-1818)

María Antonia de Borbón (1784-1806)

Fernando VII, "el Deseado" (1784-1833)

Isabel II, "la de los tristes destinos" (1830-1904)

Infante Francisco de Asís de Borbón (1822-1902)

María de las Mercedes de Orleans y Borbón (1860-1878)

Alfonso XII (1857-1885)

María Cristina de Habsburgo (1858-1929)

Victoria Eugenia de Battenberg (1887-1969)

Alfonso XIII (1886-1941)

Juan de Borbón, Conde de Barcelona (1913-1993)

No reinaron

María de las Mercedes, Condesa de Barcelona (1910-2000)

Sofía de Grecia (1938-)

Juan Carlos I (1938-)

BATALLAS FAMOSAS – PARTE I

POR REGLA GENERAL, la historia surge tanto de fuentes nobles como mezquinas, de los celos y del asesinato no menos que de los sueños de grandes hombres y mujeres. Además de encarnarse en nuevas legislaciones e irresistibles movimientos culturales, la historia se hace en los campos de batalla, y del desenlace de estos combates depende la totalidad del futuro. Descubrirás que un examen más a fondo de estos episodios resulta tan iluminador como gratificante. Cada uno de ellos encierra un relato extraordinario y tuvo además repercusiones que ayudaron a transformar el mundo.

1. La batalla de las Termópilas (480 a.C.)

Darío el Grande reinó sobre los territorios persas hoy conocidos con los nombres de Irán e Irak, y llevó a cabo una agresiva política de expansión. Envió a sus heraldos a las distintas ciudades griegas para exhortar a éstas a someterse a él. Muchas de ellas aceptaron, aunque los heraldos enviados a Atenas y a Esparta fueron ejecutados y arrojados a un pozo. Se declaró la guerra, y las ambiciones de Darío llegaron abruptamente a su fin al ser vencido en la batalla de Maratón. A pesar de que proyectó otra gran invasión, su muerte le impidió encabezarla. El cometido de invadir el norte de Grecia al frente de un inmenso ejército de más de dos millones de hombres recaería en su hijo Jerjes en la primavera del año 480 a.C.

La flota persa ya había obtenido el dominio de los mares y los griegos no podían defender el norte ante una hueste tan inmensa. En su lugar, decidieron defender el paso de las Termópilas, en el sur. El único modo de atravesar las montañas consistía en hacerlo por un sendero de poco más de cuatro metros de anchura en su punto más estrecho. Termópilas significa «puertas de fuego»; el paso debe este nombre a las aguas termales que hay en las inmediaciones.

El rey de Esparta, Leónidas, condujo a su guardia personal de 300 espartanos y unos 7.000 soldados de infantería y arqueros hasta el desfiladero. De todos los dirigentes griegos, sólo él parecía comprender la imperiosa necesidad de hacer frente a la horda enemiga.

Al llegar al desfiladero, sus hombres reconstruyeron una muralla muy antigua, y 6.000 de ellos se apostaron en torno al punto medio de la misma, mientras los demás custodiaban un sendero de montaña situado a más altura. No esperaban sobrevivir, si bien los espartanos aprendían a despreciar el miedo y las penalidades desde niños y se enorgullecían de ser unos guerreros de élite. Todos los miembros de la Guardia Real espartana eran padres, y sólo se les permitía atender al rey una vez que habían contribuido al acervo genético de Esparta. Rendían culto al valor por encima de cualquier otra cosa.

El rey persa envió exploradores para reconocer el paso. Quedó sorprendido de oír que los espartanos estaban haciendo ejercicios de calentamiento y trenzándose el cabello en preparación para la batalla. Incapaz de creer que un grupo tan pequeño estaría dispuesto de veras a combatir, les hizo llegar una advertencia para que se retirasen si no querían ser aniquilados. Los espartanos le hicieron esperar durante cuatro días sin darle respuesta. Al quinto día, el ejército persa atacó.

Desde un principio, al desarrollarse en un espacio tan estrecho, la lucha fue brutal. Los espartanos y los demás griegos combatieron ininterrumpidamente durante tres días, rechazando a los persas una y otra vez. Jerjes se vio forzado a enviar a sus «Inmortales», sus mejores guerreros. Los espartanos demostraron lo inapropiado del apodo en cuestión dando muerte a un elevado número de ellos. También murieron en el transcurso de los combates dos hermanos de Jerjes.

Al final, Leónidas fue traicionado por un griego que acudió a visitar a Jerjes y le habló de un paso de montaña que permitía bordear el paso de las Termópilas. Leónidas había apostado defensores en uno de los senderos, pero quienes conocían la zona sabían que existían otros. Jerjes envió a más Inmortales a través de la ruta secreta y éstos atacaron al amanecer. Los demás soldados griegos fueron rápidamente derrotados y huyeron, pero Leónidas y los espartanos resistieron y siguieron luchando.

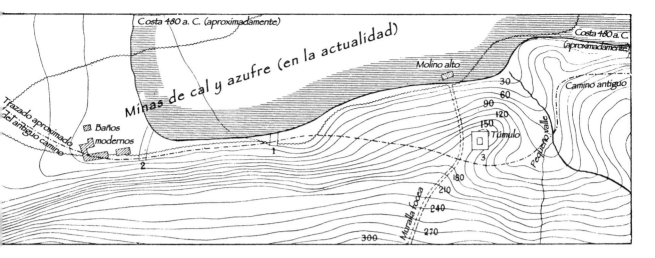

COSTA DEL PUNTO MEDIO DE LAS TERMÓPILAS EN EL 480 A. C.
ESCALA: 20 CENTÍMETROS / 1.609 METROS.
1, 2 Y 3 INDICAN LAS TRES POSICIONES DE LOS DEFENSORES DEL PASO.

Cuando por fin cayó, Leónidas se encontraba aislado de los demás espartanos. Un pequeño grupo de miembros de su guardia se abrió paso entre aquel hormiguero humano para recobrar su cadáver y llevarlo al lugar donde estaban rodeados los demás espartanos, luchando con denuedo durante todo el camino. Los persas fueron incapaces de penetrar las defensas y finalmente Jerjes dio orden de acabar con los espartanos con una nube de flechas tras otra. Estaba tan furioso por las pérdidas sufridas por su ejército que hizo decapitar el cadáver de Leónidas y lo clavó a una cruz.

Más adelante, los espartanos habrían de desempeñar un papel decisivo en la guerra contra los persas. Leónidas y su pequeña guardia habían conquistado una reputación extraordinaria, y en posteriores batallas, contingentes más nutridos de espartanos llenarían de terror las filas persas. Éstos habían visto de lo que eran capaces sólo 300 espartanos y no tenían el menor deseo de enfrentarse a 10.000 o 20.000. Los griegos se alzaron con la victoria en las batallas navales de Salamina y Eurimedón, aniquilando la flota persa. En el transcurso de los ocho años siguientes, derrotaron a las huestes persas en las batallas terrestres de Platea y Micale. Atenas fue tomada por el enemigo y completamente destruida en dos ocasiones. Gran parte de la guerra ha sido olvidada, pero la batalla del paso de las Termópilas sigue inspirando a autores y lectores hoy en día. Cuando volvió la paz, los espartanos colocaron un león de piedra en las «puertas de fuego» para conmemorar el punto en que Leónidas ingresó en la leyenda. En su epitafio se lee: «Extranjero, ve y dile a Esparta que yacemos aquí por ser fieles a sus leyes».

2. La batalla de Cannas (216 a.C.)

Cuando las tribus latinas que habitaban las Siete Colinas consolidaron su dominio sobre el sur de Italia, unificaron sus asentamientos y fundaron una ciudad llamada Roma. En el transcurso de los siglos siguientes, continuaron explorando las tierras y fronteras de la región, en dirección norte y sur, y acabaron por llegar a Sicilia. Allí toparon con un puesto de avanzada del antiquísimo y sofisticado imperio cartaginés. Se produjo un choque militar y cultural que suscitó un conflicto encarnizado que duraría varias generaciones, y que se conoce con el nombre de Guerras Púnicas. Fue la primera gran prueba a la que se vio sometida Roma.

En parte, la batalla de Cannas es célebre porque en ella las legiones romanas fueron aniquiladas de forma absoluta, suceso que no se repetiría a menudo. La historia está llena de ejemplos de batallas en las que se permite al enemigo derrotado abandonar el campo, a veces casi intacto. En Cannas un ejército fue destruido por completo en un solo día, y poco faltó para que fuera también el fin de la propia Roma.

Los romanos se habían alzado con la victoria durante la Primera Guerra Púnica, que duró diecisiete años (entre el 264 y el 241 a.C.). Sin embargo, los cartagineses no habían sufrido una derrota aplastante. Amílcar Barca fue un general de gran talento que logró someter el sur de España a Cartago. Sin embargo, sería su hijo Aníbal quien invadiría Italia desde la península ibérica, atravesando los Alpes con elefantes y llamando a las mismas puertas de Roma. Fue él quien encabezó las fuerzas cartaginesas durante la Segunda Guerra Púnica (218-201 a.C.)

Cannas se halla en el sur de Italia, muy cerca del talón de la «bota». Aníbal había llegado al sur el año previo, tras destruir dos ejércitos romanos, uno de ellos de cuarenta mil hombres y el otro de veinticinco mil. Roma estaba verdaderamente amenazada.

El senado designó un dictador, Fabio, quien trató de desgastar a las fuerzas de Aníbal cortándoles las líneas de suministros. Si bien la medida dio resultado, resultó muy impopular en una ciudad que clamaba venganza, y que no deseaba ver al enemigo reducido al hambre sino aniquilado. Fueron elegidos nuevos cónsules: Gaio Terencio Varro y Lucio Emilio Paulo. El senado reunió un ejército compuesto por 80.000 soldados de infantería y 6.000 jinetes, cuyo mando conjunto fue asumido por ambos cónsules.

En el ejército de Aníbal había en realidad muy pocos cartagineses. Cuando entró en Italia, su ejército estaba compuesto por 20.000 soldados de infantería (procedentes de África y España) y 6.000 jinetes. Reclutó más tropas entre las tribus galas del norte, pero en todo momento estuvo en situación de inferioridad numérica. A decir verdad, todas las ventajas concebibles estaban de parte de los romanos.

Los dos ejércitos se encontraron frente a frente el 2 de agosto del año 216 a.C. Aníbal y su ejército avanzaron por la orilla de un río, de manera que no pudiera ser flanqueado con facilidad. Dejó atrás a 8.000 hombres para proteger su campamento, colocó a su caballería en ambos flancos y a la infantería en el centro.

Aquel día era Varro quien estaba al mando de los romanos. Éste no era un jefe dotado de imaginación: dirigió el martillo romano directamente contra las fuerzas de Aníbal en un intento abierto de aplastarlas.

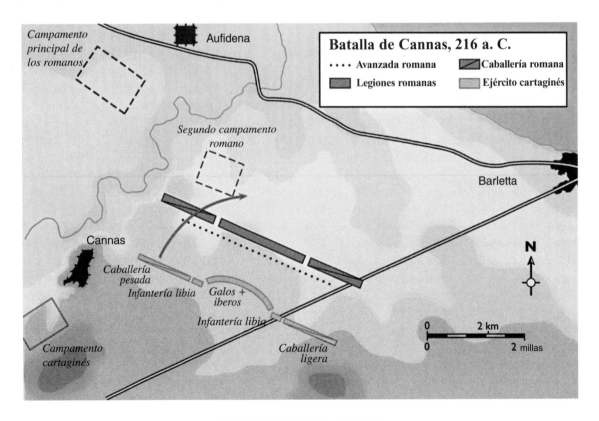

Varro creía que sus flancos estaban protegidos de las maniobras de flanqueo por su caballería, cuando en realidad la caballería de Aníbal era infinitamente mejor. Ésta aplastó de forma casi inmediata uno de los flancos de los romanos, y acto seguido realizó una maniobra circular, rodeando a los romanos y destruyendo así el otro flanco, tras lo cual se dedicó a hacer estragos en las filas romanas por detrás.

Varro, sin embargo, siguió avanzando. Sus tropas de primera línea hacían retroceder cada vez más a las fuerzas cartaginesas, como un arco al tensarse. La primera línea de Aníbal se había vuelto completamente cóncava, sin que Varro sospechase lo más mínimo que aquello era lo que pretendía. El contingente romano no hizo sino internarse más y más en el cuenco preparado por Aníbal. Creían que estaban ganando.

Aníbal dio a sus flancos orden de ponerse en marcha y el cuenco empezó a cerrarse. La caballería completó el encierro de las legiones romanas por detrás. Éstas se encontraron tan apretujadas que apenas podían moverse y el valor de su superioridad numérica quedó anulado por completo. En el transcurso de las horas siguientes más de 60.000 hombres, incapaces de huir, fueron aniquilados. Por su parte, Aníbal sólo perdió 6.000 hombres.

Uno de las consecuencias de la batalla fue que los romanos aprendieron de la derrota. Tres años después habían puesto en pie de guerra un ejército de más de 20.000 hombres y reanudaron la lucha. Se produjeron victorias y derrotas por ambos lados, y Roma se halló al borde de la destrucción hasta el nombramiento de Publio Cornelio Escipión, conocido como Escipión el Africano. Éste poseía la clarividencia y la habilidad táctica para contrarrestar el talento militar de Aníbal. Pese a que Roma estaba prácticamente en quiebra y que toda Italia se moría de hambre, la fortuna de los romanos empezó a cambiar.

3. La batalla de las Navas de Tolosa

La batalla de las Navas de Tolosa es la más decisiva de toda la Reconquista aunque más en el aspecto político que el militar, ya que tras la victoria cristiana los musulmanes permanecieron en la península ibérica casi tres siglos más.

El triunfo cristiano frente a un ejército almohade unido y motivado por la yihad o guerra santa fue incontestable y sin paliativos, pero lo más importante fue que la victoria en las Navas de Tolosa afianzó el concepto de Reconquista.

Gran parte del éxito militar cristiano se debió a la unidad que mostraron los reinos cristianos. Castilla y Navarra dejaron a un lado sus luchas y escaramuzas territoriales habituales por la conquista de fortalezas y castillos y se unieron, junto con la Corona de Aragón, en un objetivo común: cerrar el paso a los musulmames almohades que de nuevo amenazaban las tierras de Castilla.

Esta unidad sólo fue posible gracias a la intervención del Papa Inocencio III, que en 1212, año de la batalla, proclamó una cruzada cristiana contra los infieles que, desde el actual Marruecos y al mando de Al Nasir, remontaban la península hacia el norte bien pertrechados y con conocimientos militares a la altura de sus adversarios. El Papa accedió al llamamiento de la nueva cruzada, lo que implicaba la excomunión para aquellos católicos que se opusieran a ella, ante la insistencia de Alfonso VIII de Castilla, el verdadero impulsor de la respuesta armada ante la amenaza de las tribus bereberes.

El monarca castellano estaba decidido no sólo a contener la nueva amenaza almohade, también deseaba vengar la humillante derrota cristiana de Alarcos que propició que los musulmanes amenazaran Toledo y Madrid a finales del siglo anterior. Por tanto, la cruzada de 1212 se presentaba como una lucha decisiva donde una derrota habría significado un gran retroceso para la larga y costosa Reconquista; había tanto en juego que incluso el Papa de Roma había empeñado su palabra convocando a católicos de toda Europa con el propósito de igualar la capacidad que tenían los musulmanes para unirse en una causa común o yihad.

Los almohades constituían un conjunto militar fuerte, motivado y con experiencia en guerras. Aunque provenían en su gran mayoría de las tribus bereberes de la costa del Magreb, entre aquellos guerreros también se encontraban tribus y clanes de Arabia, de la zona montañosa del Atlas e incluso grupos de mercenarios cristianos, llamados renegados, que decidían poner su espada al servicio del caudillo que más botín les prometiese. Además de su destreza como militares, en general se considera a los almohades como uno de los grupos musulmanes guerreros más influidos por la religión a la hora de justificar su lucha. Así, mientras el Papa de Roma justificaba la defensa de Castilla mediante la guerra santa, una obligación de todo católico, los almohades, y con ellos su caudillo Al Nasir, se identificaban con la yihad, una guerra que consideraban santa y por lo tanto también era de obligado cumplimiento para los creyentes de la fe musulmana.

El fanatismo con el que este grupo se enfrentaba a la guerra está entre las razones que motivaban la desconfianza de sus propios hermanos de fe que gustaban de una vida plácida y tranquila en el sur de la península ibérica.

Los propios almohades habían llegado a la península a mediados del siglo XII, cuando los territorios del Al-Andalus volvían a fragmentarse en taifas, pequeños reinos que enseguida eran hostigados por los reinos cristianos contrincantes. Ahora, en 1212 volvían a campar por España dispuestos a expandir su territorio; pero los andalusíes, musulmanes que habían nacido y vivían en los reinos del Al-Andalus, temían que si la apuesta de Al Nasir acababa en derrota la respuesta de los victoriosos reyes cristianos sería terrible. Por desgracia sus temores se cumplieron, porque tras la victoria en las Navas de Tolosa las tropas de Alfonso VIII arrasaron ciudades musulmanas como Úbeda y Baeza.

Ambos ejércitos tardaron todo un año en encontrarse. Los almohades se internaron por las tierras andaluzas y se establecieron buscando la protección del desfiladero de La Losa, en las inmediaciones del desfiladero Despeñaperros, el accidente geográfico que separa Castilla de Andalucía. Las fuerzas cristianas comandadas por el rey Alfonso VIII de Castilla también se dirigieron hacia Despeñaperros, pero antes tomaron la fortaleza de Calatrava, que se encontraba en manos musulmanas. Esta victoria fue más importante de lo que pueda parecer a simple vista ya que infundió moral en las tropas del rey castellano, que guardaban todavía un amargo recuerdo de la derrota de Alarcos, y permitió que se reagruparan por fin en un solo ejército Castilla, Aragón y Navarra; se había conseguido la unidad en un objetivo común.

A partir de este momento empezó a gestarse la victoria castellana; sus tropas mantuvieron la prudencia a pesar de la victoria en Calatrava y evitaron caer en la trampa que Al Nasir les había tendido en La Losa. Alfonso VIII, al comprobar que su adversario musulmán, que era el hijo del caudillo que le derrotó en Alarcos, se había protegido en un paso rocoso inaccesible, evitó un ataque desesperado. Los almohades habían planteado una batalla defensiva dejando la iniciativa del ataque a los cristianos; así, Al Nasir situaría a sus temibles y certeros arqueros con una clara ventaja y un inmejorable ángulo de tiro.

Cuando la situación amenazaba con torcerse para los reinos cristianos, según las crónicas, apareció un pastor que conocía un paso gracias al cual Alfonso VIII podría situarse frente al caudillo almohade forzándole a una batalla en campo abierto, algo que como hemos visto Al Nasir quería evitar porque conocía el gran número de soldados que había reunido el rey castellano gracias a la cruzada promulgada por el Papa. Existiera o no el pastor, lo cierto es que las tropas cristianas se situaron frente a sus adversarios. La situación cambió: los arqueros de Al Nasir ya no tendrían tanta ventaja si el enemigo cargaba con los caballos.

Pero al poderoso ejército almohade le quedaban todavía recursos que hacían temer lo peor a los cristianos. Quizás en ese momento el rey castellano recordó que la caballería almohade atacaba por el centro con el fin de dispersar a las tropas enemigas para facilitar el tiro de los arqueros. Por esa razón los cristianos tomaron dos decisiones que les darían la victoria. La primera consistió en hacer lo más compacto posible el ejército del centro y evitar así que la caballería de Al Nasir deshiciera la formación. Para ello decidieron que se mezclaran las tropas más veteranas con los combatientes de las milicias inexpertas que se reclutaban en los concejos o ayuntamientos castellanos; así conseguirían mantener la unidad frente a la temida acometida almohade. La segunda decisión clave, motivada una vez más por la amarga experiencia de la derrota de Alarcos, fue reservar tropas para un contraataque, conocido como el ataque de los tres reyes, y proteger los flancos del ejército cristiano.

Finalmente, el 15 de julio de 1212 se produjo el choque de los dos ejércitos. Los historiadores no se ponen de acuerdo con las cifras de los soldados que participaron en la lucha, pero lo cierto es que aunque le demos la razón a quienes suponen que cada bando no concentró más de 15.000 soldados, la cifra total de 30.000 da una idea clara de que ambos adversarios se habían planteado la lucha como decisiva.

Los combates se sucedieron según lo previsto por el bando cristiano. Los almohades atacaron el centro para dispersar a las tropas, pero la mezcla de soldados experimentados con los que hoy llamaríamos reservistas, es decir, soldados no profesionales, evitó que el núcleo de las fuerzas cristianas se desbandara, lo que hubiera dado ventaja a los arqueros de Al Nasir.

El golpe final de los ejércitos dirigidos por el rey de Castilla fue un contraataque de fuerzas de reserva formadas por castellanos, aragoneses y navarros. Todo un símbolo, ya que por primera vez desde la llegada de los musulmanes a la península, la Reconquista aparecía como un ideal muy poderoso capaz de unir a todos los reinos cristianos. Con el retiro del caudillo Al Nasir a las tierras del Magreb acababa el mito de los almohades invencibles y la derrota cristiana de Alarcos se había vengado.

No obstante y a pesar de la victoria de 1212, la península ibérica todavía sería testigo de casi tres siglos más de conflictos entre musulmanes y cristianos, con batallas tan sangrientas como la de Las Navas de Tolosa.

4. Conquista de Granada

La conquista de Granada se considera la última batalla feudal de España además del episodio que marca de manera indiscutible el fin militar de la Reconquista. Históricamente este hecho de guerra, que debe verse más como una campaña de varios años que como una batalla única y aislada, constituyó también la base ideológica del reinado de los Reyes Católicos, que acabó de consolidarse en enero de 1492, cuando los dos monarcas entraron en la ciudad de Granada vestidos con ropas moriscas para recibir las llaves de la ciudad. Este hecho, recogido en las crónicas de la época, se consideró en un primer momento como un acto de respeto y benevolencia hacia los habitantes musulmanes de la ciudad, aunque pronto se demostraría lo contrario.

Antes de convertir la ciudad de Granada en un reducto aislado en una España completamente católica, Isabel de Castilla y Fernando de Aragón habían tenido que ganar una cruenta guerra civil provocada por su matrimonio secreto. La intención de los reyes, unir la corona de Aragón y Castilla, desestabilizó a toda la península ibérica. No sólo en las tierras cristianas, donde los señores feudales temían la pérdida de poder ante una corona fuerte y unida, sino también en los territorios del Al-Andalus que todavía estaban en poder de los musulmanes, se dieron cuenta enseguida de que un reinado carismático como el de Isabel y Fernando podría marcarse como objetivo barrer de la península a los reinos de taifas que sobrevivían económica y culturalmente consolidados en las provincias de la Andalucía actual. Los temores de los últimos reyes moros españoles se cumplieron, aunque lucharon hasta el final, incluso después de perder militarmente, por mantener viva su civilización en España. La resistencia fue dura y tenaz, aunque no siempre se tiene en cuenta lo difícil y larga que fue la campaña que hizo posible la conquista del reino nazarí de Granada.

Granada no era sólo una ciudad sino también un extenso reino que desde su fundación en 1248 abarcaba las actuales provincias españolas de Granada, Málaga y Almería. Además de la mítica y bella capital granadina, que se convirtió en un sólido baluarte cultural y económico de la civilización musulmana, el reino nazarí contaba con una franca salida al mar que hizo crecer de forma espectacular la industria de la seda en aquellas tierras y convirtió al reino hispano-musulmán en la entrada a Europa del oro procedente del Sudán. Los reinos cristianos del norte de la península recaudaban gran parte de ese codiciado oro, a través de sus poderosos señores feudales, gracias a los impuestos, llamados parias. Pagando estos tributos, los príncipes nazaríes reconocían la superioridad de sus adversarios cristianos.

Para entender este sistema aparentemente contradictorio, por el que un enemigo paga a otro para mantener el statu quo o situación política, hay que tener en cuenta que fue precisamente un rey cristiano, Fernando III de Castilla, quién concedió a Ibn Ahmar, el fundador de la dinastía nazarí, la posibilidad de crear el reino de Granada después de que Córdoba y Sevilla hubieran pasado a formar parte de la corona de Castilla. Así, a mediados del siglo XIII la España cristiana tenía bajo control toda la península excepto el reino nazarí de Granada, que aunque seguía siendo musulmán pagaba importantes tributos a la corona de Castilla. Todos estaban más que conformes con una situación que iba a ahorrar a ambas partes muertes y guerras que se consideraban innecesarias.

Pero en 1480 la situación cambió por completo. Isabel y Fernando habían conseguido unir las coronas de Castilla y Aragón venciendo a los nobles contrarios a la unificación. En ese preciso momento los tributos de los reyes nazaríes dejaron de satisfacer a unos monarcas cuyo objetivo político era la unidad de todos los reinos de la península. A ese objetivo se unió la Iglesia católica, que abogó por que la unidad buscada se fraguase en una sola religión, la católica. Además de la unidad y la fe, los Reyes Católicos todavía tenían otro motivo poderoso para acabar con Granada: su salida al mar la había convertido en un peligroso aliado de un nuevo poder que dominaba el Mediterráneo, el turco.

Isabel y Fernando, con el apoyo del papa de Roma, movilizaron a efectivos de ambas coronas, la castellana y la aragonesa. Los señores feudales de aquellos reinos volvieron a contribuir con dinero y hombres para la formación de un ejército que se pertrechó con las mejores armas y caballerías. Además, aunque la conquista de Granada fue todavía una guerra feudal en la que eran los nobles quienes proporcionaban los ejércitos a sus reyes, la artillería se incorporó de manera masiva a la campaña militar. Ante tal despliegue poco podrían hacer los muros de las fortalezas musulmanas repartidas estratégicamente por las poblaciones de un reino resguardado por la sierra Nevada y aprovisionado por el mar Mediterráneo.

Lo que proporcionó la victoria a los Reyes Católicos en una campaña de casi diez años no fue sólo el despliegue militar de armas y hombres, sino una estrategia clara de la cual no se desviaron nunca los mandos cristianos: aislar Granada. Dejar al reino nazarí sin ninguna salida al mar reduciéndolo a las murallas de la ciudad de Granada, que sería asediada y rendida, sólo era cuestión de tiempo, de mucho tiempo. Los monarcas católicos asumieron desde el inicio que la campaña sería larga y costosa y, lo más importante, que no se abandonaría, como hicieron en 1248 tras la conquista de Sevilla y Córdoba. Esta decisión de nuevo sólo fue posible gracias a la unidad de las dos coronas cristianas. Durante el siglo XIII, que vio la victoria de Las Navas de Tolosa y la caída de Córdoba y Sevilla, no era factible un acuerdo entre monarcas y reinos con objetivos variados; pero Isabel y Fernando habían conseguido fijar un objetivo común respaldado por el Papa, con lo que el compromiso moral de sus combatientes estaba de su lado.

Frente a la determinación de los Reyes Católicos, el reino nazarí estaba dividido por disputas familiares relacionadas con los territorios del reino. Esta situación, habitual por aquel entonces tanto en los reinos musulmanes de taifas como en los territorios cristianos antes del matrimonio entre Isabel de Castilla y

Fernando de Aragón, fue aprovechado políticamente por el bando cristiano. En 1483, año en el que las tropas de los Reyes Católicos sufrieron una derrota considerable en la comarca granadina de la Axarquía, el rey de Granada, Boabdil, también estaba en guerra con su padre, Muley Hacén, y con su tío, El Zagal. Cuando las tropas cristianas vencieron a Boabdil en la batalla de Lucena y lo hicieron prisionero, Isabel y Fernando supieron aprovechar políticamente la situación y firmaron con el rey granadino el «Pacto de Córdoba» por el que los cristianos ayudarían a Boabdil a vencer a su padre y a su tío. El rey de Granada, que seis años más tarde lloraría al entregar la ciudad a los Reyes Católicos, no se dio cuenta de que la estrategia de los reyes españoles no era la derrota militar del enemigo , sino acabar con el sistema político y económico que había hecho posible la existencia del reino nazarí durante dos siglos y medio.

A partir del Pacto de Córdoba comienza la segunda etapa de la larga conquista de Granada. Los militares castellanos se concentraron en combatir a El Zagal y a Muley Hacén mientras Bobadil, convencido de que los Reyes Católicos le dejarían permanecer en el trono nazarí a cambio del pago de algún rescate, se aislaba en la ciudad de Granada facilitando el trabajo a sus enemigos cristianos. En 1485, la toma de Ronda supuso para las tropas castellano-aragonesas un desgaste terrible. No obstante, Isabel y Fernando, fieles a su estrategia de una guerra larga, consiguieron renovar las tropas cristianas aceptando incluso a un gran número de presos, que tomaron las armas para asegurarse la libertad. Con las fuerzas renovadas y gracias a la superioridad que la artillería concedía a castellanos y aragoneses, en 1487 los Reyes Católicos toman Málaga y la guerra se decanta definitivamente en favor del ejército cristiano.

La última etapa de la campaña antes de la toma de la ciudad se inicia en 1489. Ese año, los cristianos toman la plaza de Baza, y El Zagal, el tío de Boabdil, es

derrotado y entrega Almería. Por fin se había conseguido reducir el reino de Granada a un reducto aislado y sin salida al mar. El final del poder político musulmán en España estaba cerca.

El asalto final a Granada no se produjo nunca. Los Reyes Católicos optaron por preparar un largo asedio. En 1491 montaron un campamento en las afueras de la ciudad en el paraje conocido como Santa Fe. Las tropas cristianas esperaron y la victoria llegó gracias a la paciencia y la fe de los Reyes Católicos. El 2 de enero de 1492 el rey Boabdil entregó las llaves de la ciudad. Los monarcas, utilizando la mediación de uno de los favoritos del rey Fernando, Gonzalo Fernández de Córboba, conocido como «El Gran Capitán», redactaron unas capitulaciones muy favorables para los granadinos musulmanes. Según el documento, los habitantes de Granada podrían continuar con sus vidas y actividades. Se respetaría su fe musulmana y sus negocios relacionados con la próspera industria de la seda. Pero la realidad es que nada de esto se respetó, por lo que puede decirse que la cultura andalusí acabó de forma abrupta cuando Boabdil entregó las llaves de Granada, el último reducto de la civilización musulmana en España.

En marzo se decretó la expulsión de los judíos, se instauraron impuestos cada vez más onerosos para los mudéjares (musulmanes que habitaban en territorio cristiano), se relegó a los musulmanes a una zona de la ciudad conocida como la morería y comenzaron las conversiones forzosas. También se instauró la Inquisición y se quemaron sistemáticamente todos los manuscritos procedentes de los llamados infieles. La situación empeoró sin cesar hasta que en 1499 tuvo lugar la primera de las rebeliones de los moriscos, como llamaban a los musulmanes, obligados a convertirse al catolicismo para evitar la expulsión.

REGLAS DEL BALONCESTO

EL BALONCESTO lo juegan dos equipos de cinco jugadores cada uno. El objetivo de cada equipo es introducir el balón dentro de la canasta del adversario e impedir que el adversario haga lo propio.

El balón puede ser pasado, lanzado, palmeado, rodado o botado en cualquier dirección dentro de las restricciones de los artículos pertinentes de las Reglas.

El equipo que mayor número de puntos haya conseguido al final del tiempo de juego del cuarto período o, si fuera necesario, de uno o más períodos extra, será el ganador del partido.

El terreno de juego debe ser una superficie rectangular, plana y dura, libre de obstáculos

Para las principales competiciones oficiales de la FIBA, así como para los terrenos de juego de nueva construcción, las dimensiones deben ser de 28 metros de longitud por 15 metros de anchura, medidas desde el borde interior de las líneas que delimitan el terreno de juego.

Para todas las demás competiciones se permiten terrenos de juego de unas dimensiones mínimas de 26 metros de longitud y 14 metros de anchura.

La altura del techo o del obstáculo más bajo debe ser, como mínimo, de 7 metros.

Todas las líneas deberán ser trazadas del mismo color (preferiblemente blanco), tener 5 centímetros de anchura, y ser completa y claramente visibles.

El terreno de juego estará delimitado por las líneas de fondo (los lados cortos del terreno de juego) y las líneas laterales (los lados largos del terreno de juego). Estas líneas no son parte del terreno de juego. El terreno de juego deberá distar al menos 2 metros de cualquier obstáculo, incluyendo los integrantes de los banquillos de los equipos.

La línea central es la trazada paralelamente a las líneas de fondo desde el punto central de cada línea lateral. Se prolongará 15 centímetros por la parte exterior de cada línea lateral.

La línea de tiros libres es paralela a la línea de fondo. El borde exterior de esta línea estará situado a 5,80 metros del borde interior de la línea de fondo y tendrá una longitud de 3,60 metros. Su centro estará situado sobre la línea imaginaria que une el centro de las dos líneas de fondo.

Las áreas restringidas son los espacios limitados por las líneas de fondo, las líneas de tiros libres y las líneas que parten de las líneas de fondo. Si se pinta el interior de las áreas restringidas, deberá ser del mismo color que el del círculo central. Las líneas, excluyendo las líneas de fondo, son parte del área restringida.

Los pasillos de tiro libre son las áreas restringidas ampliadas en el terreno de juego por semicírculos con un radio de 1,80 metros y el centro situado en el punto medio de las líneas de tiros libres. Se trazarán semicírculos similares con una línea discontinua en el interior de las áreas restringidas.

El círculo central debe estar trazado en el centro del terreno de juego y debe tener un radio de 1,80 metros. medido hasta el borde exterior de la circunferencia. Si el interior del círculo central está pintado deberá tener el mismo color que las áreas restringidas.

La selección española de baloncesto celebra la victoria en el campeonato del mundo disputado en 2006 en Japón.

La zona de canasta de tres puntos de un equipo es todo el terreno de juego excepto el área próxima a la canasta de sus adversarios, que incluye: a) dos líneas paralelas que parten de la línea de fondo a 6,25 metros del punto del suelo directamente perpendicular al centro exacto de la canasta de los adversarios; la distancia de este punto al borde interior del centro de la línea de fondo es de 1,575 metros; y b) un semicírculo de 6,25 metros de radio desde el lado exterior hasta el centro, que es el mismo punto citado anteriormente y que corta las líneas paralelas.

Las zonas de los bancos de los equipos estarán marcadas fuera del terreno de juego en el mismo lado que la mesa de anotadores y los bancos de los equipos, del siguiente modo: cada zona estará limitada por una línea que parte de la línea de fondo de al menos 2 metros de longitud y por otra línea de al menos 2 metros de longitud trazada a 5 metros de la línea central y en ángulo recto con la línea lateral.

Las canastas se componen de aros y redes.

El material será de acero macizo con un diámetro interior de 45 centímetros y pintado de color naranja.

El metal de los aros tendrá un diámetro mínimo de 1,6 centímetros y un diámetro máximo de 2,0 centímetros con el añadido en el borde inferior de un dispositivo para sujetar la red que impida que los dedos de los jugadores puedan quedar atrapados.

La red deberá estar sujeta a cada aro en 12 lugares equidistantes a su alrededor. El dispositivo de sujeción de la red al aro no debe permitir la existencia de bordes afilados ni huecos que permitan la introducción de los dedos de los jugadores.

El aro deberá estar fijado a la estructura que soporta el tablero de tal manera que ninguna fuerza aplicada al aro pueda ser transferida al tablero. Por tanto, no habrá contacto directo entre el aro, el dispositivo de sujeción y el tablero (de cristal o de otro material transparente).

El borde superior de cada aro se situará horizontalmente a 3,05 metros del suelo y equidistante de los dos bordes verticales del tablero.

El punto más cercano del borde interior del aro se hallará a 15 centímetros de la superficie del tablero.

El balón debe ser esférico y de un color naranja homologado con ocho sectores de forma tradicional y juntas negras.

La superficie exterior será de cuero, caucho o material sintético.

El balón se inflará con una presión de aire tal que cuando se deje caer sobre la superficie del terreno de juego desde una altura aproximada de 1,80 metros, medida desde la parte inferior del balón, rebote hasta una altura aproximada, medida hasta la parte superior del balón, de entre 1,20 metros y 1,40 metros.

La anchura de las juntas del balón no superará los 0,635 cm.

El balón no tendrá menos de 74,9 centímetros ni más de 78 centímetros de circunferencia (talla 7). No pesará menos de 567 gramos ni más de 650 gramos.

El equipo local debe suministrar al menos dos balones usados que cumplan las especificaciones anteriores. El árbitro principal es el único juez acerca de la legalidad de los balones.

ESPÍAS – CÓDIGOS Y CIFRADOS

L A PRÁCTICA DE ENVIAR MENSAJES secretos se conoce como esteganografía, palabra griega que significa «escritura escondida». El inconveniente de ocultar un mensaje en el forro de un abrigo o tatuárselo en el cuero cabelludo es que lo puede leer cualquiera. También tiene mucho sentido la práctica de la criptografía, en griego, «escritura oculta». La criptografía es el arte de escribir o descifrar códigos y cifrados.

Las palabras «código» y «cifrado» se emplean a veces como si significaran lo mismo, cuando no es así. Un código es una sustitución, como en la frase siguiente: «El Gran Queso aterriza en Feliz mañana». No sabemos quién es el «Gran Queso» ni dónde está «Feliz». Los códigos fueron empleados a menudo entre los espías durante la Segunda Guerra Mundial, cuando los grupos de números sólo se podían traducir con el libro de códigos correspondiente. Es imposible romper los códigos sin una clave o un conocimiento detallado de las personas que los utilizan. Sin embargo, si se espía a un grupo de personas durante unos meses, y se observa que el presidente de Francia aterriza en el aeropuerto de Heathrow al día siguiente de dicho mensaje, puede empezar a apreciarse un determinado patrón.

Los cifrados, por otra parte, son mensajes revueltos, no un lenguaje secreto. En un cifrado, el mensaje original se oculta reemplazando cada letra con arreglo a un esquema. Incluso el código Morse es, en realidad, un cifrado. Resultan fascinantes y hasta peligrosos. Más de uno se ha ido a la tumba sin revelar el secreto de un determinado cifrado. Se han perdido tesoros, además de vidas, en su busca. En tiempo de guerra, miles de vidas pueden depender de que los cifrados se mantengan en secreto, o bien de que sean descifrados.

Edgar Allan Poe dejó un cifrado que no se pudo leer hasta el año 2000. El compositor Elgar dejó un mensaje para una joven dama que todavía no ha podido ser comprendido del todo. Existen códigos que detallan la situación de grandes cantidades de oro, con tal de que la secuencia de símbolos se pueda desentrañar.

En el momento de escribir esto, el cifrado más avanzado que existe es una secuencia de ordenador de 2.048 dígitos, cada una de los cuales puede ser un número, una letra o un símbolo. Las combinaciones se cuentan por trillones de trillones y se estima que ni los ordenadores más rápidos del mundo podrían descifrarlo en menos de treinta mil millones de años. Curiosamente, fue creado por un chico de Kent de 17 años llamado Peter Parkinson. Está bastante satisfecho con él. Para poner esto en perspectiva, en Estados Unidos es ilegal exportar un programa de encriptado con más de cuarenta dígitos sin facilitar la clave. Se tarda tres días en descifrar un encriptado de 56 bits.

Este capítulo contiene algunos cifrados clásicos, empezando por el que empleaba Julio César para enviar mensajes a sus generales.

1. **El cifrado César, o cifrado por desplazamiento.** Se trata de un cifrado alfabético simple, y sin embargo difícil de descifrar si no se dispone de la clave. Cada letra se desplaza un determinado número de veces, digamos 4. La A se convierte en E, la J en N, la Z en D y así sucesivamente. El número es aquí la clave del cifrado. César podía acordar el número en privado con sus generales y luego mandar mensajes encriptados sabiendo que no se podrían leer sin aquel dato crucial de información extra.

    «El perro está malo» se convierte en HÑ SHUUR HVWD ODÑR con el número 3 como clave. Como primer cifrado funciona bien, pero el problema es que solamente hay 26 posibles opciones para el número (la 27 supone regresar a la letra con la que se empezó). Como resultado, alguien que estuviese realmente decidido a romper el código podría simplemente probar las veintiséis combinaciones. Claro, antes de nada tendría que darse cuenta de que el código es un cifrado César; pero sólo le damos una estrella por la dificultad. Tiene más de dos mil años, después de todo.

2. **Números.** A = 1, B = 2, C = 3, etc., hasta la Z = 27. Se pueden escribir mensajes empleando esos números. Este cifrado es seguramente demasiado simple como para usarlo por sí solo; si se combina con un cifrado César, sin embargo, de repente se puede volver de lo más lioso.

   En el método básico, «El perro está mejor» sería «5 12 - 17 5 19 19 16 - 5 20 21 1 - 13 5 10 16 19», que podrá parecer difícil, pero no lo es. Añádase un cifrado César de 3, y el mensaje queda así: «3 8 15 - 20 8 22 22 19 - 8 23 24 4 - 16 8 13 19 22», suficiente para calentar la sesera del hermano o la hermana pequeña que trate de romper el encriptado. Nótese que hemos incluido el número clave al principio. Éste puede acordarse de antemano para hacerlo todavía más difícil de descifrar (con la combinación César, una dificultad de dos estrellas).

3. **Cifrados alfabéticos.** Su número es ilimitado. La mayoría de ellos dependen de la forma en que se disponga el alfabeto, que se acuerda de antemano entre los espías. Prescindimos de la Ñ para tener un número par de letras:

   A B C D E F G H I J K L M
   N O P Q R S T U V W X Y Z

Con esta secuencia, «¿Cómo estás?» quedaría así: ¿PBZB RFGNF?

   A B C D E F G H I J K L M N O P Q R S T U V W X Y Z
   Z Y X W V U T S R Q P O N M L K J I H G F E D C B A

En ésta, «¿cómo estás?» se convierte en ¿XLNL VHGZH? Vale la pena recordar que ni siquiera los cifrados simples resultan obvios a primera vista. Los cifrados alfabéticos básicos pueden ser suficientes para proteger un diario y tienen la ventaja de ser sencillos de utilizar y recordar.

4. Una de las variantes del cifrado alfabético muy conocida se denomina *scitala*, otro método utilizado por los romanos. Se empieza con una tira de papel que se enrolla alrededor de un objeto cilíndrico. Es importante que tanto el emisor como el receptor dispongan de un objeto de las mismas dimensiones. Dos trozos del mismo palo de escoba serían lo más idóneo, pero la mayoría de la gente acaba probándolo sobre un lápiz.

Aquí la palabra «Heathrow» aparece escrita sobre el lápiz a lo largo, con un par de letras por vuelta de la tira de papel (será necesario sujetar el papel con cinta adhesiva, o mejor aún, con masilla adhesiva). A continuación se desenrolla la cinta y se emplea el lápiz para rellenar los espacios entre las letras. Ahora debería parecer un perfecto galimatías. La idea es que cuando vuelva a ser enrollado alrededor de un objeto similar, el mensaje se leerá claramente. Se trata de un cifrado que requiere pensar un poco de antemano, pero que puede dar resultados bastante satisfactorios. Para cuestiones de vida o muerte, sin embargo, quizá necesites el método siguiente.

5. **Sustitución alfabética con palabra clave.** Quizá hayas reconocido aquí un esquema que se repite. Para hacer un buen cifrado, es buena idea acordar la clave de antemano. Puede ser un número, una fecha, el título de un libro, una palabra o incluso un palo de algún tipo. Es la clase de complejidad añadida que puede convertir incluso un encriptado sencillo en algo bastante endemoniado. Regresemos a uno de nuestros ejemplos anteriores:

```
A B C D E F G H I J K L M N O P Q R S T U V W X Y Z
Z Y X W V U T S R Q P O N M L K J I H G F E D C B A
```

Si añadiéramos la palabra «VENTANA», obtendríamos la secuencia que aparece a continuación. Hay que tener en cuenta que ninguna letra se puede repetir, y por tanto sigue habiendo 26 letras en la secuencia inferior y no se emplean ni la segunda N ni la segunda A de la palabra «VENTANA».

```
A B C D E F G H I J K L M N O P Q R S T U V W X Y Z
V E N T A B C D E F G H J K L M P Q R S T U V X Y Z
```

Se trata de todo un cifrado nuevo, y sin conocer la palabra clave, de una dificultad de tres estrellas a la hora de descifrarlo.

6. **Ruedas de cifrado.** Empleando un compás, corta cuatro círculos de cartulina, dos grandes y dos pequeños. Unos diámetros de 12 y 10 centímetros, respectivamente, resultan bastante prácticos. Para ambos pares de círculos, coloca un círculo pequeño encima del grande y haz un agujero en el centro con una tachuela de doble espiga. Deben rotar con facilidad el uno sobre el otro.

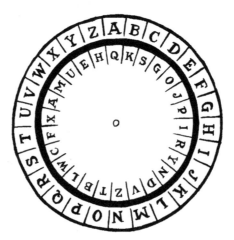

Un círculo = 360 grados. Con un alfabeto de 26 letras, el espaciado de los segmentos debería ser de aproximadamente 14 grados (o de aproximadamente 13 con un alfabeto de 27 letras). Marca los segmentos con toda la precisión posible en los cuatro círculos. Cuando estén listos, escribe el alfabeto normal en el borde exterior de los círculos mayores en el orden habitual, de la A a la Z. Para los círculos interiores, marca las letras en un orden aleatorio. Con tal de que en la otra rueda del código figuren en el mismo orden, no tiene importancia dónde vayan las letras. La secuencia del código comenzará con la combinación de dos letras que marca la posición respectiva de las ruedas: AM o AF, por ejemplo.

Deberías acabar por tener una rueda de cifrado para encriptar que no podrá leer nadie más que la persona que tenga la otra rueda. Y ésta sí que es una dificultad de cuatro estrellas.

7. **El código Morse** es el cifrado de sustitución más famoso que se haya inventado nunca. Fue ingeniado por un inventor norteamericano, Samuel F. B. Morse, que patentó un sistema de telégrafos de tremendo éxito. Se dio cuenta de que un pulso eléctrico podía actuar sobre un electroimán para mover una sencilla palanca, transmitiendo así una señal larga o bien una corta. Hizo que una tira móvil de papel pasara por debajo de la punta de metal, y ya había nacido un nuevo método de comunicación. Empleando su cifrado, envió el primer mensaje interurbano en 1844, desde Washington a Baltimore. Lo maravilloso de este sistema es que el código se puede transmitir por medio de la luz si se dispone de una linterna, por medio del sonido con la bocina de un coche, e incluso por medio del código de señales, aunque eso sea algo más complicado.

El primer mensaje enviado por Morse fue la cita bíblica «¡Lo que ha hecho Dios!», lo cual da una idea de lo impresionante que resultaba recibir mensajes del otro extremo de Estados Unidos. En vida, Morse pudo ver cómo se tendían líneas de telégrafos a través del Atlántico.

El ejemplo que todo el mundo debería conocer es SOS, la llamada internacional de socorro (también es muy conocida la expresión «May-day», que procede de la pronunciación anglosajona de *M'aidez,* en francés, «Ayúdeme»).

La secuencia SOS en Morse es pi pi pi - piii piii piii - pi pi pi.

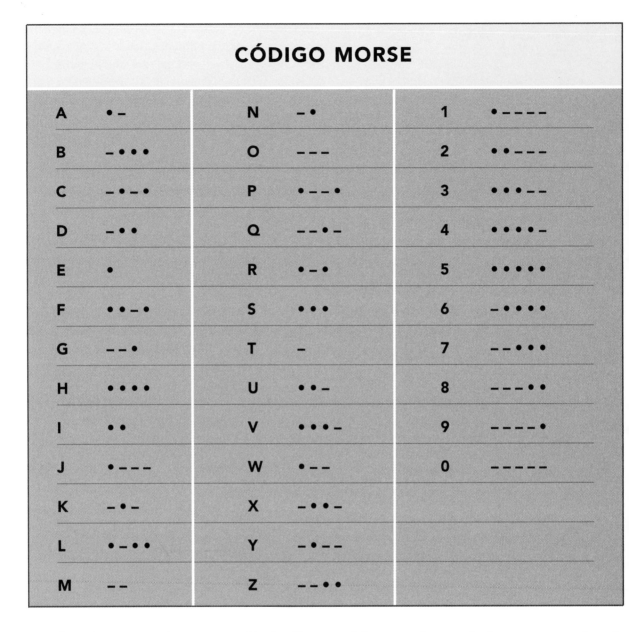

CÓDIGO MORSE

A	•–	N	–•	1	•––––	
B	–•••	O	–––	2	••–––	
C	–•–•	P	•––•	3	•••––	
D	–••	Q	––•–	4	••••–	
E	•	R	•–•	5	•••••	
F	••–•	S	•••	6	–••••	
G	––•	T	–	7	––•••	
H	••••	U	••–	8	–––••	
I	••	V	•••–	9	––––•	
J	•–––	W	•––	0	–––––	
K	–•–	X	–••–			
L	•–••	Y	–•––			
M	––	Z	––••			

Éste sí que merece la pena aprendérselo. El personal de rescate ha escuchado a veces mensajes golpeados bajo edificios caídos, ha escuchado silbatos o visto destellos procedentes de un bote volcado. Este cifrado ha salvado un gran número de vidas a lo largo de los años transcurridos desde su invención. También ha servido para transmitir horarios de trenes.

Si tienes a mano una bandera de señales, es a la izquierda para la raya, a la derecha para el punto. Esto no es tan bien conocido.

8. Este último está en realidad diseñado para hacer que el significado quede más claro en lugar de para ocultarlo. Es útil conocer el **alfabeto fonético** de la OTAN.

ALFABETO FONÉTICO DE LA OTAN

A	Alpha		**N**	November
B	Bravo		**O**	Oscar
C	Charlie		**P**	Papa
D	Delta		**Q**	Quebec
E	Echo		**R**	Romeo
F	Foxtrot		**S**	Sierra
G	Golf		**T**	Tango
H	Hotel		**U**	Uniform
I	India		**V**	Victor
J	Juliet		**W**	Whiskey
K	Kilo		**X**	X-ray
L	Lima		**Y**	Yankee
M	Mike		**Z**	Zulu

Una versión anterior de la RAF (vigente entre 1924 y 1942) era Ace, Beer, Charlie, Don, Edward, Freddie, George, Harry, Ink, Johnnie, King, London, Monkey, Nuts, Orange, Pip, Queen, Robert, Sugar, Toc, Uncle, Vic, William, X-ray, Yorker, Zebra. Éste era más apropiado para los acentos británicos del inglés, al parecer. La versión de la OTAN fue creada en 1956 y se ha convertido en el alfabeto fonético de referencia generalmente aceptado. Se emplea para minimizar la confusión al pronunciar letras por radio o por teléfono. La P y la B tienen un sonido muy parecido, pero no así Papa y Bravo.

CÓMO HACER CRISTALES

VER CÓMO CRECE UN CRISTAL en el alféizar de tu ventana puede ser bastante entretenido. Con la ayuda de un colorante alimentario, se pueden hacer del color que quieras.

El problema es encontrar una sustancia química adecuada. Quizás hayas visto sulfato de cobre y permanganato potásico en el colegio. Ambos pueden resultar bastante tóxicos, y por tanto no están fácilmente disponibles en una droguería. Tu profesor de ciencias podría permitir que te llevaras una muestra, si se lo pides con amabilidad.

Para este capítulo, hemos decidido utilizar sulfato de aluminio y potasio, más conocido como alumbre. Es una sustancia no tóxica que antes se utilizaba para blanquear el pan. Al igual que con cualquier sustancia química, no debe entrar en contacto con los ojos. Cien gramos vienen a costar entre 1 y 1,50 euros en el momento de escribir esto. Es suficiente para hacer cristales, pero el alumbre también se puede emplear para recubrimientos a prueba de fuego y para curtir pieles, como se explica en otros capítulos. También sirve de astringente para cortes pequeños, o bien se pueden emplear los cristales como desodorante para las axilas. Quizá quieras una cantidad mayor. Como alternativa, también se pueden cultivar cristales con sal común o azúcar.

Vas a necesitar:

- 10 gramos de sulfato de aluminio y potasio (alumbre).
- Un vaso de vidrio.
- El palo de un polo (limpio).
- Agua entre tibia y caliente.
- Hilo.
- Piedras pequeñas, preferiblemente con bordes afilados.

MÉTODO

1. Asegúrate de que las piedras están limpias; lávalas bien con agua corriente.

2. Vierte suficiente agua entre tibia y caliente en el vaso para cubrir las piedras (aproximadamente una tercera parte del vaso). No introduzcas las piedras todavía.

3. Añade el alumbre y remueve enérgicamente con el palo del polo hasta que deje de disolverse con facilidad. Te pueden quedar unos granos en el fondo. Ignóralos. Se pueden echar las piedras directamente, o bien, para el acabado clásico, atar un hilo alrededor de una piedra pequeña y el otro extremo al palo del polo, como en los dibujos.

4. Si tienes intención de añadir colorante alimentario, hazlo ahora. Muéstralo orgullosamente a tus padres y te darán palmaditas en la cabeza por ser un «pequeño genio».

La evaporación es la clave en la formación de estos pequeños cristales, así que asegúrate de dejarlos en un lugar cálido. Los primeros tardarán unos días en aparecer, y el efecto completo puede tardar unas semanas. Se pueden conseguir cristales más grandes repitiendo el proceso, después de atar al hilo un cristal pequeño.

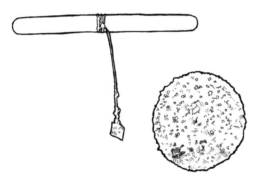

El cristal que ves aquí es un dibujo del que cultivamos nosotros, el de la izquierda, no la cosa enorme que está al lado. El gran círculo salió del fondo del vaso, y en muchos sentidos es más impresionante que el propio cristal. Tardó unas seis semanas en total, y lo rellenamos una vez con alumbre.

Robert Scott y la conquista de la Antártida

Robert Falcon Scott nació el 6 de junio de 1868 en Devonport, cerca de Plymouth, Inglaterra, en el seno de una familia de tradición marinera. A los 15 años ingresó en un buque escuela y a los 22 ya había alcanzado el grado de teniente.

Clements Markham, por aquel entonces presidente de la Royal Geographical Society, preparaba una expedición al Polo Sur. Para dirigirla pensó en un joven junto al que había navegado y que le había impresionado por su talento y disciplina. Ese joven no era otro que Robert Scott.

Tras reclutar a la tripulación, entre los que se encontraban Ernest Shackleton y Edward Wilson, el 21 de marzo de 1901, Scott partió a bordo del *Discovery* rumbo a tierras inexploradas. El viaje hasta Nueva Zelanda no fue fácil pero al llegar a la Antártida las dificultades aumentaron. Soportando temperaturas de 55 °C bajo cero y avanzando con trineos tirados por perros, los hombres de Scott cruzaron, en noviembre de 1902, el paralelo 80, la línea que marcaba el inicio de rutas jamás pisadas por el hombre. Sin embargo, el esfuerzo había hecho mella en el equipo. Los perros enfermaron, Shackleton padecía escorbuto y Wilson graves lesiones en los ojos. Aunque ya estaban cerca del objetivo, el 31 de diciembre Scott dio orden de regresar. Al menos habían sobrevivido para volver a intentarlo.

Convertido en un héroe y ya con el grado de capitán, Scott puso todo su empeño en organizar una segunda expedición, esta vez reforzando el equipo con ponies siberianos y trineos a motor. En 1910, acompañado de Edward Wilson, Lawrence Oates, Robinson Bowers y Edgar Evans, inició, a bordo del *Terra Nova,* la aventura que habría de hacerle famoso.

Pero el inglés no era el único que se había propuesto tal hazaña. El explorador noruego Roald Amundsen, que se hallaba en el Ártico cuando le llegaron noticias del nuevo intento de Scott, desvió su ruta con el objetivo de ser el primero en alcanzar el Polo Sur.

En enero de 1911 los hombres de Scott volvieron a establecer su campamento sobre hielo sólido. Esta vez la suerte tampoco les acompañó. Las tormentas de nieve eran constantes, los ponies sucumbían ante el frío y los nuevos trineos, a causa del peso, desaparecían entre las placas de hielo. A pesar de todo, Scott, Wilson, Evans, Oates y Bowers avanzaron a pie arrastrando los pesados trineos y resistiendo las heladas ventiscas. Su empeño les llevó a alcanzar el paralelo 89, el último antes de conquistar el Polo Sur. Scott y sus hombres estaban muy cerca de cumplir su sueño.

Robert Scott

Cuando el 17 de enero de 1912 la expedición inglesa llegó al Polo Sur, una triste sorpresa les esperaba. La bandera noruega ondeaba en la nieve. Los hombres de Scott, abatidos y exhaustos, encontraron una nota firmada por Roald Amundsen y su equipo. El noruego había llegado el 14 de diciembre de 1911, 34 días antes que la expedición inglesa.

Scott y los suyos debían regresar al campamento de partida, pero la dura experiencia había consumido sus fuerzas: Evans había perdido las uñas a causa del frío, Wilson sufría una lesión en la pierna, Scott en el hombro y Oates, principio de gangrena en los pies. A su lamentable estado se sumaba una siniestra amenaza, las provisiones escaseaban y las reservas de petróleo se agotaban. Sin recursos ni fuerzas, un triste destino se abatía sobre los cinco hombres. Evans fue el primero en morir, de agotamiento; Oates, consciente de que su enfermedad entorpecía la marcha de sus compañeros, abandonó voluntariamente la tienda que les resguardaba. «Sólo voy a salir un rato» fueron las últimas palabras que dedicó a sus compañeros antes de desaparecer en la nieve.

Atrapados en una tormenta que les impedía avanzar, a 42 ºC bajo cero y sin alimentos, el capitán y sus hombres esperaban el final. El 12 de noviembre de 1912 los cuerpos de Wilson, Bowers y Scott fueron encontrados junto a los diarios de este último. «Deberíamos aguantar, pero nos estamos debilitando y el final está lejos. Es una pena, pero no puedo escribir más. Por el amor de Dios, cuiden de los nuestros», escribió poco antes de morir el héroe más famoso de la exploración antártica.

Charles Lindbergh, el primero en sobrevolar el Atlántico

Charles Lindbergh nació el 4 de febrero de 1902 en Detroit, Michigan, en Estados Unidos. Su padre era abogado y congresista y su madre profesora de química. A los 8 años el pequeño Lindbergh vio por vez primera un avión. La fascinación que le produjo aquel artefacto habría de marcar su vida. En 1920 inició los estudios de ingeniería mecánica en la Universidad de Wisconsin, pero dos años más tarde los abandonó para ingresar en una escuela

Charles Lindbergh

de vuelo en Lincoln, Nebraska. Allí realizó su primer trayecto en solitario, adquirió experiencia en mecánica y se inició en la práctica de acrobacias aéreas, muy de moda en la época. Tras completar su formación en la escuela de aviación del ejército de Estados Unidos, Lindbergh se graduó en 1925 con la distinción de mejor piloto de su promoción.

Enseguida encontró trabajo transportando correo aéreo, pero el espíritu aventurero de Lindbergh estaba ávido de emociones y se sintió tentado por la propuesta del magnate hotelero Raymond B. Orteig, quien ofrecía 25.000 dólares al primer piloto que realizara el trayecto entre Nueva York y París sin escalas. El millonario había lanzado el reto en 1919 y en 1927 ningún piloto lo había conseguido aún. Entusiasmado con el proyecto, Lindbergh convenció a algunos hombres de negocios de Saint Louis para que financiaran la construcción de un avión ligero, de un solo motor, inspirado en los modelos empleados para el transporte de correo.

El 20 de mayo de 1927, a las 7.52 de la mañana, con el nombre de *Spirit of St. Louis* escrito en la parte delantera, el avión de Lindbergh despegó del aeródromo Roosevelt, en Long Island. El día se había levantado lluvioso, la pista estaba mojada, hacía viento y el avión llevaba sobrepeso. Pero ningún contratiempo iba a resquebrajar el ánimo del joven aviador.

A diferencia de sus antecesores, Lindbergh volaba solo, sin equipo de radio y sin paracaídas, pues quería aprovechar al límite la capacidad del avión para cargar combustible. Muy pocos confiaban en que aquel joven de apariencia tímida lograra con un sencillo monoplano lo que otros no habían conseguido con aviones con dos motores y un piloto de relevo.

El recién bautizado como «El águila solitaria» se enfrentaba a un recorrido de 5.790 kilómetros, a las inclemencias del tiempo, a la escasa visibilidad, al cansancio y a la extrema incomodidad de la cabina del piloto, en la que ni siquiera era posible estirar las extremidades.

Con su entereza y con un mapa en las rodillas como únicas armas, el norteamericano pilotó el avión durante más de treinta interminables horas antes de que el *Spirit of St. Louis* sobrevolara la torre Eiffel. Poco después, el pequeño avión aterrizaba en el aeropuerto de Le Bourget, en los alrededores de París. Lindbergh había conquistado su objetivo en treinta y tres horas y treinta y dos minutos. El mundo tenía un nuevo héroe.

Charles Lindbergh murió el 26 de agosto de 1974, en Hawai. Su epopeya aérea se recoge en el libro *The Spirit of St. Louis*, título con el que el piloto ganó el premio Pulitzer en 1954.

CÓMO SE CONSTRUYE UN MONOPATÍN

A LA HORA DE CONSTRUIR un monopatín lo más difícil es encontrar las ruedas. Lamentablemente, la mayoría de los cochecitos modernos tienen ruedas minúsculas, así que la idea clásica de hacerse con un cochecito para quitarle los ejes ya no es factible. Los cochecitos antiguos que se conservan son demasiado valiosos para lo que nosotros queremos.

El diseño

Se necesita:

- Dos ejes fijos con ruedas.
- Una tabla para sentarse: utilizamos una de pino de 18 mm.
- Madera para los ejes. La longitud depende de los ejes, pero nosotros utilizamos una tabla de 88 × 37 mm.
- Cuerda para el asidero.
- Dos arandelas roscadas para sujetar la cuerda.
- Cuatro «monturas» metálicas de electricista (véase explicación en páginas siguientes).
- Pintura para la madera (del color que más os guste).
- Tornillos de 40 mm.
- Vinilo y espuma si se quiere instalar un asiento.
- Un perno de dirección (véase explicación).
- Chinchetas de tapicería para el asiento.

Primero se corta la madera. Cortamos dos tablas de 43 cm para los ejes, aunque cada proyecto es diferente. También cortamos una tabla central bien larga, de 114 cm. Aunque esto depende de la longitud de las piernas. En todo caso, hay que calcular el espacio con holgura. Es buena idea que un adulto corte la madera, sobre todo si hay que manejar herramientas potentes. Si no atendéis este consejo y os cortáis un dedo, por favor no nos lo mandéis por correo como prueba.

Sin embargo, hay otras cosas que sí podéis utilizar. Encontramos nuestros dos ejes tras numerosas visitas a tres vertederos o basureros locales. Tardamos semanas en encontrar los nuestros, así que lo mejor que podéis hacer es salir y daros a conocer en todos los basureros situados en quince kilómetros a la redonda. Nuestro eje trasero pertenecía a un carrito de golf y el delantero a un moderno cochecito de tres ruedas (los usados empiezan a verse en los vertederos, así que quizás encontréis uno antes que nosotros). Otra posibilidad consiste en buscar un triciclo y aprovechar las ruedas traseras. Mientras tenga un eje fijo que no gire con las ruedas no hay por qué preocuparse. A ser posible, preferid las

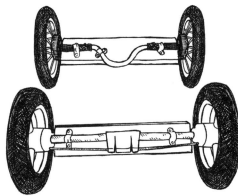

ruedas de metal a las de plástico. El plástico es un material horrible que tiende a reventar bajo presión, al bajar por una cuesta, por ejemplo.

Es buena idea pintar la madera, o barnizarla, antes de montar la tabla. Nosotros nos olvidamos de hacerlo, y pintar al final resulta muy complicado. Mejor hacerlo ahora. Utilizamos una pintura base para madera de color negro mate. Como teníamos un viejo bote de barniz en el cobertizo, también barnizamos. Naturalmente, podéis comprar pintura, pero escarbar en viejas latas que tienen un poquito de pintura en el fondo es muy divertido.

Cuando se seque la pintura de la madera, colocad los ejes. Hace veinte años utilizamos puntas en forma de U, perfectamente seguras. En esta ocasión nos dimos cuenta de que los ejes eran mucho más anchos y tuvimos que buscar una alternativa. Es el tipo de problema que os tocará resolver.

Encima se coloca una «montura» eléctrica, de las que venden en cualquier tienda de efectos eléctricos por muy poco dinero. Son muy útiles para sujetar los ejes y hay variedad de tamaños.

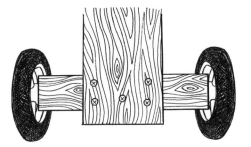

CÓMO SE CONSTRUYE UN MONOPATÍN

Utilizamos tres en el eje delantero. El plan original se limitaba a dos, pero uno de los orificios para los tornillos no nos pareció seguro y queríamos afianzarlo. Cercioraos de que ajustáis bien las monturas para que el eje quede derecho sobre la tabla. Contando con monturas idénticas, medimos la distancia desde la parte superior de cada una de ellas hasta el borde de la plancha de madera. Podéis hacerlo a ojo, pero es mejor medir y asegurarse.

Los tornillos de 40 mm han de sujetar la parte de atrás de la plancha principal, como se ve en la figura inferior. Parece fácil, pero hace falta tomar medidas con mucho cuidado para que el ángulo entre la plancha principal y el eje tenga exactamente noventa grados. También debéis procurar que los salientes de cada lado sean iguales. Sujetamos las piezas con bastante holgura y luego empleamos un mazo de goma para ponerlas en su sitio, sin dejar de tomar medidas hasta que nos demos por satisfechos.

La dirección es el único elemento complicado que nos queda. Nosotros tuvimos mucha suerte al encontrar el único perno de rueda de un cochecito de tres ruedas que era perfecto, pero depende de la fortuna. Debéis buscar un perno con una sola hebra.

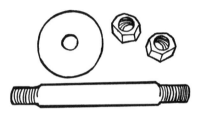

Perno de un cochecito de tres ruedas   *Seguramente utilizaréis éste*

La ventaja es que, aunque una tuerca se ajuste en el perno, éste seguirá girando sin problema en el agujero. Los venden en las ferreterías. Buscad uno un poco más largo de lo necesario y añadid una arandela en cada extremo, o más si es demasiado largo.

Fue más fácil enderezarlo por delante que por detrás. Resultaba crucial que el eje sobresaliese a la misma distancia por cada lado, pero no a noventa grados cuando el eje giraba; si no, no se podría dirigir. Lo bonito de este diseño es que os sentáis con los pies en la barra de dirección, sujetando las cuerdas. En consecuencia, resulta muy manejable.

Decidimos poner un asiento en el nuestro. Fuimos a una tienda de alfombras y nos dieron gratis un trozo de alfombra y una muestra de vinilo. Envolvimos un fragmento de pino con el vinilo, utilizando la alfombra como acolchado. Luego, lo sujetamos con chinchetas de tapicería compradas en una ferretería y atornillamos la pieza a la plancha principal desde abajo. La cuerda se ajustó por medio de un as de guía en cada lado.

Coste

Adquirir un cochecito y un carrito de golf en dos vertederos distintos nos costó sendos billetes de cinco libras (15 euros). Creemos que podríamos haberlos conseguido por menos pero, después de semanas preguntando, nos alegramos tanto de encontrarlos que pagamos demasiado. Empezad por ofrecer 3 o 4 euros. La madera nos costó 20 euros, los tornillos, tuercas y arandelas en torno a otros 7. La pintura procedía de latas viejas que estaban en el cobertizo. Teníamos cuerda. En conjunto, el coste ascendió a unos 45 euros. Sin embargo, para comprar un monopatín de esta calidad, tendríais que gastar como mínimo 75 euros y tal vez llegar a 120 o más. Éste presenta la ventaja de que dura más que las versiones de pedal (hay espacio para cuando crezcáis), baja las pendientes a mucha mayor velocidad y, al fin y al cabo, es algo que habéis hecho vosotros y no una empresa china.

INSECTOS Y ARAÑAS

Saltamontes

Insecto es una palabra latina que significa «cortado» o «segmentado». Los insectos son criaturas con cabeza, tórax, abdomen y seis piernas. Suelen tener un dermatoesqueleto (un recubrimiento protector externo). Son con mucho la especie más abundante del reino animal. En cualquier campo o extensión acuática se pueden encontrar cientos, e incluso miles de especies distintas. Forman parte de ecosistemas extraordinariamente complejos, y en una simple charca se desarrollan cientos de miles de vidas, que vuelan y mueren a veces en un solo día. Su variedad resulta asombrosa y su existencia nunca deja de ser fascinante. Hablaremos aquí de algunos que podéis encontrar cerca de casa.

SALTAMONTES (ORTHOPHERA)

Aunque hay más de dos docenas de variedades de saltamontes con escasas diferencias entre sí, se pueden clasificar en dos grandes grupos: de antenas largas (*Locustidae*) y de antenas cortas (*Acrididae*). Ambos producen esos chirridos rítmicos característicos de los días de sol, aunque las variedades de antenas cortas son más comunes. El saltamontes de antenas largas puede ser hasta cinco veces más grande que sus parientes y vuela, aunque a cortas distancias. Cuando está quieto, resulta prácticamente invisible. Para localizarlos hay que caminar muy despacio entre la hierba crecida, cuanto más adentro mejor. En verano veréis fugaces manchitas de pequeños saltamontes verdes que huyen de vosotros. Suelen ser de vivo color verde, aunque también los hay marrones o grises. Con un poco de suerte veréis alguno de antenas largas. No dejéis de capturar los saltamontes pequeños, pero los de antenas largas sufren daños cuando se capturan con la mano.

El grillo está emparentado con las langostas y los saltamontes. Sus patas están adaptadas al salto y se desplaza por el suelo con rapidez, si bien salta menos que los saltamontes. Su régimen alimenticio es omnívoro: come tanto hojas y tallos como insectos. Para atraer a las hembras levanta ligeramente sus alas y las frota una contra otra generando su característico chirrido. Son abundantes en España y en numerosos países cálidos.

Grillo

Tijeretas (Dermaptera)

Son tan comunes que puede parecer raro que las incluyamos aquí; en realidad, queremos precisar que las **tijeretas** son totalmente inofensivas. Se trata de insectos nocturnos, con una variedad voladora. Las pinzas de feroz aspecto son para sujetar, no para matar. La hembra cuida y alimenta a sus crías tras poner los huevos en un minúsculo nido con el macho.

Tijereta

Efímeras (Ephemeroptera)

Lo más fascinante de las **efímeras** es su ciclo vital. Viven sólo unas horas tras surgir de una crisálida sin tener siquiera boca para alimentarse. El breve vuelo final de su vida se desarrolla después de un período mucho más largo como larva y ninfa bajo el agua. Muchos poetas o escritores han visto en la historia de la efímera una metáfora de nuestra breve existencia en la Tierra. Una vida es cuestión de escala.

Efímera

La efímera vive sólo para aparearse y, a pesar de la aparente fragilidad de semejante sistema, se han encontrado conservadas en forma de fósiles en rocas de la era paleozoica, hace 350 millones de años, ¡antes incluso de los dinosaurios!

Libélulas y caballitos del diablo (Odonata)

Otro inofensivo y hermoso grupo de insectos. Tanto las **libélulas** como los **caballitos del diablo** pertenecen al orden Odonata, que significa «mandíbula dentada». Tienen la mandíbula inferior serrada, lo cual explica el nombre. Sin embargo, ni siquiera los más grandes desgarran la piel humana. Poseen cuatro alas, que les dan un aspecto maravillosamente extraño, aunque son sus vivaces colores los que llaman la atención en verano. Además, comen jejenes y mosquitos, y por eso su presencia en los jardines se agradece.

Como en el caso de las efímeras, la fase de larva se desarrolla bajo el agua, y luego trepan por un junco o una planta acuática hasta que llegan al aire. La piel se endurece, se rompe y la libélula lucha para desprenderse de su vieja carcasa, y vuelve a nacer. Los caballitos del diablo son un suborden (Zygoptera) con cuatro alas de tamaño similar. Al compararlos, las libélulas (Anisoptera) tienen las alas traseras más cortas y anchas que las delanteras. Se conocen más de cinco mil especies de libélulas, de las que aproximadamente un centenar está presente en Europa. En la península ibérica habitan 75 especies de libélulas.

Los caballitos del diablo poseen una excelente visión y grandes habilidades para volar, que necesitan para sobrevivir a los rápidos ataques

Caballito del diablo

Libélula

de los pájaros y a los más lentos de las ranas cuando se posan sobre el agua para poner los huevos o para beber.

Son insectos de verano y no sobreviven cuando hace frío. La humedad también les afecta, pues ni las libélulas ni sus presas vuelan bajo la lluvia.

INSECTOS ACUÁTICOS

Zapatero de agua

El **zapatero de agua** (*Gerris lacustris*) utiliza la tensión superficial del agua para remar sin mojarse. Su peso casi imperceptible se sostiene sobre unas largas patas, como se observa en la imagen. Las patas delanteras reman a una asombrosa velocidad para su tamaño.

El **nadador de espalda** (*Notonecta glauca*) se desliza de espalda a buena velocidad para ser un insecto tan pequeño. A diferencia del zapatero de agua, es carnívoro. Ninguno de los dos es peligroso para nosotros; sólo son miembros extraños y fascinantes del mundo de los insectos.

Nadador de espalda

MARIPOSAS Y POLILLAS
(LEPIDOPTERA)

Lobito agreste

Mariposa de la reina

Pavo real

Blanquilla de la col

En el campo se pueden ver cientos de especies. Las polillas vuelan de día y de noche, y las mariposas sólo de día. Otra diferencia es que las mariposas suelen mantener erectas las alas en reposo y tienen pocos brotes o clavas en los extremos de las antenas. Aunque la mayoría de las polillas son marrones o negras, algunas llegan a tener colores tan vivos como las mariposas.

Se citan a continuación algunas de las que se encuentran con más frecuencia en campos y jardines.

Lobito agreste (*Pyronia tithonus*).

La **mariposa de la reina** (*Vanessa atalanta*) es una de las más conocidas, aunque se confunde a menudo con la vanesa del cardo, muy similar. La mariposa de la reina es una atractiva voladora que se deja ver donde hay ortigas, fruta o lúpulo. El nombre latino deriva de Atalanta, una joven griega que puso como condición para casarse que un hombre la derrotase en una carrera pedestre. Un pretendiente la alcanzó, y también los niños de hoy capturan mariposas de la reina.

La mariposa **pavo real** (*Inachis io*) recibe el nombre de los ojos que tiene en las alas. Como la mariposa de la reina, come y pone los huevos en las irritantes ortigas. Aparecen en primavera y verano.

La **blanquilla de la col** (*Pieris rapae*) fastidia mucho a los jardineros, como indica su nombre. No obstante, es una de las mariposas más abundantes.

La **duende oscuro** (*Cupido minimus*) es una mariposa pequeña, del tamaño de la punta de un dedo. Se encuentra en los pá-
ramos y en los pastizales y de sus huevos surge una minúscula
oruga marrón con delicados pelillos castaños y una brillante cabeza negra.

Duende oscuro

POLILLAS

Las polillas se ven con frecuencia cuando se abre una ventana
por la noche. Existe una variedad inmensa. De hecho, entre
130.000 especies de lepidópteros que hay en el mundo, las polillas suman 110.000. Como es sabido, la luz confunde sus sentidos
y a veces pasan muchas horas desdichadas chocando contra las
bombillas. En generaciones anteriores la luz procedía de una llama, la polilla acudía a ella atraída y se quemaba. La metáfora
salta a la vista si se piensa en cualquier otra cosa atraída a su
destrucción.

Como las mariposas, pasan una etapa de orugas y surgen
adultas de la crisálida. Algunas son de alegres colores y vuelan
de día; sólo la falta de antenas en forma de clava indica que estamos ante una polilla y no ante una mariposa.

La **zigena azul** o común (*Zygaena filipendulae*) habita las
praderas floridas donde liba en diversas flores.

Por último, una de las polillas más útiles del mundo es la
Bombyx mori. La polilla es prácticamente desconocida, pero las
larvas de la oruga son gusanos de seda y producen toda la seda
natural del mundo, que sale de sus capullos. Durante cinco mil
años se han criado en China.

Zigena azul

ESCARABAJOS (COLEOPTERA)

Los escarabajos son insectos con un caparazón duro que protege
las alas. Muchos son carroñeros y desempeñan un papel fundamental en la extinción de pájaros y animales muertos. Hay en
torno a 350.000 especies diferentes en todo el mundo.

El **escarabajo pelotero** (*Geotrupes stercorarius*) que puede
verse aquí entierra estiércol de vaca para utilizarlo como recurso alimenticio. Es benigno y bastante común. Sin embargo,
hay otras especies claramente destructivas, como el **escarabajo
del reloj de la muerte** marrón (*Xestobium rufovillosum*), que
practica agujeros en la madera, llegando a destruir vigas viejas
y edificios.

Escarabajo pelotero

INSECTOS Y ARAÑAS

Las **luciérnagas** (*Lampyris noctiluca*) no son gusanos, sino escarabajos. No se encuentran con facilidad. Los machos vuelan, pero su luz es muy tenue. Las hembras carecen de alas; sin embargo, proyectan una luz amarillo verdosa muy intensa que se ve en los setos del campo en los atardeceres de mayo. Un detalle espeluznante es que las larvas de la luciérnaga se incuban dentro de la concha del caracol, alimentándose del indefenso animalillo que allí habita.

Luciérnagas

Las **mariquitas** (*Coccinelidae*) son escarabajos muy conocidos que abundan en los prados herbáceos. Comen pulgones y resultan beneficiosas para los jardines. Cuando se les molesta, expelen un desagradable fluido a modo de defensa, como las culebras de collar. (Si capturáis una culebra de collar, preparaos para una ración de la sustancia más asquerosa que os podáis imaginar. Uno de los autores lo hizo sin saberlo, y el olor persistió durante días a pesar de lavarse las manos continuamente con un poderoso detergente).

Mariquitas

El **ciervo volante** (*Lucanus cervus*) no es raro, aunque nosotros sólo hemos visto uno. Lo metimos en una caja de cerillas, pero escapó. Como en el caso de las tijeretas, las pinzas son totalmente inofensivas. Los machos no pueden estar con otros machos, porque luchan y se hacen daño o se matan. A las parejas hay que separarlas después de que se apareen, de lo contrario se arrancan las patas a mordiscos. ¡No resulta fácil la vida de los ciervos volantes! Se pueden criar en cautividad, pero las crisálidas son muy delicadas y no deben tocarse.

Ciervo volante

Abejas y avispas

Las abejas son insectos fascinantes y no pican a menos que las atemoricen. Si os sentáis encima de una, os picará, pero en ese caso, ¿qué culpa tiene ella? Por lo demás, son inofensivas y producen la riquísima miel. El **abejorro de tierra** (*Bombus terrestris,* llamado también abejorro común) revolotea en verano buscando néctar, aunque es más raro que la **abeja melífera** o **abeja de la miel** (*Apis mellifera*). Su vida llenaría un capítulo, pero los tipos principales son las obreras, los zánganos y las reinas. Los zánganos viven sólo durante una estación, mientras que las reinas sobreviven tres o cuatro años.

Abejorro común

A nadie le gustan las avispas. La **avispa común** (*Vespula vulgaris*) presenta variedades de obreras no reproductoras, machos y reinas, que son más grandes que las demás. Responden agresivamente a los ataques y pican a la menor provocación. Si se meten debajo de la ropa, pican varias veces.

El **avispón** (*Vespa crabro*) es mucho más grande que la variedad

Avispa común

común y tiene bandas marrones en lugar de negras. Por suerte, hay pocos.

La dolorosa sustancia química inyectada por la picadura de una abeja o una avispa se denomina «melitina». La picadura de la abeja destruye su aguijón en el proceso, produciéndole daños irreversibles. Desgraciadamente, a las avispas no les ocurre lo mismo, muy al contrario, siguen volando tan contentas después de picar.

Avispón

HORMIGAS (FORMICIDAE)

Existen muchas especies diferentes de hormigas, aunque la mayoría son inofensivas. Las hormigas negras o amarillas de cualquier tamaño, con alas o sin ellas, no hacen daño a los seres humanos. Las **hormigas del bosque negras** (*Formica rufa*) despiden un desagradable chorro de ácido fórmico que huele como el vinagre. Cualquiera que se haya sentado sobre un hormiguero de hormigas rojas sabe lo dolorosas que son sus picaduras. Las **hormigas rojas** (*Myrmica ruginodis*) son agresivas y desgraciadamente les gustan los jardines tanto como a sus primas negras, las hormigas de jardín (*Lasius níger*).

Hormigas

MOSCAS Y MOSQUITOS

Moscardón

Mosca de las flores

Tábano

Los **moscardones** (*Calliphora vomitoria*) y las **moscas verdes** (*Lucilia caesar*) ponen huevos que incuban en gusanos. Se utilizan para pescar, pero propagan la suciedad y las enfermedades y no debe permitírseles que se acerquen a la comida. Les atrae la carne podrida, los desperdicios domésticos y cualquier tipo de excrementos. No se puede decir nada simpático de ellos.

Las **moscas de las flores** (*Syrphidae*) parecen pequeñas avispas, pero se reconocen por sus rápidos movimientos y son inofensivas. Los **tábanos** (*Tabanidae*) representan una grave amenaza, como tuvo ocasión de comprobar uno de los autores en una montaña escocesa. Su picadura produce un orificio sangrante. Los autores hemos sido objeto de la atención de los **moscos bobos** (*Ceratopogonidae*) en Escocia. Provocan irritantes marcas rojas en la piel y se concentran en gran número sobre el agua.

El **mosquito común** (*Culex pipiens*) se parece mucho al peligroso **mosquito anofeles** (*Anopheles maculipennis*). Pertenecen a la misma familia y las hembras de ambas especies atacan a los seres

humanos si tienen ocasión, produciendo un característico zumbido cuando queremos dormir. En países como Italia y Francia son una grave molestia y hay que rociar con insecticida zonas enteras. La malaria provocada por el mosquito anofeles sigue causando estragos en muchas partes de África.

Mosco bobo

Mosquito

COCHINILLAS

El **bicho bolita** (*Armadillidum vulgaris*) se envuelve sobre sí mismo formando una bolita, de ahí su nombre. Son criaturas simpáticas e inofensivas, menos corrientes que las **cochinillas de la humedad**, azul grisáceas (*Porcellio scaber*), que se encuentran donde hay madera podrida o humedades.

ARAÑAS (ARACHNAE)

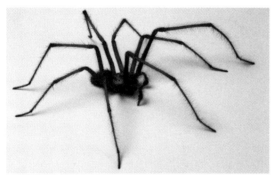

Araña doméstica

Araña de jardín

Las arañas no son insectos. Tienen ocho patas en vez de seis, el cuerpo dividido sólo en dos secciones y ocho ojos simples en lugar de dos compuestos. En Europa, a diferencia de otros continentes, hay muchas variedades de arañas que en su mayor parte no revisten peligrosidad para los seres humanos. Sin embargo, la picadura de algunas especies es tóxica y, en otros casos, puede resultar dolorosa o molesta aunque no revista peligro alguno.

La **araña doméstica** común (*Tegenaria atrica*) resulta completamente inofensiva, aunque alcanza tamaños considerables y se desplaza a gran velocidad cuando percibe el peligro.

Otra criatura que se ve con frecuencia en los cobertizos de madera es la **araña de jardín** (*Arachneus diadematus*). También alcanza un buen tamaño alimentándose de moscas y de arañas más pequeñas. Fabrica telarañas en forma de embudo y se las puede atraer con una hoja o un lápiz.

Hay otras muchas especies de arañas y miles de insectos con vidas y costumbres diferentes e interesantes. Cuanto más sepáis de insectos, más entenderéis lo complicado que es su mundo.

JUEGOS MALABARES

Se llama así a la habilidad de lanzar objetos al aire y recuperarlos. En primer lugar, necesitáis tres pelotas redondas, del tamaño de pelotas de tenis. Podéis hacer unas estupendas metiendo dos puñados de arroz o de harina dentro de un globo. Si utilizáis fruta, se deteriorará, así que preparaos para comerla abollada. De forma alternativa, las pelotas para hacer malabarismos se pueden comprar en cualquier juguetería. Parece algo difícil pero, como término medio, se tarda una hora en aprender, o dos como mucho.

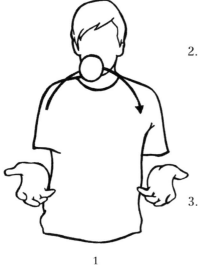

1

1. Coged una pelota con la mano derecha y lanzadla con suavidad a la izquierda. Luego, lanzadla otra vez a la derecha. Repetidlo hasta que os salga bien.

2. ¡Vamos a añadir otra pelota! Coged una pelota con la mano derecha y otra con la izquierda. Cuando lancéis la pelota de la mano derecha a la izquierda, soltad la que tenéis en ella para coger la pelota que habéis lanzado. Lo difícil es soltar la pelota de la mano izquierda y recuperarla con la mano derecha. Necesitáis cierta práctica, a menos que lo consigáis a la primera. Procurad que las dos pelotas formen un arco entre mano y mano, así tendréis más tiempo para soltarlas y cogerlas.

3. ¡Pelota tres! Sostened dos pelotas con la mano derecha y la tercera en la izquierda. Lanzad la primera pelota de derecha a izquierda y, cuando la cojáis con la mano izquierda, soltad la segunda pelota y lanzadla a la derecha (es el paso 2, sostener la tercera pelota).

2

3

Lo difícil es soltar la tercera pelota mientras cogéis la segunda con la mano derecha, y lanzar la tercera a la mano izquierda. Tenéis que repetir los lanzamientos de una a otra mano y practicar mucho.

Y ahora un enrevesado truco. Empezad por la posición inicial (dos pelotas en la mano derecha, una en la izquierda), poned la mano derecha detrás de la espalda y lanzad las dos pelotas por encima del hombro. Cuando aparezcan por delante, lanzad la pelota de la mano izquierda como siempre y coged las otras dos, una con la mano derecha y otra con la izquierda. Sí, es tan difícil como parece. Lanzad la pelota de la mano derecha a la izquierda rápidamente y coged la que está en el aire. Ya estáis metidos en el ajo. Se trata de un buen inicio en los malabarismos con tres pelotas, pero es muy difícil, así que buena suerte.

PREGUNTAS ACERCA DEL MUNDO – PARTE II

1. ¿Cómo se mide la circunferencia de la Tierra?
2. ¿Por qué el día tiene veinticuatro horas?
3. ¿A qué distancia están las estrellas?
4. ¿Por qué el cielo es azul?
5. ¿Por qué no podemos ver la otra cara de la Luna?
6. ¿Cuál es el origen de las mareas?

1. ¿Cómo se mide la circunferencia de la Tierra?

La sencilla respuesta es que utilizamos Polaris, la estrella polar. Imaginad a alguien que esté en el ecuador. Desde su punto de vista la estrella polar estará en el horizonte, como se ve en el diagrama. Si la misma persona se encuentra en el Polo Norte, Polaris estará prácticamente sobre ella. Resulta evidente, entonces, que al ir hacia el norte, Polaris asciende en el firmamento. Un sextante confirma el ángulo cambiante.

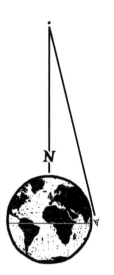

El ángulo en el que se eleva la Estrella Polar es igual al cambio de la latitud del observador. Si Polaris se eleva diez grados, os habéis desplazado diez grados de latitud.

Lo único que tiene que hacer el observador es calcular cuánto se ha desplazado cuando Polaris se ha elevado un grado. Multiplicad la distancia por 360 y obtendréis la circunferencia de la Tierra. Fácil.

La circunferencia real es de 40.074 km en el ecuador y 40.006 km en los polos o, en cifras aproximadas, unos 40.000 km, un poco más en el ecuador. Como podéis ver, no se trata de un globo perfecto. El término correcto es «geoide», que significa «con la forma de la Tierra».

2. ¿POR QUÉ EL DÍA TIENE VEINTICUATRO HORAS?

En realidad, porque lo decimos nosotros. El mundo moderno utiliza el sistema romano de medir el tiempo de medianoche a medianoche, diferente al sistema griego de medirlo desde la puesta de sol. Los romanos dividían el día en 12 horas, lo cual provocaba problemas porque las horas eran más largas en verano que en invierno. Cuando se perfeccionó el sistema, se duplicó el número de horas. Nuestra forma de medir el tiempo se basa fundamentalmente en el número 12 y en fracciones y múltiplos del mismo, por eso tenemos 60 minutos y 60 segundos. Los arquitectos de la Revolución Francesa deseaban introducir no sólo el sistema decimal y los metros en el mundo, sino también la semana de 10 días, la hora de 100 minutos y el minuto de 100 segundos. No hace falta decir que no todo el mundo compartía sus deseos.

3. ¿A QUÉ DISTANCIA ESTÁN LAS ESTRELLAS?

La luz viaja a 300.000 kilómetros por segundo. En un año recorre casi 9.000 millones de kilómetros. (El billón estadounidense, o mil millones, se está imponiendo en la terminología. El billón inglés equivale a un millón de millones. En realidad, se trata de un número tan elevado que no aparece a menudo. Por ejemplo, según los criterios ingleses, no hay billonarios. Un «trillón» en Estados Unidos son mil billones. Os habréis fijado en que es igual al viejo billón inglés, pero no compliquemos más las cosas.)

Utilizando la definición estadounidense, un año luz equivale a diez trillones de kilómetros. Una larga distancia se mire como se mire.

La estrella más cercana a nosotros es Próxima Centauri, a unos cuatro años luz de distancia, o sea, aún más lejos. Dicho de otra manera, la luz tarda cuatro años en llegar a Próxima Centauri. La estrella podría desaparecer hoy y nosotros tardaríamos más de cuatro años en enterarnos.

Las estrellas más lejanas que vemos se encuentran a más de mil años luz de distancia.

4. ¿Por qué el cielo es azul?

Para entenderlo, es importante tener en cuenta que el color no existe como algo aislado en el mundo. Lo que llamamos pintura azul sólo es pintura que refleja la luz en determinadas longitudes de onda que hemos aprendido a denominar «azul». Los ojos de la gente que no distingue los colores funcionan perfectamente, pero se diferencian de los otros ojos en eso, en la forma de registrar las longitudes de onda de la luz. Dedicad un momento a pensarlo. El color no existe, únicamente la luz reflejada. Bajo una luz roja, la pintura azul parecerá negra si no hay una luz azul que la refleje. Bajo una luz azul, la pintura roja se verá negra.

El cielo es azul porque la luz azul se propaga en una longitud de onda corta y embiste átomos de oxígeno de un tamaño similar. Cuando alzamos la vista y vemos el cielo azul, estamos contemplando esa interacción.

Al atardecer vemos más rojo porque la luz del Sol pasa a muchos más kilómetros de la atmósfera en ese ángulo próximo al horizonte. La luz azul interactúa con el oxígeno y se propaga como hemos observado, pero no puede llegar hasta los ojos a causa de la distancia mayor. Y así, vemos el otro extremo del espectro, la luz roja.

5. ¿Por qué no podemos ver la otra cara de la Luna?

Hasta el siglo xx la humanidad no supo qué acechaba en la cara oculta de la Luna debido a que los observadores veían siempre la misma cara a lo largo del ciclo lunar.

La Luna tarda veintinueve días y medio en dar la vuelta a la Tierra. Gira sobre su propio eje, dando una vuelta completa en… veintinueve días y medio. Como es lo mismo en ambos casos, siempre muestra la misma cara.

La mejor forma de demostrarlo es con una pelota de tenis y otra de fútbol. Marcad un lado de la pelota de tenis y colocad la de fútbol donde no ruede o donde haya algo que la sostenga. Moved la pelota de tenis en torno a vuestra Tierra, manteniendo el mismo lado siempre hacia dentro. Cuando hayáis dado toda la vuelta, la pelota de tenis habrá girado una vuelta completa sobre su propio eje.

6. ¿Cuál es el origen de las mareas?

Si nos atenemos a la última pregunta, la respuesta es la gravedad, tanto de la Luna como del Sol. La presencia de la Luna en el cielo desplaza los océanos. Estos dos diagramas se han exagerado a propósito para mostrar el efecto. ¡No son a escala!

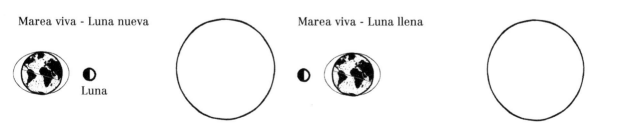

Marea viva - Luna nueva

Luna

Marea viva - Luna llena

Los mares se mueven con más facilidad que la Luna, aunque todo el planeta se ve afectado. Lo que sucede en la práctica es que el propio giro de la Tierra produce dos mareas altas y dos mareas bajas al día. La otra cara de la Tierra tarda doce horas en exponerse a la gravedad de la Luna, algo parecido a estrujar un globo por la mitad dos veces en veinticuatro horas. Los dos extremos se hinchan y originan mareas altas, y luego deshinchan y crean las mareas bajas.

El diagrama de la página anterior corresponde a una marea «viva», que se produce dos veces al mes, con Luna nueva y Luna llena. El adjetivo no tiene nada que ver. Cuando la Luna está en línea con el Sol y la Tierra, la marea es especialmente fuerte. Las mareas más débiles se denominan mareas «muertas» y se producen con la Luna en cuarto menguante, como se ve en este diagrama. El efecto de la Luna queda amortiguado porque no se halla en línea con el Sol.

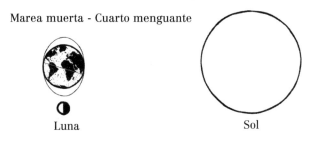

Marea muerta - Cuarto menguante

Luna

Sol

ASTRONOMÍA: EL ESTUDIO DEL CIELO

LA ASTRONOMÍA NO ES LA ASTROLOGÍA. La astrología nos parece una tontería. La idea de que el tránsito de los planetas pueda afectar a nuestras vidas ni siquiera resulta creíble. Venus recibió el nombre de una diosa del amor, pero su movimiento no guarda relación con nuestros posibles amoríos. Al fin y al cabo, el planeta podía haber sido bautizado con cualquier otro nombre. Lo primero (y lo último) a la hora de observar las estrellas es comprender que se trata de ciencia y no de superstición. Aunque las historias de antiguos héroes como Orión resultan fascinantes. Saber que Orión captura a Tauro es una regla mnemónica, una ayuda para memorizar.

Existen 88 constelaciones que se pueden ver en el cielo nocturno en diferentes épocas del año, y todas las estrellas visibles tienen nombre, o al menos número. Al igual que la Tierra rota, también su posición cambia y se puede seguir a través de las estaciones (véase un mapa de estrellas).

Este capítulo es una introducción a la observación de las estrellas. La mayoría vivimos y trabajamos en entornos ruidosos y artificiales. La contaminación lumínica de las ciudades oculta las maravillas del cielo nocturno, pero los curiosos siempre encuentran la forma de descubrirlas. La astronomía a simple vista es fácil y divertida a solas o con amigos. En este capítulo conoceréis las maravillas del universo.

> *Espías del amante recatado,*
> *fuentes de luz para animar el suelo,*
> *flores lucientes del jardín del cielo.*

Francisco de Quevedo

Desde la aurora de los tiempos, la humanidad ha agrupado las estrellas en constelaciones, llenando el cielo de héroes, dioses y criaturas fantásticas. Encontramos en lo alto mitos e historias de civilizaciones perdidas que nos ayudan a comprender las leyendas que caracterizan nuestra propia época.

Una de las constelaciones más fácilmente reconocibles, y una estupenda manera de que empecéis a encontrar vuestro camino en los cielos es Ursa Major, la Osa Mayor.

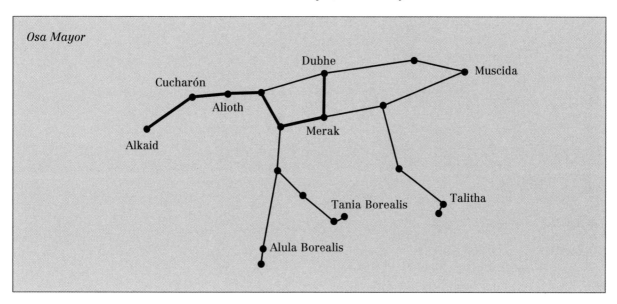

Esta constelación toma el nombre de la leyenda griega de Calisto, una ninfa a la que Zeus transformó en osa. Muchas tribus nativas americanas también han visto esta constelación como un oso. ¡Tal vez los antiguos griegos llegaron más lejos de lo que creemos! Es muy célebre el grupo de siete estrellas llamado **Cucharón** o **Arado**. En las leyendas cheroqui el asa del cucharón es un grupo de cazadores que persiguen al oso, visible en el cielo en primavera hasta que se retira en los atardeceres de otoño. Cada día persiguen al oso más al oeste. Chicos, necesitáis una brújula.

Este peculiar sistema estelar fue observado por Shakespeare y Tennyson. En la mitología hindú, el Cucharón se considera el hogar de los siete grandes sabios. Para los chinos representaba el dominio de la realidad celestial, y para los egipcios el muslo de un toro. Los europeos vieron en él un carro, y los anglosajones lo asociaron con las leyendas del rey Arturo.

En época antigua el norte se podía localizar por medio de la estrella **Alkaid**, en el Cucharón. Hoy el norte se encuentra en la **Osa Menor**, una constelación próxima a la Osa Mayor. Según las leyendas griegas, esta constelación tomó su nombre de Árcade, hijo de Calisto, que también se transformó en oso y se dedicó a seguir a su madre eternamente alrededor del polo norte celeste.

Localizar el norte, y con él los otros puntos de la brújula, es tan importante como saber dónde vivís. Se trata de uno de los primeros pasos para entender dónde os encontráis. La estrella clave se llama **Polaris** (véase a continuación), o Estrella Polar en el hemisferio norte.

Desde el Cucharón trazad mentalmente una línea a través de las estrellas Dubhe y Merak, ascended su longitud multiplicada por cinco y encontraréis a Polaris. Ante Polaris estáis ante el norte. Si hay contaminación lumínica, a veces es la única estrella visible de Osa Menor.

Si estáis en el hemisferio sur, localizar el sur es igual de importante y casi tan fácil. Primero, identificad la **Cruz del sur** (véase abajo a la derecha) y mentalmente extended una línea descendente desde el

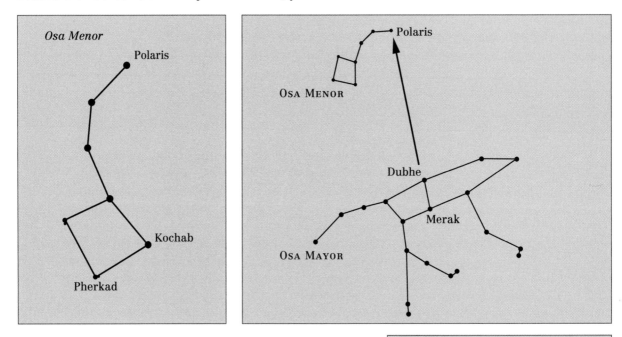

brazo más largo. A la izquierda hay dos estrellas, Rigel Kentaurus y Hadar, a las que llaman los punteros. Extended una línea entre ellas hasta que cruce con la primera línea. Este punto se encuentra directamente encima del sur.

Una noche clara de invierno en el hemisferio norte, si miráis al sur, aparte de la estrella polar, la constelación de **Orión** es la atracción principal. Se caracteriza por su cinturón de tres estrellas con la estrella roja Betelgeuse encima y Rigel debajo.

En la mitología griega Orión era un gran cazador. Ártemis, la diosa de la Luna y de la caza, se enamoró de él y abandonó su deber de iluminar el cielo nocturno. Para castigarla, su hermano Apolo la engañó para que matase a Orión con una flecha. Cuando Ártemis se dio cuenta de lo que había hecho, puso el cuerpo de Orión en el cielo con sus dos perros de guerra, Can Mayor y Can Menor. Según los antiguos astrónomos griegos, el dolor de Ártemis explica el aspecto triste y frío de la Luna.

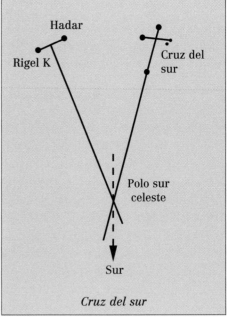

Cruz del sur

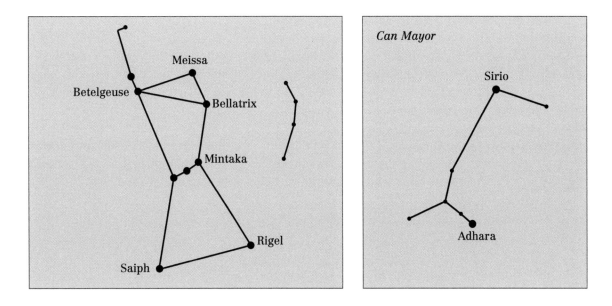

La estrella más brillante del firmamento es Can Mayor, **Sirio,** la **Estrella perro**. Sirio aparece por el este a finales del verano, muy cerca de Orión, cazando con él durante el invierno.

Encima y a la derecha de Orión y sus perros se encuentra su presa, **Tauro,** el toro. Su ojo rojo mira hacia atrás con ansiedad la estrella Aldebarán. Desde los tiempos de los antiguos babilonios, hace 5.000 años, esta constelación se ha identificado con un toro. Los toros se adoraron desde la antigüedad como símbolos de fuerza y fertilidad. Los griegos vieron en la constelación a Zeus disfrazado de toro. Adoptando esa forma sedujo a la princesa Europa y se refugió en Creta con ella a lomos. En la constelación sólo se ven los cuartos delanteros, como si apareciese entre las olas.

En el hombro de Tauro se encuentra el grupo de estrellas más famoso del firmamento, las **Pléyades,** a las que también se denomina las **Siete hermanas**.

La leyenda explica que Orión perseguía a las hermanas, y éstas pidieron a Zeus que las protegiese. Zeus las convirtió en palomas y las puso en el cielo. En un cuento de los nativos americanos, las Pléyades eran siete muchachas que paseaban por el cielo, se perdieron y nunca regresaron a su hogar. Permanecen en el cielo, acurrucadas para darse calor. La séptima hermana apenas se ve porque quiere volver a casa y con

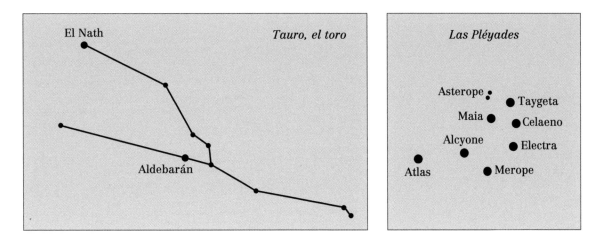

las lágrimas empaña su brillo. En una noche clara podréis ver a seis de las hermanas. El grupo completo de estrellas tiene en realidad más de quinientas, pero sólo se pueden ver nueve sin telescopio.

Al otro lado de Polaris, mirando desde el Cucharón, está la impresionante figura en forma de W de **Casiopea.** (Atención, no la confundáis con la Cucharita.) Es la constelación más destacada del firmamento invernal, visible durante todo el año en el hemisferio norte. Si el Cucharón está bajo, la W de Casiopea asciende en el cielo. No resulta tan fiable para localizar el norte, pero apunta en dirección a la Estrella Polar.

En la mitología griega Casiopea era la reina de Etiopía. Los romanos creían que estaba encadenada a su trono y colocada boca abajo en el cielo por presumir de que su hija, Andrómeda, era más hermosa que Afrodita. Las culturas árabes representaban la constelación como un camello arrodillado.

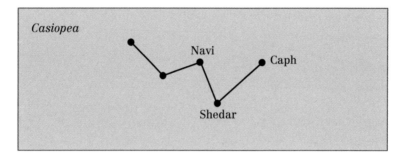

Encontrar el camino en el cielo nocturno es todo un reto para el principiante. En este capítulo hemos descrito algunas de las estrellas y constelaciones más brillantes, sobre las que podéis seguir investigando. Hay revistas de astronomía muy buenas que os ayudarán a descubrir el cielo. Las historias en torno al firmamento son maravillosas, originales y tan fáciles de leer como un mapa de carreteras, ¡con un poquitín de esfuerzo!

Recordad que todas las estrellas parpadean: la luz oscila y titila mientras las miráis. Los planetas no lo hacen. Si entrecerráis los ojos, veréis el disco de Júpiter sin necesidad de prismáticos.

CÓMO SE HACEN UN SOMBRERO DE PAPEL, UN BARCO Y UNA BOMBA DE AGUA

Se trata de cosas muy sencillas, pero todos los niños deberían saber hacerlas. Al fin y al cabo, con un poco de suerte, a lo mejor un día tenéis hijos y ver un barquito de papel cabeceando en el agua es una delicia.

El sombrero

Primero el sombrero. El barco sólo necesita algunos pliegues más.

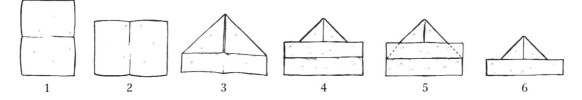

1. Doblad un folio por la mitad, como se ve en la imagen.
2. Marcad una línea en el medio del folio doblado y abridlo otra vez.
3. Plegad las esquinas hasta la línea central.
4. Doblad un pliegue hacia arriba.
5. Plegad las esquinas sobre las líneas de puntos.
6. Doblad el otro pliegue y tenéis un sombrero de papel. Abridlo. Os vale el papel de periódico, pero los folios de impresora se pueden pintar y colorear. En teoría, no necesitáis plegar las esquinas si os quedáis con el sombrero... pero vamos a seguir y convertirlo en un barquito.

El barco

Convertir lo anterior en un barco de papel sólo es un poquito más complicado.

1. Poned el sombrero del revés, uniendo los dos extremos.
2. Adoptará la forma de un diamante, como el del dibujo de la página siguiente.
3. A continuación, doblad cada lado del diamante sobre sí mismo a lo largo de la línea de puntos, como se ve en la imagen.
4. Ahora tenéis un triángulo.
5. Abridlo y plegad las esquinas opuestas.
6. Esta parte del final es un poco más delicada. Coged las dos esquinas sueltas y separadlas con suavidad.
7. Ya tenéis el barco. A veces cuesta un poco conseguir la forma correcta, pero al abrir el fondo ligeramente, flota.

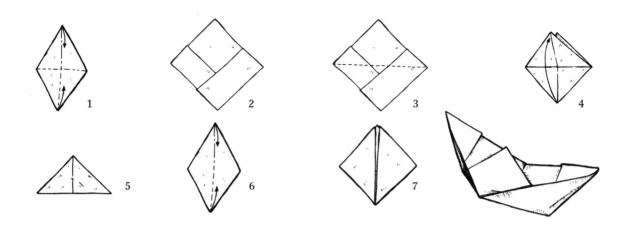

LA BOMBA DE AGUA

Por último, como estamos doblando papel, vamos a hacer algo que todos los chicos deberían saber hacer: la bomba de agua.

Convertid un folio en un cuadrado doblando una esquina en el borde y rasgándola. Cuando tengáis un cuadrado perfecto, dobladlo por la mitad tanto diagonal como horizontalmente. Concentraos porque resulta complicado hacerlo bien.

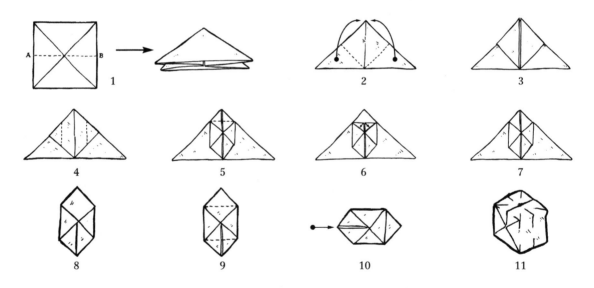

1. Juntad A y B, aplanándolo todo como se ve en el dibujo.
2. Doblad hacia arriba por la derecha y por la izquierda.
3. Debe tener este aspecto.
4. Doblad por las líneas.
5. Ahora debe verse así.
6. Doblad los dos pequeños triángulos sobre las líneas de abajo. Poned los triángulos en los dos bolsillos a derecha e izquierda. Esto es un poco difícil.

7. Debe quedaros así.

Dad la vuelta al triángulo y repetid los pasos 2, 3, 4, 5, 6 y 7.

8. Ahora os quedará así.
9. Doblad y desdoblad por las líneas de puntos para abordar la parte final.
10. Coged el cubo doblado en la mano y soplad por el agujero superior para abrirlo. Se alegra uno muchísimo cuando lo consigue.
11. El cubo está listo.

Llenadlo de agua, subid a un lugar elevado y soltadlo.

CUESTIÓN DE INTERÉS: Ningún pedazo de papel se puede doblar por la mitad más de siete veces. Intentadlo.

NOCIONES GRAMATICALES – PARTE II

LA GRAMÁTICA SE COMPLICA a medida que observas despacio las oraciones. Sin embargo, existen cuatro *clases* de oraciones simples.

LAS CUATRO CLASES DE ORACIONES

1. **Exhortativa** (órdenes) – *¡Sal de mi casa!*
2. **Interrogativa** (preguntas) – *¿Te has llevado mis llaves?*
3. **Exclamativa** (exclamaciones) – *¡Cómo llueve!*
4. **Declarativa** (afirmaciones o negaciones) – *Tú no eres mi amigo.*

Ya conocemos las nueve clases de palabras. Las palabras, como las personas, desempeñan funciones dentro de la oración. Como ves en los anteriores ejemplos, una oración simple puede ser sumamente sencilla. Para que haya oración se requiere un verbo, que por lo general tiene un sujeto. Para saber cuál es el sujeto hay que aprender a reconocerlo.

SUJETO

El **sujeto** de una oración es la persona o cosa que efectúa la acción o experimenta el estado del verbo. Por ejemplo, en *El hombre le dio una patada al perro,* el sujeto es *el hombre*; en *Estamos en Valladolid*, el sujeto (elíptico) es *nosotros.* Observa que el sujeto siempre concuerda en número y persona con el verbo (de ese modo lo puedes identificar con más facilidad): *Jugamos al fútbol* (sujeto: *nosotros*; el verbo, *jugamos,* está en primera persona de plural); *¿Has estado en Nueva York?* (sujeto: *tú, has estado,* verbo en segunda persona de singular); *Los extraterrestres no se dejan ver mucho por aquí* (sujeto: *los extraterrestres; se dejan ver,* verbo en tercera persona de plural).

Existen oraciones sin sujeto, como por ejemplo *Hay nubarrones en el cielo.* Estas oraciones se denominan **impersonales.**

COMPLEMENTO DIRECTO

El **complemento directo** es aquello en lo que recae directamente la acción y se ve afectado por ella. Por ejemplo, en *El coche atropelló al gato, el gato* es el complemento directo de *atropelló* (¿qué es *el coche*?). En *Le compramos un juguetito al gato, un juguetito* es el complemento directo de comprar. ¿Y qué es *al gato*? Un complemento nuevo del que aún no hemos hablado, el indirecto (mira el apartado siguiente).

A veces el complemento directo es una oración: en *Dime con quién andas y te diré quién eres, con quién andas* es el complemento directo de *dime,* ¿y cuál es el complemento directo de *te diré*? (Exacto: *quién eres.*)

No todas las oraciones tienen complemento directo. Por ejemplo, en *El monitor está en la mesa* o *Le gustan las palomitas,* no hay complemento directo.

COMPLEMENTO INDIRECTO

Cuando a un verbo con su correspondiente **complemento directo** le añadimos una persona o cosa para la que se dirige la acción, esa persona o cosa es el **complemento indirecto.** Piensa en el ejemplo antes mencionado, *Le compramos un juguetito al gato. Un juguetito* es el complemento directo, *nosotros* es el sujeto elíptico y *al gato* es el complemento indirecto, aquella entidad a la que destinamos la acción. Este tipo de complemento indirecto aparece junto con un complemento directo.

Sin embargo, existe otra clase de complemento indirecto que no se da en presencia de un complemento directo. Observa lo que sucede en una oración como *Me encanta el tenis.* ¿Cuál es el sujeto de esta oración? Para averiguarlo, pensamos en la persona y el número del verbo *encanta* (encanto, encantas, **encanta**): es la tercera persona de singular. Entonces, el sujeto no puedo ser yo, pues en tal caso la oración sería: *Yo encanto el tenis.* ¿Qué tercera persona tenemos en esta oración? Pues *el tenis:* éste es el sujeto. De modo que tenemos un verbo en tercera persona de singular, *encanta,* un sujeto, *el tenis,* y un *me,* pronombre, que desempeña la función de **complemento indirecto**. Los verbos como *gustar, encantar, importar, molestar, interesar,* se construyen a menudo del mismo modo que en el ejemplo anterior: *me gusta, me encanta, me importa, me molesta, me interesa...* Si lo que me interesa (el sujeto) son las *películas de terror,* tendré que poner el verbo en plural: *Me interesan las películas de terror.*

COMPLEMENTO CIRCUNSTANCIAL

Además del complemento directo e indirecto, se pueden añadir otras informaciones sobre las circunstancias de lugar, tiempo, modo, frecuencia o de otro tipo que rodean la acción o el estado: en *Yolanda viajó muy a menudo a Madrid en 2005; muy a menudo, a Madrid* y *en 2005* son **complementos circunstanciales,** el primero de frecuencia, el segundo de lugar y el tercero de tiempo. En *Me gusta comer bien, bien* es complemento circunstancial de modo.

ATRIBUTO

El **atributo** es el complemento que expresa las cualidades del sujeto con verbos de estado como *ser, estar* o *parecer. Juan está cansado, El gato vive feliz. Cansado* y *feliz* son atributos.

FRASES, ORACIONES SIMPLES Y ORACIONES COMPUESTAS

Si una oración tiene un único verbo, se denomina **oración simple**. Muchos de los ejemplos citados en los anteriores apartados son oraciones simples, al igual que *He visto un cocodrilo, Salta de la cama* o *Me llamo Lucas.* Observa la primera oración: *He visto un cocodrilo.* El complemento directo, *un cocodrilo,* está formado por dos palabras que forman una unidad, porque conjuntamente desempeñan esa función de complemento directo. No son un único sustantivo, sino un artículo indefinido (*un*) seguido de un sustantivo (*cocodrilo*). Esos conjuntos de palabras que desempeñan una misma función en la oración, se denominan **frases** o **sintagmas**.

Existen **frases** o **sintagmas nominales** (*el hipopótamo*), **preposicionales** (*a las tres*), **adverbiales** (*muy despacio*), **adjetivas** (*extraordinariamente grande*). Cuando el verbo está formado por varios verbos que constituyen una unidad, se denomina **perífrasis**: *voy a saltar, estuve corriendo, debes estudiar*. No debe confundirse con los **tiempos compuestos**, como *he hecho* o *habríamos cantado*, de los que hablaremos más adelante.

Si la oración está formada por dos o más verbos, es una **oración compuesta**. He aquí algunos ejemplos: ***Era*** *un poco tarde para **ir** al cine, pero **me arreglé** rápido, **salí** de casa, **cogí** el autobús y **llegué** cuando ya **estaba empezando** la película*. En esta oración hay siete verbos, luego hay siete oraciones simples en una gran oración compuesta.

Existen muchos tipos de oración compuesta, pero básicamente se distinguen dos: por **coordinación** y por **subordinación**. En las oraciones compuestas por coordinación, cada una de las oraciones puede funcionar de manera independiente como oración simple (*Me arreglé y salí a la calle*). En las subordinadas, en cambio, una de las partes no puede ser independiente: *El libro que leía era muy divertido* (*que leía* no puede aparecer como oración simple autónoma si no va ligada a la oración principal de la que depende).

LAS CHICAS

————✱————

SEGURAMENTE YA os habéis dado cuenta de que las chicas son muy distintas a vosotros. Con esto, no nos referimos a las diferencias físicas, sino al hecho de que se muestran indiferentes a vuestro dominio de juegos en los que hay lagartos o a vuestra comprensión del código Morse. Algunas no serán tan indiferentes, cierto, pero en general, a las chicas no las vuelve locas utilizar orina a modo de tinta secreta, como hacen los chicos.

Hemos meditado mucho sobre los consejos que conviene dar. No se puede negar que los chicos pasan un montón de tiempo pensando en las chicas y soñando con ellas, así que hay que abordar el tema, aunque de la forma más delicada.

CONSEJOS SOBRE LAS CHICAS

1. Es importante escuchar. Los seres humanos tienden a centrarse en sí mismos y a hablar de sus cosas. Por otro lado, suele ocurrir cuando uno se pone nervioso. Un buen consejo es escuchar atentamente, a menos que a ella le hayan dado el mismo consejo, en cuyo caso podría reinar un incómodo silencio, como si fuerais dos búhos.

2. Tened cuidado con el humor. Los chicos se empeñan muchas veces en impresionar a las chicas contando una sarta de chistes, a cada cual peor. Un chiste, por favor, y luego un largo silencio mientras ella habla de sí misma...

✂

3. Cuando seáis mayores, las flores funcionan, a las mujeres les encantan. Sin embargo, entre los jóvenes, producen la horrible sensación de torpeza más que de romanticismo; y ella adivinará que las ha comprado vuestra madre.

✂

4. Felicitaciones de San Valentín. No pongáis vuestro nombre en ellas. El quid de todo el asunto está en la emoción que siente la chica mientras se pregunta quién la encuentra atractiva. Si dice «de Carlos», la magia se pierde. Un bonito detalle es enviarle una felicitación a alguien que creéis que no va a recibir ninguna. Si lo hacéis, resulta fundamental que no digáis: «Te la mandé porque creí que no ibas a recibir ninguna». Buscad tarjetas sencillas. Nada de rollos.

✂

5. Procurad no ser vulgares. Las ventosidades nerviosas no animan nada a las chicas, por poner un ejemplo.

✂

6. Practicad algún deporte. No importa cuál, siempre que sustituya esa cadavérica palidez de programador informático por un color sano. En serio, es más importante de lo que creéis.

✂

7. Si veis que una chica necesita ayuda –porque no puede con un objeto, por ejemplo–, no os burléis de ella. Acercaos y saludadla con una alegre sonrisa mientras, subrepticiamente, comprobáis el peso del objeto. Si podéis con él, adelante. Si no podéis, sentaos encima y entablad conversación.

✂

8. Por último, aseguraos de que estáis bien aseados, con las uñas limpias y el pelo lavado. Recordad que las chicas se ponen tan nerviosas ante vosotros como vosotros ante ellas, si es que podéis concebir tal cosa. Piensan y actúan de forma muy distinta a vosotros, pero sin ellas la vida sería un gran vestuario de futbolistas. Tratadlas con respeto.

✂

PAPEL JASPEADO

Sı alguna vez os habéis preguntado cómo se fabrica el papel jaspeado del interior de las cubiertas de los libros antiguos, aquí está la explicación. Se trata de un proceso sorprendentemente sencillo, pero cuyos resultados son muy llamativos. Cuando tengáis las tintas, existen muchísimas posibilidades, como elaborar papel de regalo o vuestras propias tarjetas de felicitación.

Se necesita:

- Tinta de vetear. Se encuentra en las tiendas de manualidades o en algunas papelerías grandes.
- Una bandeja de fondo plano, por ejemplo una de horno.
- Folios para estampar y periódicos preparados para poner las hojas mojadas.
- Un pincel pequeño, un palillo, una púa o una pluma para agitar la tinta.

La tinta de vetear es cara, pero necesitáis una cantidad minúscula para cada hoja, así que os durará años. Empezamos con tinta roja, azul y dorada.

Utilizamos folios normales de impresora, pero vale prácticamente cualquier papel en blanco. Podéis hacerlo en el cuarto de baño, aunque acordaos de limpiar todo si no queréis ver a vuestros padres hechos una furia a la mañana siguiente. Recordad también que el papel no debe ser satinado porque las tintas no pueden penetrar en él.

1. Llenad la bandeja de agua hasta una altura de 25 mm. No hace falta que seáis exactos.
2. Utilizando el pincel pequeño o un cuentagotas, echad el primer color sobre la superficie del agua. Se extenderá inmediatamente en círculos crecientes.
3. Motead el agua con círculos de vuestros colores y, a continuación, cuando os parezca bien, removed los colores con un palillo, una púa o una pluma. Para ello puede valer cualquier objeto que acabe en punta.
4. Cuando el dibujo esté listo, colocad la hoja de papel boca abajo y esperad sesenta segundos. Es un tiempo suficiente para el papel de impresora, aunque en ocasiones el tiempo puede variar, según el tipo de papel.

5. Coged el papel por un extremo y sacadlo del líquido. No hay forma de hacerlo mal por lo que sabemos; resulta muy fácil. Lavad el papel bajo el grifo para quitar el exceso de tinta. Colocad la hoja mojada sobre un periódico y dejadla secar.

Si tenéis acceso a una fotocopiadora o a una impresora de color, podéis hacer una copia con ciertas partes borradas. Los espacios se pueden utilizar en ese caso para detalles de invitaciones, para el título de un diario o de un cuento, tal vez un anticuado cuento victoriano de fantasmas con una anticuada cubierta de papel jaspeado. Una excelente combinación es la de verde oscuro, dorado y negro.

FORMACIONES DE NUBES

SORPRENDE LA CANTIDAD de veces que miráis al cielo a lo largo de vuestra vida y decís: «No recuerdo si esa nube es un cumulocirro o un estrato no-se-qué». Todo el mundo las aprende en el colegio y, sinceramente, después se olvidan. Leéis cosas sobre ellas, pero cuando realmente os interesan, ya no las recordáis. La solución es tener varios ejemplares del libro, para que siempre llevéis uno con vosotros.

SÓLO HAY TRES TIPOS BÁSICOS DE NUBES

La imagen corresponde a un **cirro**, una nube ligera y menuda que se ve a una altura de 4.500 metros y está compuesta por cristales de hielo. Se denomina también «cola de yegua».

El **cúmulo** es más común; son esas nubes algodonosas que se ven casi todos los días.

El tercero de los grandes tipos es el **estrato**, un oscuro y sólido manto de nubes bajas.

Todas las formaciones de nubes son combinaciones de estas tres formas básicas. Queda otra denominación, los **nimbos**, nubes de color gris oscuro que provocan lluvia. Existen cumulonimbos, grandes, lanudos y oscuros, que también provocan lluvia. Los cumulonimbos suelen anunciar tormentas. Los nimboestratos son una capa densa y oscura que cubre el cielo antes de los chaparrones.

Cirros

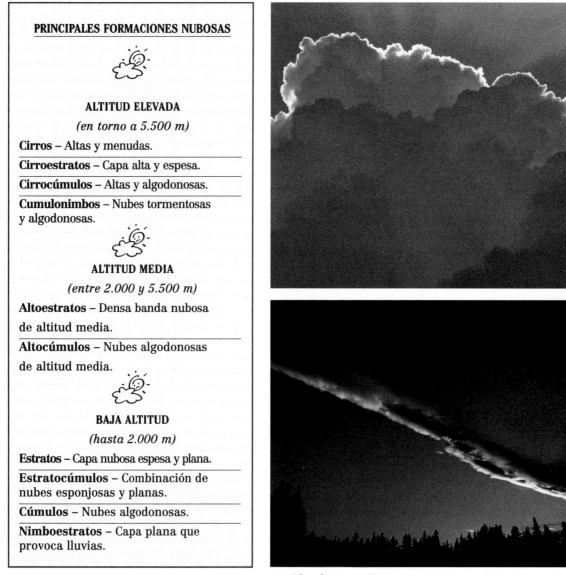

PRINCIPALES FORMACIONES NUBOSAS

ALTITUD ELEVADA
(en torno a 5.500 m)

Cirros – Altas y menudas.

Cirroestratos – Capa alta y espesa.

Cirrocúmulos – Altas y algodonosas.

Cumulonimbos – Nubes tormentosas y algodonosas.

ALTITUD MEDIA
(entre 2.000 y 5.500 m)

Altoestratos – Densa banda nubosa de altitud media.

Altocúmulos – Nubes algodonosas de altitud media.

BAJA ALTITUD
(hasta 2.000 m)

Estratos – Capa nubosa espesa y plana.

Estratocúmulos – Combinación de nubes esponjosas y planas.

Cúmulos – Nubes algodonosas.

Nimboestratos – Capa plana que provoca lluvias.

▲▲ *Cúmulos*   ▲ *Estratos*

Sabéis que se avecina una tormenta cuando veis formaciones nubosas de estratos y estratocúmulos cada vez más bajas. Si las nubes descienden rápidamente y se convierten en nimboestratos, es hora de buscar refugio porque la lluvia caerá en cualquier momento. Si por casualidad tenéis un barómetro, fijaos en el mercurio. Una caída repentina de la presión indica la proximidad de una tormenta.

Estos diez tipos se pueden subdividir, y encontramos nombres como cumulonimbo incus, una nube en forma de yunque que se conoce también como «voz de la tormenta». Sin embargo, a la mayoría nos basta con recordar los diez tipos principales.

BATALLAS FAMOSAS – PARTE II

1. Batalla de San Quintín

La Batalla de San Quintín (1557) es una de las más importantes de todo el periodo histórico del Imperio español bajo el reinado de los denominados Austrias mayores, es decir, Carlos I y su hijo Felipe II. Tal fue la importancia que le concedió el propio rey Felipe II a la victoria de aquel 10 de agosto –festividad de San Lorenzo–, que en 1562 el monarca español decidió dedicar precisamente a san Lorenzo el Monasterio del Escorial, la obra arquitectónica que representa el auge del Imperio español.

La batalla y el asedio español contra la fortaleza francesa de Saint-Quentin hay que enmarcarlos dentro del conflicto que sostuvieron España y Francia por la hegemonía de Europa. Pero a pesar de ser una guerra franco-española, fue el papa Paulo IV quien comenzó el conflicto en 1556 invadiendo el reino de Nápoles, entonces en poder de la monarquía española. El Papa, de origen napolitano, se alió con la Francia de Enrique II para arrebatarle a España el reino de Nápoles e incorporarlo a los dominios de los Estados Pontificios, que abarcaban prácticamente la totalidad de la actual Italia.

Paulo IV y su aliado francés iniciaron la invasión al poco tiempo de producirse la abdicación de Carlos I de España en favor de su hijo Felipe II. Nada más ceñirse la corona el nuevo rey, menos cómodo que su padre con los asuntos militares, tuvo que enfrentarse al primer envite de sus enemigos. Si por algún momento el papa de Roma y el rey de Francia pensaron que la inexperiencia de Felipe II jugaría a su favor se equivocaron totalmente, ya que la acción de Paulo IV desencadenó una guerra que acabó con una victoria indiscutible para España, que a corto plazo significó el fin de los problemas en Nápoles y el comienzo de la decadencia de Francia, que dos años después de la derrota de San Quintín se sumió en un periodo dramático de guerra civil religiosa contra los hugonotes, los franceses protestantes seguidores de Martín Lutero.

Así, la reacción de Felipe II ante la invasión de Nápoles por parte de los ejércitos del Papa fue inmediata. Ordenó al duque de Alba, Grande de España y una de las figuras militares más destacadas del Imperio, marchar hacia Roma. Cuando Álvarez de Toledo se presentó ante las puertas de la ciudad santa, Paulo IV, temiendo el saqueo de Roma, solicitó la paz, que le fue concedida rápidamente. Felipe II se presentaba ante el mundo como el máximo defensor de la fe católica y el mayor enemigo de los reformistas, por lo que no le interesaba lo más mínimo dejar que los Tercios saqueasen la ciudad papal. Además, Felipe II sabía perfectamente que Francia y el rey Enrique II, que en 1552 ya había derrotado a Carlos I en Metz, eran los verdaderos enemigos de España. Francia era una potencia que, como Inglaterra, era capaz de disputar abiertamente la hegemonía española. Pero Felipe II, que acababa de recibir un imperio como herencia, no podía mostrarse débil ante la ofensa de Nápoles por un enemigo oportunista como Paulo IV, tenía que responder a Francia con un golpe similar, la invasión de su territorio.

Solucionado el conflicto con el Papa, Felipe II ordena al joven general Filiberto de Saboya que invada Francia por la región de la Picardía, en el norte del país galo, con las tropas estacionadas en Flandes, el punto estratégico militar más importante, y por lo tanto más protegido de todo el Imperio.

Por su situación geográfica la región de Flandes estaba al alcance de las dos potencias enemigas de España, Francia e Inglaterra. Por esa razón, Flandes fue durante todo el Imperio el lugar de acuartelamiento de los Tercios españoles.

Estas unidades, que prestaban juramento directamente al rey y estaban integradas exclusivamente por españoles, fueron para muchos historiadores militares las responsables de que a pesar de la larga decadencia en la que se sumió el Imperio durante el reinado de los Austrias menores, se mantuviera con capacidad militar ofensiva y defensiva hasta el final.

Cada Tercio estaba formado por unos 3.000 hombres agrupados en compañías de unos 250 hombres cada una. Esta disposición, propuesta por Fernández de Córdoba, conocido como el «Gran Capitán», favoreció una mayor camaradería entre los integrantes de las unidades, que pronto exhibieron un particular orgullo de pertenecer a los Tercios.

Destacaban en el campo de batalla por el valor en el ataque, por la potencia de fuego que exhibían con sus compañías de arcabuceros (el arcabuz es el antecesor del fusil), que serían clave en la batalla de San Quintín, y por su famosa defensa o falange de picas. Esta maniobra militar debía su nombre a las lanzas acabadas en un hierro puntiagudo que utilizaba la infantería de los Tercios y que era capaz incluso de desbaratar una carga de caballería.

Los Tercios, que embarcados también destacaron en grandes batallas navales del Mediterráneo frente a los turcos, cuyo auge militar comienza con la batalla de San Quintín y termina en 1643 con la derrota española de Rocroi, no sólo permitían mayores posibilidades de ascensos, también constituían una salida tanto para la nobleza menor española como para los Grandes de España (el duque de Alba, Don Juan de Austria o Alejandro Farnesio entre otros), sin olvidar a destacados hombre de letras como Miguel de Cervantes, Lope de Vega o Calderón de la Barca, que sirvieron al Imperio en sus filas.

Las tropas imperiales, integradas por los españoles de los Tercios y otras unidades de países bajo el Imperio español como Alemania, Austria o Hungría, penetraron en Francia siguiendo el río Somme hasta la fortaleza de San Quintín, a la que cercaron y ase-

diaron esperando que las tropas francesas acudiesen al rescate y presentasen batalla.

La invasión española de Francia supuso una verdadera conmoción en el país vecino. A tenor de la reacción de los franceses, parece que el rey de Francia no esperaba que un monarca recién ascendido al trono, como era el caso de Felipe II, tomara una decisión tan directa como una invasión.

En la orilla contraria del río Somme se presentó frente a las tropas españolas el almirante francés Gaspar de Coligny al mando de un ejército de 18.000 soldados de infantería y 6.000 de caballería; el choque tendría lugar el 10 de agosto de 1557.

En principio, el militar francés, en lugar de presentar batalla contra las tropas imperiales de Filiberto de Saboya –integradas por Tercios de infantería, caballería y artillería– preparó un ataque de caballería contra la orilla española. El almirante confiaba en coger a los españoles entre dos fuegos, el de sus tropas y el de los resistentes de la fortaleza, y acabar con el cerco a San Quintín. Esta manera de resolver la situación, mediante un asalto en lugar de una batalla formal, indicaba que el militar francés confiaba en romper la línea española que defendía la orilla del Somme sin grandes dificultades; hay que tener en cuenta que los Tercios españoles apostados en la ribera del río venían de Flandes, un país plagado de pantanos y charcas, por lo que estaban familiarizados con un terreno difícil para la lucha y sumamente incómodo para la caballería; el almirante Coligny pagaría caro este descuido.

La estrategia del militar francés fue un fracaso. La carga de caballería se detuvo bruscamente en mitad del río ante la cortina de fuego con la que respondieron dos compañías de arcabuceros. Los franceses tuvieron que abandonar el ataque y replegarse de manera desorganizada dando la espalda a los españoles, quedando en franca desventaja.

Desbaratada la posibilidad de romper la línea española con una carga rápida apoyándose en el fuego de la fortaleza sitiada, al almirante Gaspar de Coligny sólo le quedaba el recurso de presentar batalla; pero un contraataque de la caballería imperial dirigida por Filiberto de Saboya, y apoyada por la artillería que comandaba el flamenco conde de Egmont, derrotó completamente al ejército francés.

Desde el punto de vista militar, aunque San Quintín se sitúa en los anales de los Tercios de Flandes, también hay que destacar la contribución decisiva de la caballería imperial y la precisión de la artillería.

Tras la victoria, el propio Felipe II se presentó en el campamento de asedio de la fortaleza de San Quintín, donde los sitiados resistirían hasta el 27 de agosto. Lo más destacado es que el monarca español no cedió ante la euforia de sus mandos que le instaban a aprovechar la derrota francesa y marchar hacia París.

Felipe II optó por la prudencia, y, forzado por la mala situación económica, prefirió licenciar a gran parte de sus tropas. En 1559, tras una nueva derrota francesa en Gravelinas a manos de los españoles, Enrique II de Francia y Felipe II de España firman la paz de Cateau-Cambrésis. Este tratado incluía el matrimonio del rey español, entonces viudo, con Isabel de Valois, hija del rey de Francia.

2. Waterloo – 18 de junio de 1815

Napoleón había contraído demasiadas obligaciones en 1814. Perdió a más de 350.000 hombres en la campaña de Rusia, una de las acciones militares más desacertadas de la historia. Wellington derrotó a sus ejércitos y a sus aliados españoles en España. Por su parte, los ejércitos de Austria y Prusia parecían dispuestos a humillarlo. Pero Napoleón no era de los que se retiran rápidamente. Cuando abdicó como emperador, se exilió en la minúscula isla de Elba, frente a la costa occidental de Italia. Con cierta crueldad se le permitió conservar el título que él mismo se había dado. Se habrían salvado muchas vidas si él y su guardia de honor hubiesen permanecido en la isla. Sin embargo, once meses después de su llegada, una fragata lo recogió y regresó a Francia.

El rey de Francia, Luis XVIII, envió tropas con órdenes de matarlo. Según se cuenta, Napoleón se acercó a los soldados sin miedo, abrió su abrigo y dijo: «¡El que tenga valor que mate a su emperador!». Los soldados lo aclamaron, Napoleón les hizo dar la vuelta y se dirigió a París. El 20 de marzo de 1815 el rey de Francia había huido, y Napoleón estaba en la capital. El período comprendido entre marzo y junio se conoce con el nombre de los «Cien días».

Con extraordinaria eficiencia Napoleón formó un ejército de 188.000 soldados profesionales, 3.000 reclutas (conscriptos) y otros 100.000 hombres de apoyo. Contaba además con su veterano ejército del norte cerca de París, con 124.000 hombres.

En aquel momento el ejército anglo-holandés de Wellington, compuesto por 95.000 hombres, estaba en Flandes (Bélgica), junto al ejército prusiano de 124.000 soldados al mando del mariscal Blücher. Los austriacos tenían 210.000 hombres a lo largo del Rin y otro ejército de 75.000 en Italia. El ejército ruso de 167.000 hombres al mando de Barclay cruzaba Alemania para atacar Francia. En muchos aspectos, Napoleón también estaba demasiado comprometido en 1815.

Napoleón actuó rápidamente contra los ejércitos situados en Bélgica, intentando derrotar a sus enemigos de dos en dos. Por desgracia para él, las fuerzas de Wellington detuvieron a uno de sus mariscales en Quatre-Bas, al sur de Bruselas, contraatacaron y dejaron a Napoleón sin el apoyo que necesitaba para destruir a los prusianos. Los hombres de Blücher sufrieron numerosas bajas cuando se enfrentaron con Napoleón en Ligny, pero consiguieron retirarse en orden. Napoleón no aprovechó su ventaja, y Wellington logró trasladarse desde Quatre-Bas a una posición mejor, en condiciones de presentar batalla. Eligió la elevación de Mont St-Jean, al sur de la ciudad de Waterloo. Era el 17 de junio por la noche y llovía a mares.

Blücher había prometido a Wellington reforzar la posición británica. Su ayudante Gneisenau estaba convencido de que Wellington no conseguiría defender el monte y de que se marcharía antes de que llegasen los prusianos. Quería abandonar a sus aliados y regresar a Prusia. A pesar del agotamiento y de las heridas sufridas, Blücher, que tenía 72 años, no le hizo caso y ordenó a sus hombres que apoyasen a Wellington. Como detalle interesante, hay que decir que Gneisenau dispuso que las unidades más alejadas de Wellington se moviesen primero. Sabía que así retrasaría su llegada. Sin embargo, la unidad más lejana era el IV batallón del general Von Bülow, uno de los mejores con que contaban los prusianos. La llegada de los prusianos obligaría a Napoleón a responder cuando estuviera atacando el centro de los británicos. Fue una parte vital de la victoria.

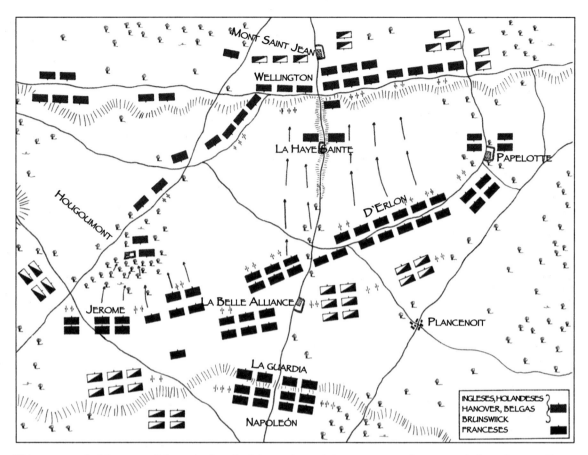

El terreno se había convertido en un barrizal tras las lluvias de la noche anterior, y Napoleón demoró el ataque hasta que comenzó a secarse. A mediodía del 18 de junio se enfrentó por fin con 72.000 hombres a los 67.000 de Wellington. Las tropas de Napoleón se adelantaron en un intento de ataque, mientras sus cañones «belles filles» («niñas bonitas») acribillaban al ejército de Wellington durante una hora. A la una de la tarde 20.000 veteranos avanzaron en formación hacia el monte dominado por los ingleses. Tuvieron que marchar bajo el fuego de la artillería y se produjo una horrenda carnicería. No obstante, dos divisiones de veteranos llegaron a lo alto del monte tras una fiera lucha cuerpo a cuerpo. Fue un punto crucial de la batalla, pero se superó gracias a la brigada de la Guardia real y a la de la Unión al mando del conde de Uxbridge, que aplastó a los atacantes franceses con una carga contra el monte.

Las dos brigadas continuaron en el valle, atacando a los cañones franceses. Se apoderaron de unos

veinte, aunque acabaron agotados y fueron dispersados por las reservas de la caballería francesa. Sin embargo, el daño ya estaba hecho. La única infantería francesa válida que quedaba en el campo de batalla era la Guardia imperial, la élite de Napoleón.

En ese momento hubo órdenes confusas en las líneas francesas. Wellington ordenó a sus hombres que retrocediesen treinta metros, fuera del alcance de los cañones franceses. El mariscal Ney creyó que se retiraban y ordenó a una brigada de la caballería francesa que atacase. La orden fue cuestionada y recibió una airada respuesta, así que el propio Ney se puso al frente de las tropas, avanzando con unos 4.000 soldados de caballería y sin apoyo. Si Napoleón hubiese enviado a su Guardia imperial en ese momento, Wellington tal vez hubiese perdido la batalla. Pero Napoleón tuvo en cuenta el acercamiento de los prusianos y se negó a comprometer a su guardia. La caballería, sin apoyos, no consiguió dañar de forma significativa las formaciones de los cuadros ingleses. Un fuego cerrado la rechazó y los supervivientes se retiraron. Los pesados cañones franceses, al descubierto junto al monte, empezaron a caer.

A las cuatro de la tarde entraron en escena los prusianos, con el IV batallón al frente. Ocuparon una posición estratégica en el flanco derecho de Napoleón, hasta que fueron desplazados por el joven regimiento imperial y por la vieja guardia. A esas alturas eran las siete de la tarde. En pleno verano los días eran largos y aún había luz cuando Napoleón envió a su Guardia imperial a romper el centro inglés. La Guardia llevaba chaquetas de color azul oscuro y gorros altos de piel de oso. Nunca había sufrido una retirada.

La Guardia imperial avanzó por el monte hacia una brigada de soldados de infantería ingleses que se encontraba al mando del coronel Maitland y otra brigada holandesa al mando del coronel Detmer. El fuego cerrado y el ataque de las bayonetas hicieron retroceder a la Guardia imperial. Wellington envió a más hombres tras ella cuando estaba intentando reagruparse, y finalmente acabó derrotada. Los regimientos ingleses conocían más que sobradamente la reputación de la élite napoleónica y se llevaron consigo los sombreros de los soldados franceses como recuerdo. En la actualidad siguen usando el alto gorro de piel de oso los regimientos de la guardia de granaderos, los galeses, irlandeses, escoceses y el de Coldstream.

Blücher atacó a los franceses mientras Wellington contraatacaba. El ejército francés se derrumbó. Posteriormente, Blücher quiso llamar a la batalla «La Belle Alliance», pero Wellington insistió una vez más en mantener su costumbre de bautizar las batallas con el nombre del lugar en el que había pasado la noche anterior. En consecuencia, se conoce como batalla de Waterloo.

Napoleón regresó a París y abdicó por segunda vez el 22 de junio, antes de rendirse a los ingleses. Embarcó a continuación en el *Bellerophon*, uno de los barcos que habían luchado en el Nilo y en Trafalgar con el almirante Nelson. Irónicamente, el *Belleropohon* (al que llamaban «Billy el Rufián») era uno de los navíos que habían atacado al buque insignia de Napoleón, *L'Orient,* antes de que explotase en la batalla del Nilo.

Napoleón fue enviado a la isla de Santa Elena, de donde no saldría hasta su muerte. Waterloo fue la última batalla de Wellington, que se convirtió en primer ministro en 1828.

Blücher murió en su cama en 1819.

Francia tuvo que pagar indemnizaciones a Inglaterra, Austria, Prusia y Rusia. Estos países se reunieron en Viena para decidir cuál debía ser el futuro de Europa. De resultas de las conversaciones se creó un país neutral o zona parachoques, cuya paz era garantizada por los demás. Posteriormente se denominó Bélgica cuando alcanzó la independencia en 1830.

3. Levantamiento del 2 de mayo en Madrid

Los sucesos acaecidos el 2 de mayo en Madrid no corresponden a una batalla sino que se trata de la respuesta, en parte espontánea, del pueblo de Madrid contra Napoleón, que había invadido España y acabaría por sustituir a su rey legítimo, Carlos IV, por su hermano José.

Los dramáticos acontecimientos del día 2 de mayo y la represión llevada a cabo por el ejército francés, al mando del general Murat, contra el pueblo de Madrid han quedado reflejados con toda crueldad y realismo en dos de las obras más conocidas de Goya: *La carga de los Mamelucos* y *Los fusilamientos del dos de mayo.*

El levantamiento del pueblo de Madrid tiene sus orígenes en la situación de desamparo que vivía España desde la invasión de Napoleón. El 17 de octubre de 1807, aproximadamente un año y medio antes de los acontecimientos del 2 de mayo, el rey de España, Carlos IV, aconsejado por su valido Godoy, firmó el tratado de Fontainebleau, mediante el cual permitía a las tropas de Napoleón cruzar España con entera libertad para adentrarse en Portugal; el país vecino de España era aliado de Gran Bretaña y Napoleón quería que Lisboa dejase de comerciar con Gran Bretaña, nación a la que el emperador sometía a un bloqueo comercial desde el inicio de la guerra.

Pronto se demostró que las tropas francesas habían llegado a España para quedarse. El pueblo español culpó a Godoy, el primer ministro y consejero de Carlos IV, de la llegada de los soldados de Napoleón a la península. La indignación popular acabó con Godoy durante el motín de Aranjuez, el 17 de marzo de 1808. Ese día el pueblo intentó impedir que Carlos IV y el príncipe de Asturias, el futuro Fernando VII, fuesen conducidos a Bayona (Francia), donde eran reclamados a una reunión con Napoleón. Pero a pesar de la protesta y las luchas callejeras, nada impidió que al soberano de España y a su heredero se les obligase a dejar el país en manos del ejército francés y de una junta de gobierno sin poder alguno.

El 27 de abril de 1808, Murat, quien realmente gobernaba en España y tenía el poder en Madrid, hizo público un bando donde se informaba que deberían sumarse al exilio de Bayona los dos infantes (hijos) del rey de España que todavía permanecían en el país. Para nadie era un secreto que Napoleón, una vez que tenía al príncipe de Asturias retenido junto con Carlos IV en Francia, deseaba tener en su poder a todos los posibles herederos de la corona para poder entregársela a cualquier candidato de su agrado, incluso a su propio hermano, como acabó sucediendo.

El día 2 de mayo Murat apostó tropas en las zonas clave de Madrid para impedir incidentes. Madrid vivía uno de sus días de romería y estaba repleta de visitantes, pero esto no impidió que un gran número de personas se concentrase frente al Palacio. En el momento en que los madrileños creyeron ver al coche que se llevaba al infante Francisco de Paula, comenzó la insurrección popular, ante la pasividad de las autoridades españolas representadas en una junta de gobierno carente de autoridad real.

Los madrileños se organizaron, algunos de forma espontánea y otros con alguna preparación previa, por gremios y oficios formando grupos de ataque y defensa que se armaron con algunos arcabuces y trabucos y un gran número de armas blancas.

El ejército español destacado en Madrid permaneció en los cuarteles obedeciendo a la junta de gobierno; tan sólo dos capitanes del cuartel de artillería de Monteleón, Daoiz y Velarde, se sumaron al motín popular, y murieron defendiendo sus posiciones.

Además del gran número de combatientes madrileños muertos, la mayoría de clase humilde, el día 3 de mayo las tropas francesas de Murat llevaron a cabo una brutal represión fusilando a un gran número de ciudadanos en los campos de La Moncloa.

Aunque el motín fracasó en su intento de impedir la marcha de los infantes de España, la noticia del levantamiento de Madrid se conoció en toda España y se convirtió en un símbolo de resistencia para los patriotas de otras ciudades y provincias que se habían organizado en juntas provinciales que reclutaban ejércitos para combatir al invasor francés. La memoria de los héroes del 2 de mayo, los artilleros Daoiz y Velarde, Clara del Rey, Manuela Malasaña y los presos anónimos que lucharon con los patriotas volviendo al penal tras el fin de los combates, volvió a brillar el mes de julio de ese mismo año, 1808, cuando las tropas patrióticas consiguieron en Bailén la primera victoria contundente contra las tropas invasoras de Napoleón.

4. El Somme

Una de las numerosas y complejas razones de que estallase la Primera Guerra Mundial fue que Alemania invadió Bélgica. Inglaterra estaba obligada por tratado a defender el país. Alianzas similares vinculaban a todas las grandes potencias de Europa. Algunos creen que empezó con el asesinato del archiduque Francisco Fernando en Serbia, pero en realidad sólo fue la chispa que prendió el fuego.

El Somme es el río francés que cruzó Eduardo III antes de la batalla de Crécy. Mucha sangre inglesa se derramó en aquel lugar a lo largo de varios siglos, pero nunca tanta como el primer día de la batalla del Somme, el 1 de julio de 1916.

Antes de que el ejército británico entrase con sus tanques en el campo de batalla, el general sir Douglas Haig ordenó ocho días de bombardeos de artillería. La táctica no había dado resultado los dos años anteriores y tampoco lo dio aquel día. Existía el inconveniente de que la cortina de fuego tenía que interrumpirse para permitir el avance de los aliados, así que en cuanto cesó, los alemanes supieron que se avecinaba el ataque y se prepararon. Además, tenían sólidos y profundos búnkeres de cemento y madera que resistían muy bien las descargas de artillería. Sus emplazamientos rodeados por alambre de espino estaban intactos cuando callaron los cañones.

A las 7.28 de la mañana las fuerzas inglesas detonaron dos enormes minas y luego tres más pequeñas junto a las líneas alemanas. Seguramente la idea era intimidar al enemigo, pero en vez de eso, las minas sirvieron como confirmación definitiva del ataque.

La masacre empezó a las 7.30, cuando los soldados ingleses salieron de sus trincheras y trataron de recorrer 700 metros bajo el fuego de artillería. Unos pocos consiguieron llegar a la línea alemana en ese primer empuje antes de que los interceptasen. Hubo 60.000 víctimas inglesas y 19.000 muertos. Una generación entera cayó en una mañana en lo que fue el peor desastre de la historia militar de Inglaterra. ¿Quién sabe lo que hubieran dado de sí si hubiesen sobrevivido?

Hay un conmovedor poema titulado «Por los caídos» y escrito por Laurence Binyon en 1914 que se cita siempre en las ceremonias del Día del Recuerdo. Ofrecemos un extracto del mismo, en recuerdo de los que dieron la vida por su país. La segunda estrofa resulta especialmente emotiva:

Fueron cantando a la batalla, eran jóvenes,
caminaban derechos, la mirada sincera, firmes y
    radiantes.
Aguantaron hasta el final contra todo pronóstico,
cayeron mirando al enemigo.
No envejecerán, como los que quedamos,
la edad no los cansará ni los humillarán los años.
Al ponerse el sol y por la mañana
los recordaremos.

5. El desastre de Annual. 1921

Annual respresenta el desastre militar español más grave ocurrido durante la época de la presencia colonial de España en Marruecos y el Sáhara. Todas las potencias coloniales europeas tuvieron que enfrentarse tanto en el siglo XIX como en el XX a alguna derrota vergonzante que comportaría la muerte inútil de miles de soldados británicos, franceses o españoles, como en el caso de Annual.

A partir del siglo XIX los imperios coloniales europeos se ven envueltos en crisis y guerras esporádicas pero sangrientas que van minando a la sociedad de

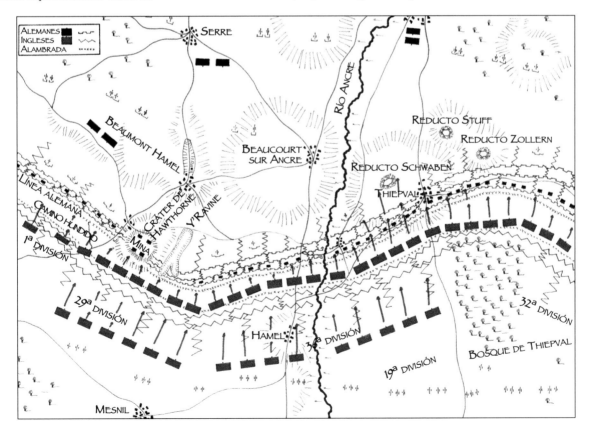

los países colonizadores, ya que en dichas escaramuzas o batallas mueren ciudadanos de las metrópolis obligados a prestar servicio militar en unos territorios desconocidos y a menudo inhóspitos donde reciben el rechazo o la indiferencia de la población autóctona, que los considera invasores.

Además, estos territorios situados en África y Asia, presentan características climáticas muy duras para los jóvenes europeos, que tienen que soportar enfermedades como el cólera, la malaria o la fiebre amarilla.

La presencia de España en Marruecos se formalizó en 1906 en la Conferencia de Algeciras, en la que Francia le cede al gobierno de Madrid una zona del país norteafricano que abarcaba una franja costera del desierto del Sáhara y la zona montañosa del Rif, que deberían comunicar militarmente con la ciudad española de Melilla. El Rif estaba poblado por tribus y clanes que se agrupaban en las llamadas cábilas, que dependían de un jefe o caudillo. Estas agrupaciones de rifeños mantenían relaciones comerciales, de parentesco y culturales, pero no formaban un Estado o un país unificado. Eran núcleos que en ocasiones se unían para guerrear contra las tropas francesas o las españolas, a las que, veinte años antes del desastre de Annual, ya habían derrotado en la costa de Alhucemas debido al desastroso desembarco que el ejército español llevó a cabo en aquella zona.

Desde el punto de vista militar, Annual representó el punto más bajo del prestigio del ejército español y de la monarquía de Alfonso XIII. Hay que tener en cuenta que además del objetivo económico –yacimientos mineros– la aventura colonial de España en Marruecos pasó a ser prioritaria poco después de 1898, año en el que España perdió frente a Estados Unidos las últimas colonias: Cuba, Puerto Rico, Filipinas y la isla de Guam.

Así, Marruecos fue un intento desesperado de las autoridades políticas, el ejército y la corona española por limpiar la imagen decadente de España, cuya sociedad se encontraba en una fase de pesimismo generalizado que tuvo su expresión cultural en la llamada Generación del 98.

Pero el remedio fue peor que la enfermedad. Las derrotas de Alhucemas y el monte Gurugú, con un coste de decenas de miles de soldados españoles muertos y desaparecidos, no sirvieron para que el ejército español, cuyos jefes y oficiales habían participado en la guerra de Cuba y padecían el estigma de la derrota, cambiase de estrategia en aquel territorio.

Ocurrió justo lo contrario y se reforzó la estrategia de fuertes o posiciones aisladas que, sin comunicación entre ellas, apenas tenían agua para resistir en caso de asedio. Los fuertes, como el de Annual, formaban una media luna discontinua compuesta por 140 enclaves que intentaban cubrir todo el territorio. En su interior malvivían soldados mal preparados y peor alimentados que salían en patrulla a guerrear contra alguna de las cábilas o clanes que solían hostigar a las tropas españolas.

A pesar de que desde septiembre de 1920 el entonces coronel Millán Astray había fundado la Legión Española como una unidad militar de choque destinada a Marruecos (el militar español copió por orden del ministerio el modelo francés de la Legión Extranjera), en julio de 1921 el grueso de las tropas españolas en el fuerte de Annual, que era el más importante de las posiciones de avanzada y de todo el territorio marroquí ocupado por España, estaba formado por quintos. Así se llamaba a los soldados españoles, mal preparados y analfabetos en su mayoría, que estaban obligados a realizar el servicio militar por no disponer del dinero e influencias suficientes para librarse.

Los intentos de mejorar la situación militar tampoco habían dado sus frutos, ya que con el fin de ayudar a las tropas españolas de reemplazo, además de la Legión (fundada en 1920), en 1911 se habían creado las llamadas Fuerzas Regulares de Infantería integradas por soldados marroquíes. Estas unidades de infantería ligera, más fieles al botín que a la bandera española, estaban divididas en «tabores», o batallones. Aunque éstos se ampliaron con más efectivos, la solución no sólo se demostró insuficiente para detener las acometidas de los rebeldes, sino que en más de una ocasión los soldados indígenas que los integraban se habían pasado al enemigo después de que los oficiales, españoles, hubieran muerto en combate.

La masacre que tuvo lugar en la posición del fuerte español de Annual en julio de 1921 hay que situarla en el marco de la rebelión de las cábilas del Rif. A diferencia de otras insurrecciones anteriores protagonizadas por los habitantes de aquella inhóspita zona montañosa, en ésta de 1921 todas las cábilas se habían agrupado en torno a un líder carismático, llamado Abd el Krim, que ambicionó proclamar una república independiente de España y de Francia en aquel territorio.

Años antes de la insurrección, Abd el Krim desempeñó cargos importantes dentro de la administración colonial española en Melilla. El líder del Rif estudió Derecho y llegó a ejercer como juez en el entonces denominado Departamento de Asuntos Indígenas. No obstante, el joven abogado pronto se dio cuenta de que sería imposible una convivencia con las autoridades españolas mientras éstas no mejorasen su trato a los habitantes del actual reino de Marruecos. Antes de optar por las armas, Abd el Krim protagonizó duras polémicas con los responsables militares españoles de la zona, en particular con el general Fernández Silvestre, el militar que la historia señala como responsable de la matanza de soldados españoles en Annual debido a su actuación temeraria.

El líder rifeño acabó por abandonar la administración y se convirtió en editor de un periódico hasta que en 1919, después de salir de la prisión por un delito de opinión, decide establecerse en las cábilas del Rif. Allí Abd el Krim, gracias a su preparación y carisma, conseguirá unir a los clanes dispersos dotándoles de un ejército y una incipiente administración común, que aunque no llegaría a convertirse en la República del Rif puso en jaque al ejército español y a la monarquía de Alfonso XIII, que apenas un año después del desastre apoyó el golpe de Estado del general Primo de Rivera.

Durante 1921 continuaron las acciones de guerrilla de las tropas de Abd el Krim, que se dedicaban a hostigar a las patrullas españolas que momentáneamente abandonaban los fortines para tratar de capturar a los rebeldes. La táctica se repetía una y otra vez: tras los ataques de Krim el ejército español salía de sus enclaves en dirección a las posiciones de las cábilas. Bombardeaban con artillería ligera allí donde se presumía que se encontrarían los rifeños y posteriormente ocupaban algunos núcleos de población; pero al llegar había desaparecido cualquier rastro de los enemigos, hasta que al caer la noche volvían a atacar.

A medida que avanzaba el tórrido verano norteafricano, las tropas de Abd el Krim atacaban con más intensidad y volvían a retirarse; nadie en el mando colonial creía que la guerra fuera algo más que escaramuzas aisladas.

La incompetencia demostrada del general Fernández Silvestre, amigo personal de Alfonso XIII, y de Dámaso Berenguer, también general y jefe militar de la zona colonial española, hizo que ambos mandos cayeran en la trampa del líder rifeño. Los generales españoles, ambos veteranos de la Guerra de Cuba, en lugar de reforzar, agrupar y avituallar de forma conveniente los fuertes españoles, permitieron continuar con la desorganización y aislamiento de los puestos de avanzada. No contento con eso, Fernández Silvestre se saltó la cadena de mando y en lugar de consultar con Berenguer, de naturaleza más prudente que su compañero de armas, se puso en contacto con Alfonso XIII y le anunció que las tropas españolas abandonaban sus posiciones para perseguir y derrotar a las tropas de Abd el Krim.

Por su parte, el líder rifeño, que esperaba la imprudencia de su antiguo enemigo Fernández Silvestre, alejó a sus tropas de las posiciones españolas hasta que consideró que éstas estaban lo suficientemente separadas de cualquier ayuda o posibilidad de recibir suministros.

Durante el mes de julio de 1921, en jornadas sucesivas, el ejército de Abd el Krim se lanzó contra las columnas aisladas españolas. Los rifeños cazaron, literalmente, a los integrantes de dos columnas que partieron desde Annual, el fuerte español que contaba con más efectivos, para intentar rescatar a otros núcleos de militares españoles cercados y sin agua. La desbandada de las columnas hizo que algunos se dirigieran hacia Melilla, a donde nunca llegaron, mientras que otros trataron de atrincherarse en el fuerte de Annual, donde morirían, incluido el general Fernández Silvestre y otros altos mandos del ejército español, como el general Navarro.

Nunca se ha sabido con exactitud el número de muertos del desastre de Annual y de aquellas fatídicas jornadas de julio de 1921; no obstante, los historiadores cifran los caídos en más de 20.000. La situación todavía empeoró cuando a España llegaron noticias de que Abd el Krim pedía un cuantioso rescate económico por los prisioneros, así como armas y víveres para sus tropas. La situación en España era insostenible ante el escándalo de Marruecos. Se envió el rescate pero los prisioneros nunca aparecieron. Abd el Krim siguió como dueño y señor del Rif hasta que años después el ejército francés, temeroso de que su liderazgo se extendiera a su zona colonial, derrotó al ejército de las cábilas permitiendo a su líder el exilio en Egipto.

En España se iniciaron investigaciones para esclarecer las responsabilidades del desastre militar que supuso la matanza de más de 20.000 españoles, la mayoría quintos de las zonas rurales más empobrecidas del país. Maura, al frente de un nuevo gobierno, nombra ministro de la Guerra a Juan de la Cierva, quien encargó la investigación de los hechos al general Picasso.

Las conclusiones del informe Picasso nunca se dieron a conocer en el parlamento, porque un mes antes de su finalización el general Primo de Rivera, contrario al expansionismo de España en África, da un golpe de Estado, en 1923, con el apoyo de Alfonso XIII. No será hasta diez años después, durante la Segunda República, cuando se conozcan las conclusiones del general Picasso, que a pesar de las presiones recibidas en su día calificaba las actuaciones de los generales Berenguer y Navarro como negligente, y temeraria la del general Fernández Silvestre que, al igual que Navarro, moriría durante la matanza de Annual.

CÓMO HACER ROPA IGNÍFUGA

---※---

Quizás el uso más impresionante al que se destina el alumbre (sulfato de aluminio y potasio) sea la fabricación de tejido ignífugo. Podría resultar muy útil en los manteles, donde existe riesgo de incendios, como en un laboratorio o un escenario. Da buenos resultados con cualquier tejido poroso, aunque eso no quiera decir que sea infalible. Para probarlo, nosotros utilizamos unos trapos caseros para quitar el polvo.

Primero prepara una solución de alumbre y agua. A la hora de disolver el polvo, el agua caliente da los mejores resultados. 500 gramos de alumbre se disuelven fácilmente en medio litro de agua. Moja el tejido que quieres hacer ignífugo en la solución y asegúrate de que quede totalmente impregnado. Sácalo inmediatamente y ponlo a secar. Ten cuidado de no andar goteando sobre alfombras caras. Si lo dejas a la intemperie y por una casualidad lloviera, es bastante probable que no por ello deje de funcionar.

Una vez seco, el tejido estará un poco más rígido de lo habitual, pero por lo demás seguirá igual. Un trapo para el polvo sin tratar se consumió casi entero en una veintena de segundos. El trapo tratado no pudo ser encendido, aunque el cabo de treinta segundos de estar en contacto con una llama empezó a chamuscarse un poco.

PRIMEROS AUXILIOS

---※---

Los accidentes ocurren. Uno no puede pasarse la vida preocupándose por semejante obviedad, pues de lo contrario no haría nada jamás. Ahora bien, vale la pena invertir un poco de tu tiempo en adquirir algunos conocimientos elementales y tomar algunas precauciones muy sencillas. Todo el mundo debería tener unos conocimientos básicos de primeros auxilios. Si tú estuvieras herido, te alegrarías de tener cerca a alguien que no se dejase llevar por el pánico y supiera lo que hay que hacer. No es exagerado decir que unos conocimientos mínimos pueden suponer la diferencia entre la vida y la muerte.

Cuando hay que lidiar con más de un herido, hay que decidir a cuál de ellos atender primero. La regla general a seguir es que quienes chillan están manifiestamente vivos, conscientes e indudablemente corren menos peligro que quienes están inmóviles y en silencio.

Éstas son las prioridades:

1. Respiración y pulso.
2. Detener las hemorragias.
3. Vendar las heridas.
4. Entablillar fracturas.
5. Atender a quien esté en estado de shock.

Cuando se trata de sangre y heridas, siempre existe un riesgo de infección. Si los tienes, ponte guantes, o unas bolsas de plástico sobre las manos. Evita tocarte la boca o el rostro con las manos ensangrentadas. Lávatelas a conciencia en cuanto te sea posible. En las situaciones de mucho estrés estas recomendaciones casi siempre se olvidan, pero podrían salvarte la vida.

Cuando te aproximes a un herido, asegúrate de que aquello que lo hirió no pueda herirte a ti (los escombros de una obra, por ejemplo). Si existe riesgo inminente, traslada al paciente antes de atenderle. Sopesa el riesgo de lesiones vertebrales frente al del peligro inmediato. Si la víctima ha recibido una descarga eléctrica y la corriente todavía está activa, colócate sobre algo seco y no conductor y utiliza un palo para apartarla de la fuente de electricidad.

Si tienes que mover a un herido, evita los movimientos de torsión que pudieran agravar posibles lesiones vertebrales. Arrástralo por los tobillos hasta un lugar seguro.

¿Aún respira?

Si el herido respira, colócalo de lado y dóblale una pierna para proporcionarle un punto de apoyo. Ésta es la «posición de recuperación». Ayuda a prevenir la asfixia por vómitos o hemorragia.

Si el herido respira con dificultad, utiliza un dedo para retirar cualquier elemento de obstrucción de la boca y la garganta. Comprueba que no se haya tragado la lengua; en tal caso, colócala de nuevo en la boca. Si la respiración está bloqueada, colócalo sobre la espalda, ponte a horcajadas, con las manos justamente encima del ombligo y empuja hacia la caja torácica. Si esto no da resultados, sujétalo por detrás y por debajo de los sobacos, entrelazando las manos si puedes. Después aprieta fuerte, comprimiéndole el pecho. Esto se conoce con el nombre de «maniobra de Heimlich».

Una vez retirada la obstrucción, si el herido sigue sin respirar, se da comienzo a la respiración artificial.

Ten en cuenta que los bebés requieren especial delicadeza. Si un bebé deja de respirar, colócale boca abajo sobre el antebrazo. En algunos casos, la presión basta, pero de no ser así, aprieta entre los omóplatos tres o cuatro veces con la base de la mano. Si sigue sin haber reacción, dale la vuelta al bebé, sujetándole la cabeza, y utiliza dos dedos para pulsarle el pecho cuatro veces. Repite la maniobra. Por último, tápale al bebé la boca y la nariz con tu boca y llénale los pulmones de aire.

¿Sigue latiendo el corazón?

Para tomar el pulso a la altura de la muñeca, aprieta con los dedos justo debajo del pulgar, en el extremo inferior del antebrazo. Para tomar el pulso a la altura del cuello, vuelve el rostro hacia un lado y aprieta con los dedos debajo de la mandíbula, junto a la tráquea.

El pulso normal en un adulto cuando se encuentra relajado es de 60-80 pulsaciones por minuto. Para un niño es de 90-140. En situaciones de gran estrés, puede llegar hasta las 240 pulsaciones, aunque cuando se llega a ese extremo, el infarto no anda lejos.

Utiliza el reloj para contar las pulsaciones durante treinta segundos y después multiplica por dos. Si no notas el pulso y las pupilas están mucho más dilatadas de lo normal, inicia la compresión cardíaca. (Véase más adelante.)

Respiración artificial

Los primeros cinco minutos son los más decisivos, pero debes seguir hasta llegar a una hora mientras esperas a los servicios de urgencias. Esto puede resultar agotador, de modo que si sois varios, turnaos.

«El beso de la Vida»

1. Coloca al paciente sobre su espalda.
2. Inclínale la cabeza hacia atrás.
3. Ábrele la boca y tápale las fosas nasales.
4. Comprueba con un dedo que las vías respiratorias estén libres.
5. Coloca la boca sobre la boca del paciente y sopla con fuerza. Llenar de aire el pecho de otra persona requiere más esfuerzo del que te imaginas.

Aguarda a que el pecho se hinche y aparta la boca. Repite la maniobra cinco o seis veces seguidas. Después, intenta coger un ritmo de una respiración cada cinco segundos. Al cabo de diez o doce, inicia la compresión cardíaca.

En el caso de un bebé, cúbrele la boca y la nariz con tu boca y exhala de forma breve y delicada veinte veces por minuto. Si se es demasiado brusco, se pueden dañar los pulmones del bebé.

En el caso de los animales, por ejemplo un perro, lo que se hace es mantener cerrada la boca con ambas manos y soplar por la nariz para hinchar el pecho. El hecho de que lo hagas o no dependerá, claro está, de lo mucho que quieras al perro. Después hay que enjuagarse muy bien la boca.

Compresión cardíaca

1. Primero sacude con fuerza el centro del pecho para comprobar si el corazón ha vuelto a latir.
2. Coloca las bases de las manos sobre el esternón.
3. Con los brazos estirados, aprieta hacia abajo unos cuatro centímetros.
4. Repítelo cuatro o cinco veces entre respiraciones, contando en voz alta.

Nunca lleves a cabo una compresión cuando el corazón esté latiendo, aunque sea de forma muy débil. Podrías paralizarlo.

Comprueba el pulso al cabo de un minuto y después a intervalos de tres minutos. No desistas.

En cuanto se detecte un pulso, interrumpe las compresiones pero sigue con el boca a boca hasta que el herido respire con normalidad. Después, colócale en la posición de recuperación.

Hemorragias y heridas

Si hay algo clavado en la herida, te hará falta un vendaje tipo «donut», es decir, tienes que enrollar la tela para formar con ella un tubo y unir los extremos. Colócala sobre la herida antes de vendar, de manera que el vendaje no esté comprimiendo cristales u otros fragmentos, clavándolos más.

Un adulto puede tener hasta seis litros de sangre. Si pierde tres, quedará inconsciente. Incluso la pérdida de medio litro puede hacer que una persona se desmaye, motivo por el que se pide a los donantes que se sienten y se tomen una galleta y un zumo de naranja después de la donación.

Para detener una hemorragia hay que actuar de inmediato. La clave está en la presión; eso detiene la hemorragia lo suficiente como para iniciar los procesos de coagulación. Aplica presión entre cinco y quince minutos sin dejar de comprobarla. Habla con el herido mientras lo haces, prestando atención a su estado de ánimo y grado de lucidez. Si no tienes apósitos, fabrícalos con una camisa o con cualquier otra prenda.

Para ayudar a la coagulación, levanta la parte herida por encima del corazón. Antes de aplicar un apósito, aproxima los bordes de una herida abierta.

Aplica un torniquete únicamente si parece probable que el herido vaya a desangrarse. Coloca un cinturón o una cuerda sobre la herida, apretando hasta detener la hemorragia. No puedes continuar haciéndolo durante más de unos pocos minutos sin causar daños permanentes, de modo que tendrás que aflojar el torniquete a intervalos regulares.

Si no tienes nada con lo que ceñir la herida, aprieta sobre la principal arteria adyacente a la herida. Para hacerlo, busca el pulso en la muñeca o bajo la mandíbula, en las axilas, el hueco del codo, parte superior del hombro (clavícula), las sienes, parte superior del muslo junto a la entrepierna, dorso de las rodillas y parte delantera de los tobillos. Encuentra el punto más próximo a la herida y aprieta con fuerza contra el hueso. Es una buena idea tratar de localizar estos puntos sobre tu propio cuerpo antes de tratar de hacerlo en la vida real con alguien chillándote al oído.

El jabón es un antiséptico y puede utilizarse para lavar una herida y así evitar infecciones. El agua caliente y el vino hervido también esterilizan, aunque resultará extremadamente doloroso. En caso de una urgencia, la orina fresca también funciona, pues es estéril.

Las hemorragias internas graves pueden ser delatadas por la sudoración fría, un pulso acelerado, inquietud y hematomas subcutáneos. Trata de reducir el shock al mínimo colocando las piernas del paciente en alto, manteniéndole caliente y buscando auxilio lo antes posible.

FRACTURAS

Si alguien se fractura un hueso por accidente es posible que haya que entablillar la extremidad afectada antes de moverle. Esto se hace colocando dos trozos de madera en torno al área afectada y ciñéndolos con una cuerda o un cinturón.

Se puede ceñir una muñeca o la pata de un perro con un periódico o revista enrollados y cordones de zapato. Los brazos fracturados hay que ponerlos en cabestrillo y apoyarlos contra el cuerpo.

Se puede fabricar un cabestrillo con un vendaje triangular de gran tamaño atado en torno al cuello. Si se trata de un antebrazo fracturado, se puede atar la muñeca y después llevar la tela alrededor del cuello y de nuevo abajo. Una simple lazada podría resultar, pero el brazo no estaría sujeto con firmeza.

QUEMADURAS

Las quemaduras destruyen la piel y acarrean el riesgo de infecciones. Deja correr agua fría sobre una quemadura durante al menos diez minutos. Intenta no romper ninguna ampolla que haya podido formarse. Dale de beber mucha agua al herido. Retira todas las joyas y ropas de la zona afectada. No apliques ungüentos a la piel. Cúbrela con un vendaje pero sin apretarlo, si dispones de él, y si no con una bolsa de plástico. Coloca apósitos entre dedos quemados para impedir que se peguen.

Se trata de algo que ocurre después de cualquier accidente serio, y puede llegar a resultar fatal. Los síntomas son: pérdida de color en los labios, mareos, vómitos, sudoración fría y aceleración del pulso.

Tranquiliza a la víctima y háblale. Si puede hablar, pregúntale cómo se llama y emplea su nombre al dirigirte a ella. Asegúrate de que esté caliente y comprueba la respiración y el pulso. Acuéstale y colócale las piernas en alto. Prepárate para aplicar el boca a boca y la compresión cardíaca en caso de pérdida del conocimiento. El té caliente y dulce es útil si está consciente y lúcida. Sin embargo, nunca dejes sola a una víctima de shock.

Mantener la calma es muy importante para tu propia seguridad y la de otras personas que puedan depender de ti. Te ayudará estar preparado. Cuando se produzca el shock, lo primero que debes hacer es respirar hondo y echar mano del botiquín que habrás preparado mucho tiempo antes. Recuerda esta sucesión: «vías respiratorias, respiración y compresión». Compruébalas una tras otra.

Asegúrate de haber pensado en métodos de contactar con los servicios pertinentes en el caso de una urgencia. El teléfono móvil es una buena idea, pero ¿lo llevas dentro de una bolsa impermeable? ¿Está cargado? No olvides que los mejores capitanes siempre cuidan de sus hombres.

NÁUSEAS

La sensación de náusea producida por causas externas —como el mareo al viajar en coche o en barco, o las náuseas matinales producto del embarazo— pueden aliviarse a veces activando un punto de acupuntura situado en las muñecas. Para encontrarlo, apoya la otra mano en ángulo recto sobre la muñeca, como muestra la figura.

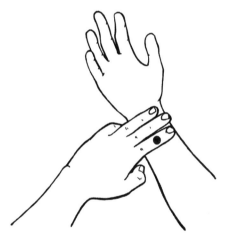

El punto situado bajo el dedo índice, entre la primera y la segunda falange, puede aliviar las náuseas al cabo de cinco minutos de presión. Es posible apretar con cada mano sobre el punto de control de la náusea de la otra. No le da resultado a todo el mundo, pero puede venir muy bien saberlo.

BOTIQUINES

El contenido de los mismos varía según sean para el hogar o para situaciones de urgencia. No tiene demasiado sentido guardar polvo para hongos en un botiquín de urgencias. No obstante, es fundamental que contenga:

1. Tiritas y tijeras. Las tiritas de tela son las mejores y pueden recortarse para darles cualquier forma.
2. Crema antiséptica y líquido antiséptico (triclorofenol).
3. Aguja e hilo. Coser heridas es posible cuando un paciente está inconsciente. (A veces los perros se dejan coser, aunque la mayoría se resisten como locos.)
4. Anestésicos. El ibuprofeno también funciona como droga antiinflamatoria, pero puede resultar peligroso para los asmáticos. La aspirina es útil en caso de infarto o de apoplejía, pues diluye la sangre.

El paracetamol alivia el dolor y ayuda a disminuir la presión sanguínea. El aceite de clavo alivia el dolor de muelas.

5. Los ungüentos oftalmológicos a base de isetionato de propamidina, que pueden encontrarse en cualquier farmacia, son estupendos para las dolencias o infecciones oculares de todo tipo. También valen para los perros.
6. Vendajes, incluido uno grande y de forma cuadrada que pueda convertirse en cabestrillo.
7. Apósitos de gasa que puedan colocarse bajo el vendaje y absorber hemorragias.
8. Bálsamo labial.
9. Filtro solar de factor de protección elevado.
10. Pinzas e imperdibles
11. Dos pares de guantes de látex.
12. Pastillas antihistamínicas para las picaduras de insectos o las reacciones alérgicas.

Si existe la posibilidad de que necesites antibióticos en un lugar alejado de la civilización, como por ejemplo en el transcurso de una excursión en la montaña, tu médico de cabecera puede proporcionarte una receta, lo cual te saldrá más caro. Lo más probable es que sea para un antibiótico de uso general, como la amoxicilina.

ORGANIZACIONES INTERNACIONALES

ONU (ORGANIZACIÓN DE LAS NACIONES UNIDAS)

La ONU, fundada el 24 de octubre de 1945, por iniciativa del presidente de Estados Unidos F. D. Roosevelt, y con sede en Nueva York, es la organización internacional dedicada a velar por la paz en el mundo. Forman parte de ella todos los Estados y tiene como principales objetivos: mantener la paz y la seguridad internacionales, promover la defensa de los derechos humanos y enviar misiones humanitarias a aquellos lugares donde se necesite restablecer la paz o combatir problemas relacionados con los refugiados o el hambre. Con el fin de coordinar todas las acciones que debe llevar a cabo la ONU, existen varias agencias u organismos de intervención, entre los que destacan la UNICEF, dedicada a la protección de la infancia, el ACNUR, que vela por los refugiados, o la OMS, Organización Mundial de la Salud.

La ONU tiene un secretario general, cuyo cargo tiene una duración de cinco años, y está dirigida por el Consejo de Seguridad, integrado por 15 miembros rotatorios y 5 permanentes (Estados Unidos, Rusia, Gran Bretaña, Francia y China) que tienen derecho a veto. Las Naciones Unidas cuentan también con un Tribunal Internacional de Derechos Humanos, formado por 15 jueces, con sede en La Haya.

OMC (ORGANIZACIÓN MUNDIAL DEL COMERCIO)

Constituida el 1 de enero de 1995, tiene su sede en Ginebra (Suiza). Sus objetivos son promover medidas de transparencia y colaboración entre los países con el fin de que el libre comercio sea posible tanto para las grandes naciones como para los países con menos recursos. La Organización Mundial del Comercio tiene un foro de negociaciones comerciales donde se debaten los acuerdos.

UE (Unión Europea)

La Unión Europea es el proyecto común internacional más sólido y ambicioso de este siglo. No se trata sólo de una unión aduanera destinada a favorecer el comercio entre naciones que comparten una cultura y un espacio geográfico: la Unión Europea, que sustituyó a la antigua Comunidad Económica Europea en noviembre de 1993, es también una realidad política y como tal tiene una capital, Bruselas, y un parlamento, con sede en Estrasburgo, donde se elaboran leyes y se toman decisiones, que van desde la economía al medio ambiente pasando por la cultura o la política exterior, que afectan a los 27 países comunitarios.

A pesar de que la UE posee una moneda común fuerte y consolidada y un poder legislativo estable, tiene ante sí el último gran reto: la aprobación del Tratado para la Constitución Europea, que garantizará una unión todavía más sólida entre los Estados, con un presidente europeo y políticas comunes en economía y asuntos internacionales. Corresponde a Alemania, en el primer semestre del año 2007, y a Portugal, en el segundo semestre, relanzar la construcción europea.

La UE y sus actuales integrantes

1. Alemania
Deutschland
DE

2. Austria
Österreich
AT

3. Bulgaria
България
BG

4. Bélgica
België/Belgique
BE

5. Chipre
Κύπρος
CY

6. Dinamarca
Danmark
DK

7. Eslovaquia
Slovensko
SK

8. Eslovenia
Slovenija
SI

9. España
España
ES

10. Estonia
Eesti
EE

11. Finlandia
Suomi
FI

12. Francia
France
FR

13. Grecia
Ελλάδα
GR

14. Holanda
Nederland
NL

15. Hungría
Magyarország
HU

16. Irlanda
Éire
IE

17. Italia
Italia
IT

18. Letonia
Latvija
LV

19. Lituania
Lietuva
LT

20. Luxemburgo
Letzebuerg
LU

21. Malta
Malta
MT

22. Polonia
Polska
PL

23. Portugal
Portugal
PT

24. Reino Unido
United Kingdom
UK

25. República Checa
Česko
CZ

26. Rumanía
România
RO

27. Suecia
Sverige
SE

MERCOSUR

Unión aduanera de los países latinoamericanos del Cono Sur que se inició en 1991. Esta organización está integrada por Argentina, Brasil, Uruguay y Paraguay. Los objetivos principales del MERCOSUR son: libre circulación de bienes y servicios, establecer políticas comerciales comunes y coordinar las políticas fiscales y macroeconómicas de sus miembros, con especial atención a la agricultura y la cultura. El MERCOSUR cuenta también con otros países asociados, que son: Bolivia, Chile, Colombia, Ecuador, Perú y Venezuela.

LA COMMONWEALTH

La Commonwealth es una organización de cincuenta y tres naciones. Con la excepción de Mozambique, que se adhirió a finales del siglo XX, las otras cincuenta y dos formaron parte del Imperio británico. De hecho, la Commonwealth se creó como organización pacífica durante el crepúsculo de dicho imperio. Ha obtenido excelentes resultados, y en la actualidad sigue ejerciendo una sorprendente influencia. Más de 1.800 millones de personas viven en los países de la Commonwealth, y la reina Isabel II les dirige un mensaje el Día de la Commonwealth (el segundo lunes de marzo). Los cincuenta y tres países son los siguientes.

Países integrantes: Antigua y Barbuda*; Australia*; Bahamas*; Bangladesh; Barbados*; Belice*; Botswana; Brunei Darussalam; Camerún; Canadá*; Chipre; Dominica; Islas Fiji; Gambia; Ghana; Granada*; Guyana; India; Jamaica; Kenya; Kiribati; Lesotho; Malawi; Malasia; Maldivas; Malta; Mauricio; Mozambique; Namibia; Nauru; Nueva Zelanda*; Nigeria; Pakistán; Papua Nueva Guinea*; Saint Kitts y Nevis*; Santa Lucía*; San Vicente y las Granadinas*; Samoa; Seychelles; Sierra Leona; Singapur; Islas Salomón*; Sudáfrica; Sri Lanka; Swailandia; Tanzania; Tonga; Trinidad y Tobago; Tuvalu*; Uganda; Reino Unido*; Vanuatu; y Zambia.

La Commonwealth promueve la democracia, la igualdad y el buen gobierno, no sólo entre sus miembros, sino también en todo el mundo. Presta ayuda y asistencia en casos de catástrofe a sus miembros y proporciona fondos para el desarrollo y la erradicación de la pobreza.

ASEAN (Asociación de Naciones de Asia Sudoriental)

Fundada en 1967, está integrada por los Estados asiáticos de Brunei, Indonesia, Filipinas, Malasia, Singapur y Tailandia. Todos estos países están considerados desde el punto de vista económico como naciones en desarrollo. Los Estados que forman la ASEAN comparten aspectos comunes en su historia, cultura y situación geográfica, que permiten aplicar políticas monetarias, comerciales y fiscales estables. Desde 1992 los países de la ASEAN tienen un nuevo objetivo común: formar una zona de libre comercio.

NAFTA (North America Free Trade Association)

Tratado económico firmado en 1994 por Estados Unidos, Canadá y México. El objetivo del NAFTA es establecer en el año 2010 una zona de libre comercio que abarque a los tres países firmantes. Otros objetivos son la libre circulación de capitales, mercancías y servicios.

* El símbolo* indica las monarquías constitucionales donde la reina Isabel II es jefe de estado.

HISTORIAS EXTRAORDINARIAS – PARTE II

Darwin y la teoría de la evolución

CHARLES ROBERT DARWIN nació el 12 de febrero de 1809 en Shrewsbury, Inglaterra. Fue el quinto de seis hermanos y el segundo varón de una familia de cierto prestigio social. Su abuelo paterno, Erasmus Darwin, había sido un importante médico, botánico y poeta, y su padre, Robert Waring Darwin, era un apreciado médico rural. En 1825 el joven Darwin ingresó en la Universidad de Edimburgo para estudiar medicina, pero a los dos años, decepcionado de lo que esta especialidad le ofrecía, se trasladó a Cambridge para iniciar la carrera eclesiástica. Allí conocería al naturalista John Stevens Henslow, un hombre que influyó poderosamente en su trayectoria. Fue él quien le contagió su interés por la geología, la botánica y la zoología y también quien años más tarde le recomendaría para embarcar como naturalista en una expedición científica a bordo del *Beagle,* un viaje que habría de cambiar su vida.

El 27 de diciembre de 1831 Darwin partió del puerto de Plymouth para navegar por las costas de América del Sur y las islas del Pacífico. Una selección de libros de ciencia, algo de instrumental y cuadernos donde tomar notas componían su equipaje. Durante las numerosas escalas el joven tuvo oportunidad de estudiar la rica fauna y flora, pero fue el recorrido por las islas Galápagos lo que le permitió asentar los cimientos de una teoría que habría de cambiar el rumbo del pensamiento científico. Darwin advirtió que determinadas aves presentaban diferentes peculiaridades en las distintas islas del archipiélago. Gracias a su aguda capacidad de análisis comprendió que todas las variantes procedían en realidad de una especie común, aunque cada una de ellas había evolucionado de manera desigual según el medio al que había tenido que adaptarse. La idea imperante hasta el momento de que las especies se mantenían inmutables en el tiempo iba a ser cuestionada por primera vez.

A su regreso a Inglaterra, el 2 de octubre de 1836, Darwin empezó a ordenar las cuantiosas notas acumuladas durante el viaje y a dar forma a sus tesis evolutivas. El primer resultado de este trabajo fue el libro *Diario del viaje del Beagle,* título que le otorgó cierta notoriedad. Sin embargo, la obra que habría de asentar las bases de la biología moderna, *El origen de las especies,* se publicó el 24 de noviembre de 1859. En ella su autor exponía la supervivencia de los más capaces, un mecanismo de selección natural a través de generaciones que va modificando las especies, de manera que el ejemplar más apto sustituye al menos preparado. Sobre esta base el científico argumentaba que todas las especies procedían de un remoto antepasado común que había dado lugar a variantes diferentes según las exigencias del medio en el que se había desarrollado.

Las tesis de Darwin tuvieron un gran impacto, creando una gran polémica y un importante debate entre ciencia y religión. El hombre ya no era el centro del universo sino un descendiente del mono.

A pesar de las duras críticas que suscitó su trabajo, los méritos científicos de Darwin fueron reconocidos en todo el mundo, recibiendo antes de su muerte, acaecida el 19 de abril de 1882, numerosas distinciones. Su cuerpo está enterrado en la abadía de Westminster, junto a la tumba de Isaac Newton.

CÓMO CONSTRUIR UNA MESA DE TRABAJO

A NTES DE PODER HACER algunas de las cosas que aparecen en este libro, es obvio que nos hizo falta una mesa de trabajo. Incluso la tarea más sencilla en un taller se vuelve difícil sin un tornillo de banco sólido y una superficie plana.

Hemos tratado de hacer esto de la manera más sencilla posible. El pino es lo más fácil de cortar, pero también se rompe, se abolla y se deforma, razón por la cual las mesas de trabajo clásicas se hacen de haya, una madera muy dura.

Los principiantes sin ninguna experiencia deberían empezar con el pino, pues los errores salen mucho más baratos. La planificación es esencial, pues cada mesa es diferente. La nuestra encajaba en la pared del taller y es más alta que casi cualquier otra mesa de trabajo que puedas llegar a ver. Los dos somos altos y preferimos trabajar a un nivel más elevado. Dibuja los planos y hazte una idea de cuánta madera vas a necesitar.

Los proveedores nos cortaron la madera a medida para ahorrar tiempo, y pasamos dos días cortando las ensambladuras de mortaja y espiga antes de empezar a montar la mesa.

NORMA GENERAL: Mide dos veces y corta una. La carpintería consiste en un 80% de cuidado y sentido común y un 20% de habilidad, o incluso arte. No hace falta ser un trabajador muy cualificado para hacer muebles, con tal de que no pierdas jamás los nervios, planifiques con cuidado y reúnas práctica, práctica y más práctica. La razón por la cual un profesional es mejor que un aficionado es que corta piezas todos los días.

ENSAMBLADURAS DE MORTAJA Y ESPIGA

Una mortaja es una ranura abierta en la madera. La espiga es la pieza que encaja en dicha ranura.

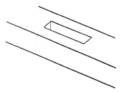

NOTA: El empleo de herramientas afiladas no debe tomarse a la ligera. Un cincel se puede llevar un dedo con la misma facilidad que un trozo de madera. No intentes hacer esto a menos que haya un adulto dispuesto a enseñarte lo básico. Hay cientos de detallitos (como la manera de sujetar un cincel) que no tenemos espacio para tratar aquí.

Empezamos por hacer dos armazones rectangulares, uno para cada extremo de la mesa de trabajo. Éste es un diseño muy sencillo, pero las ensambladuras de mortaja y espiga sujetan las esquinas con fuerza.

Asegúrate de que la parte superior de la espiga no quede demasiado cerca de la parte superior de la pata. Cuando llegue el momento de cortar la mortaja, hay que evitar romper el extremo de la pieza.

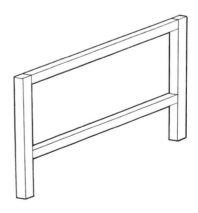

Para las junturas de encaje simple, la longitud de la espiga es igual a la anchura de la pata. Para dar forma a la espiga, hay que hacer cuatro cortes (¡precisos!) con la sierra hasta una línea marcada a una distancia igual a la profundidad de la pata. Sólo quedará el rectángulo del centro que se ve en el dibujo. Una vez realizados los cuatro cortes, se quitan con la sierra las piezas de sobra y se emplea el cincel para eliminar cualquier astilla o desigualdad.

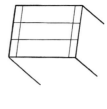

Una vez que se tienen cortadas las espigas, se numeran a lápiz. Usa las espigas como plantilla para las mortajas, que también deben ir numeradas. También habremos marcado la parte que ha de quedar hacia arriba con una cruz, para no perder la pista. Obviamente, todas las espigas deberían ser idénticas, pero sorprende la frecuencia con la que no es así. Marca las mortajas con mucho cuidado, tomando nota de su posición exacta. La primera pata será relativamente fácil, pero la segunda tiene que ser absolutamente idéntica, y ahí es donde empiezan los problemas.

A continuación, corta la mortaja. Aquí hay que tener mucho cuidado, y algo de habilidad con el cincel. Procura también no machacar los bordes al hacer palanca hacia atrás. Lo ideal es emplear un cincel de la misma anchura que la mortaja, aunque hay quien prefiere usarlos más estrechos.

Una vez que tengas montadas los dos pares de patas para los extremos, necesitas unas barras que vayan a lo largo para evitar que la mesa se tambalee. Empleamos mortajas y espigas de nuevo, al parecernos que las juntas de haya proporcionaban solidez de sobra para nuestras necesidades.

Como puedes ver en la ilustración, colocamos los dos travesaños en el mismo lado. Queríamos tener acceso para guardar cosas debajo de la mesa, así que dejamos despejada la parte delantera.

El aparejo de cuerda de la ilustración se llama «torno». Se emplea cuando un mueble es demasiado grande para el tornillo de banco. La mayoría de las mesas presentarán este problema, y es bueno saber que se puede superar con una simple cuerda de longitud doble y un palo al que se da vueltas para aplicarle presión. La misma técnica se ha usado hasta para sacar barcos de madera del agua. No olvides proteger la madera con trapos, pues de lo contrario quedarán surcos en las patas.

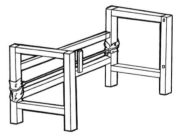

Las tablas de la parte superior se pueden encolar si tienen bordes perfectos, o pueden ir simplemente atornilladas. El método más simple de todos es atornillar sin más a las piezas de los extremos, pero resulta feo dejar a la vista las cabezas de los tornillos. Nosotros empleamos unas cantoneras por debajo, atornillándolas horizontalmente a la pieza de las patas y hacia arriba, a la parte inferior de la tabla. Para nuestros propósitos era suficiente.

Para terminar, pasamos casi un día entero lijando como locos, echamos relleno de madera en los huecos de las juntas que no pudimos eliminar lijando y, por último, frotamos toda la pieza con aceite de linaza. La madera absorbió muy bien el aceite, quedando así bien sellada, por si acaso derramamos pintura encima en el futuro.

CÓMO CONSTRUIR UNA MESA DE TRABAJO

LA PITILLERA PARA PROBAR EL PULSO

---❈---

Se trata de un juguete con un circuito eléctrico, de lo más sencillo y reconocible al instante. Es divertido, y además portátil. Te hará falta una pitillera, algo que no abunda en estos tiempos. Pregunta en algún rastrillo, o da la tabarra a los mayores. Intenta conseguir más de una si puedes, pues son tremendamente útiles.

> Se necesita:
>
> • Una pila; lo ideal es una de las cuadradas de 9 voltios.
> • Una bombilla de linterna.
> • Dos trozos de alambre pelado del largo aproximado de una regla.
> • Cinta aislante.

Si tienes un soldador, los contactos soldados son más fiables, pero esto es prescindible.

1. Conecta uno de los alambres al polo positivo de la pila (+). Si utilizas un soldador, asegúrate de tener la pila bien sujeta y hazlo con cuidado: no es tan fácil colocar un pegote de soldadura donde lo quieres sin que se enfríe demasiado rápido.

2. Conecta un extremo del otro alambre al extremo de la bombilla, como se ve en el dibujo. Nosotros lo soldamos.

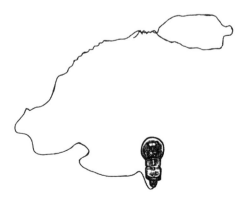

Se puede dejar bien sujeto con tiras finas de cinta aislante, pero trata de no tapar el casquillo de la bombilla: lo necesitarás para el último contacto. Haz una lazada al otro extremo, como en el dibujo.

3. Conecta el casquillo de la bombilla al otro polo. Observa que la bombilla debe ir de lado y no apuntar hacia arriba, o de lo contrario la caja podría no cerrar bien. Éste es un buen momento para probar el circuito. Con la bombilla en contacto con el ánodo (–), debe encenderse al tocarse los alambres. Si no se enciende, revisa las conexiones (y asegúrate de que la bombilla funciona).

Ahora tienes un circuito que encenderá una bombilla cuando se toquen dos alambres. Fíjalo al interior de la pitillera con cinta aislante.

Para utilizarlo, retuerce el alambre sin lazada para que describa un montón de vueltas y curvas y usa la lazada para recorrerlo sin tocar. Aquí es donde hará falta tener el pulso firme. Todo cabe en un bolsillo.

Hay una pequeña posibilidad de que los alambres hagan contacto a través del metal de la pitillera, así que no es mala idea forrar el interior con cinta aislante. En el momento de escribir esto, la nuestra ha durado más de un año sin romperse ni gastarse la pila, pese a usarla con frecuencia.

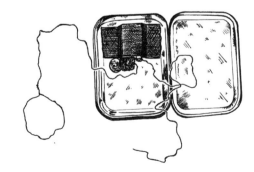

CINCO JUEGOS DE PAPEL Y LÁPIZ

1. El ahorcado

Éste es el clásico juego a base de palabras para dos o más jugadores. Piensa en una palabra y escribe tantos guiones seguidos como letras tenga – – – – – – . El otro u otros jugadores adivinan letras de una en una. Si aciertan alguna letra, escríbela. Si no aciertan ninguna, dibuja una de las líneas del ahorcado y escribe la letra en el papel. Si tratan de adivinar la palabra y no aciertan a dar con ella, eso también les costará una línea.

Se dan doce oportunidades para adivinar la palabra. Si se termina el dibujo del ahorcado, se pierde la partida. Jugad por turnos y probadlo con palabras de lo más difícil, como «risotto» o «gargajo».

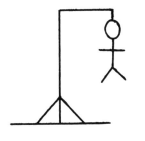

2. Las casas

Éste es un juego algo tonto, pero divertido por lo frustrante. Parece muy fácil. Dibuja seis recuadros en cualquier parte de la página. Marca tres de ellos con las letras G, E y A, que representan el gas, el agua y la electricidad. Los otros tres se numeran 1, 2 y 3. El objeto del rompecabezas es proporcionar esos servicios esenciales a las tres casas numeradas. Esto se hace dibujando tuberías que conectan los recuadros. Las tuberías no pueden cruzarse ni atravesar una casa.

En el ejemplo, se puede ver que una de las casas tiene gas y agua pero no electricidad. Puedes probar a cambiar los recuadros de sitio, pero recuerda que no está permitido que se crucen las líneas. Este rompecabezas parece posible de resolver, pero en realidad no lo es. Vayan los recuadros donde vayan, no se pueden conectar los tres servicios sin cruzar ninguna línea. Es perfecto para hacer que lo intente al-

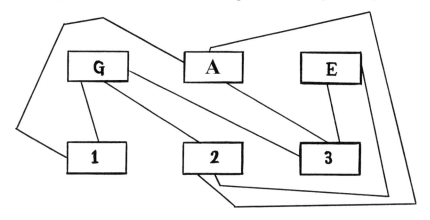

guien que se crea muy listo (como un hermano mayor). Se quedará totalmente perplejo. Finge que conoces la solución, niégate a revelarla y quédate mirando cómo suda tinta. (Hay una manera tramposa de solucionar el rompecabezas. Se lleva la última tubería hasta el borde del papel, se continúa la línea por el otro lado de la hoja y se hace un agujero para llegar hasta la casa. Esto no suele crear una impresión favorable entre los presentes.)

3. LOS CUADRADOS

Se trata de un juego muy sencillo para dos jugadores que puede resultar endemoniadamente difícil de ganar. Dibuja una cuadrícula de puntos en una hoja de papel, pongamos de nueve por nueve o diez por diez. Cada jugador puede conectar dos puntos con una línea cuando le toque el turno. El objetivo es cerrar cuadrados, y cuando se logra, se puede repetir turno.

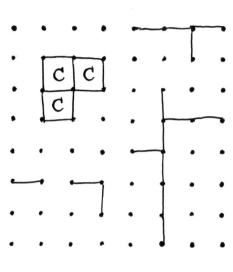

El juego tiende a seguir un esquema de pasos sencillos hasta que se llenan la mayor parte de las líneas, y luego empiezan a completarse cuadrados en rachas, uno detrás de otro, hasta que la cuadrícula queda completa. Puede ser buena idea sacrificar una línea corta de cuadrados para que te corresponda otra más larga. Marcad los cuadrados claramente para que se puedan contar, ya sea con distintos colores o con un símbolo. Gana el jugador que al final tenga más cuadrados.

4. BARCOS

Éste es un clásico. Se dibujan dos cuadrículas, con ejes x e y numerados del 1 al 8 y de la A a la H. Cuanto más grande la cuadrícula, más largo el juego. Dibuja barcos sobre tu cuadrícula: un portaviones que ocupa cinco espacios, un acorazado de cuatro, dos destructores de tres, un submarino de dos y un crucero de dos. Se puede emplear cualquier combinación razonable con tal de que ambos jugadores se pongan de acuerdo.

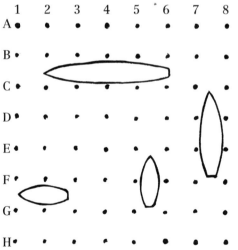

Una vez que ambos hayan dibujado sus barcos sin que el otro los vea, se van realizando disparos por turno por medio de las coordenadas: A4, C8, etc. El objetivo es hundir los barcos de tu oponente antes de que él hunda los tuyos.

Una alternativa interesante es la de reemplazar los barcos por palabras elegidas por cada jugador, de dos letras, tres letras y así sucesivamente. El objeto sigue siendo encontrar y «hundir» las palabras, pero con un tanteo de cinco puntos por cada una, y de diez puntos si se consigue adivinar la palabra antes de acertar en la última letra. Entonces quien gana es el que tenga más puntos al final.

Otro que parece fácil, pero resulta endemoniado en realidad. Empieza dibujando una cuadrícula; los cuadernos de ejercicios escolares siempre facilitan las cosas, lo cual puede ser la razón de que tantos de estos juegos se practiquen en el colegio.

Unas cuadrículas de tres por tres no son gran cosa como reto, pero bastan para la explicación. Con cuadrículas de cinco por cinco, mucho mejor para jugar.

El jugador que utiliza la O rellena dos esquinas, mientras que su oponente pone una X en las otras dos. Se decide quién empieza a mover lanzando una moneda.

Cada jugador puede colocar su símbolo solamente en cuadrados adyacentes a los que ya lo tienen. No está permitido «mover» en diagonal.

Cualquier símbolo adyacente de tu oponente se convierte en un símbolo tuyo cuando mueves, incluidas las diagonales. En el diagrama número 2 tendría sentido que el jugador O colocara una en el cuadrado del medio a la derecha. ¡Hará falta goma de borrar! La X de la esquina se borra y se convierte en una O.

Claro, ahora X puede reaccionar. Si coloca su X en el cuadrado del medio de la parte superior, ganará dos nuevos espacios con X, y así sucesivamente. De hecho, ésta la tiene que ganar O.

El juego termina cuando a un jugador no le quede nada o cuando la cuadrícula se llene. Este ejemplo no es más que un aperitivo. Con cuadrículas mayores, se puede convertir en un juego fascinante y complejo.

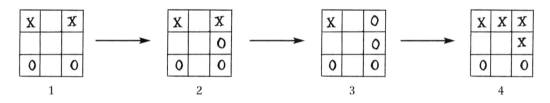

LA EDAD DE ORO DE LA PIRATERÍA

Piratas hay desde que hay barcos que se hacen a la mar para perder de vista la tierra y la ley. El periodo conocido como la «edad de oro» de la piratería comenzó en el siglo XVII, y continuó hasta las primeras décadas del XVIII. El descubrimiento del Nuevo Mundo y sus grandes riquezas provocó una proliferación de corsarios, algunos de los cuales, como Francis Drake, gozaban del respaldo y la complicidad de la reina Isabel I.

La palabra «bucanero» procede de los marineros europeos que atrapaban cerdos salvajes en las islas de La Española y Tortuga en el Caribe y ahumaban su carne sobre parrillas de madera para conservarla. El verbo francés *boucaner* significa secar la carne de esta manera. Aquellos hombres se llamaban a sí mismos «los Hermanos de la Costa», y fue de entre ellos de donde salieron los nombres más famosos, como Calico Jack Rackham y Barbanegra. Quizá lo más asombroso de esta edad de oro sea el hecho de que a tantos piratas se les concediera el perdón, a veces a cambio de ayuda militar o bien de una parte del botín. El pirata galés Henry Morgan fue no sólo perdonado, sino que además Carlos II le nombró caballero, gobernador en funciones de Jamaica, vicealmirante, comandante del regimiento de Port Royal, juez del tribunal del almirantazgo y juez de paz.

Aunque la calavera y los fémures cruzados, o *Jolly Roger*, sea con mucho la bandera pirata más famosa, hubo distintas versiones de la misma y muchas otras banderas que metían el miedo en los corazones de los marinos mercantes y sus capitanes. He aquí una selección de las más famosas, junto con los nombres de aquellos cuyos barcos las enarbolaban.

Walter Kennedy

Bart Roberts

Henry Every

Edward England

Richard Worley

Christopher Moody

Stede Bonnet

Edward Low

Bart Roberts (2ª bandera)

Jack Rackham

Barbanegra (Edward Teach)

Emanuel Wynne

Thomas Tew

Christopher Condent

UN ELECTROIMÁN SENCILLO

Un electroimán no es más que una bobina de cobre a la que atraviesa una corriente eléctrica. Su uso más clásico es en la grúa del desguace, para izar los coches hasta la prensa aplastacoches. El nuestro izó dos tornillos de hierro.

Te harán falta un par de metros de alambre de cobre y algo de hierro sobre lo que envolver el hilo, un trozo de perchero metálico o un clavo. También te hará falta una pila, y será preferible tener un armazón de plástico para la pila como el que se ve en el dibujo. En las tiendas de modelismo los venden por muy poco dinero. Es posible conectar pilas a un circuito sin usar más que cinta aislante y gomas elásticas, pero resulta más difícil y las conexiones son poco fiables.

1. Aísla el clavo de hierro con cinta aislante. Funcionaría sin ello, pero los polos de la pila se calientan y pueden quemar.

2. Envuelve el clavo en el alambre de cobre, dejando libre unos centímetros del extremo para conectar después a la pila. Cuantas más vueltas de alambre haya, más potente será el imán, así que usa el trozo más largo que puedas conseguir. El del dibujo tiene más de una capa de alambre, que primero sube y luego baja por la barra. Se debe aislar cada capa de la siguiente con cinta aislante.

3. Haz un interruptor si quieres; es menos lioso que tocar los polos de una pila con alambre, aunque haya un armazón para la pila. Nosotros usamos un par de tornillos negros, uno de ellos conectado al polo positivo (+) y otro al negativo (–). Es esencial completar el circuito, o no funcionará.

¡Ahora usa la punta de hierro para atraer clips! En teoría, con suficiente alambre o con pilas de mayor potencia, el imán podría ser bastante potente —la batería de un coche funcionaría muy bien— y eso permite aplicaciones como descolgar el imán por recovecos oscuros para recuperar tornillos y herramientas de hierro.

TINTAS INVISIBLES

CUALQUIER SUSTANCIA ORGÁNICA (de origen animal) que sea transparente o casi transparente se puede usar como tinta invisible activada por calor. Dicho de modo simple, el hecho de ser orgánica supone que contiene carbono, y el carbono arde con facilidad. La leche, el zumo de limón, la clara de huevo y, sí, la orina funcionan como tinta invisible. Para el mensaje que se ve en el dibujo usamos leche.

En nuestro primer intento escribimos una frase en el margen de una carta. A no ser que la estuvieras buscando, no era fácil verla. El texto de la carta ayudaba a disimularla. La dejamos secar y luego aplicamos una llama directamente a las palabras ocultas. Trata de evitar prenderle fuego al papel o a tu ropa. Las letras aparecieron como por arte de magia.

Se pueden leer las palabras «el ataque será esta noche». Aunque suene muy dramático, es un mensaje un poco torpe. Mucho mejor es hacer que tu espía tenga que esperar un rato y luego poner «media» en alguna parte de la hoja de papel. Así resultaría mucho más difícil de encontrar.

El problema con este tipo de cosas es que la carta que hace de tapadera tiene que parecer real, pero no tanto que tu espía no busque el mensaje secreto. Como en la sección sobre códigos, las cosas funcionan mejor si se planifica un poco de antemano. Invéntate una hermana: así sabrán que todas las cartas en las que se la mencione por su nombre contienen palabras secretas.

Las tintas invisibles permiten enviar información confidencial por correo. Si no se sabe de antemano que está ahí, no es nada probable que la detecten.

EL ATAQUE SERÁ ESTA NOCHE

Hola, David.

Sólo unas palabras

para decirte lo divertida

que fue la fiesta.

Nos vemos en el nuevo año.

Susan

CITAS LITERARIAS

¿Qué hay en un nombre? Aquello que llamamos rosa
Llamado de otro modo tendría el mismo dulce aroma.

Romeo y Julieta, acto 2º, escena 2ª

❈

¡Te apagas, breve llama!
La vida no es más que una sombra que camina, un mal actor
Que en escena se pavonea y arrebata,
Y al que luego no se oye más; es una historia
Contada por un idiota, llena de ruido y de furia
Y que nada significa.

Macbeth, acto 5º, escena 5ª

❈

Grita «devastación» y suelta a los perros de la guerra.

Julio César, acto 3º, escena 1ª

❈

El mundo entero es un teatro,
Y todos los hombres y mujeres actores, nada más.

Como gustéis, acto 2º, escena 7ª

❈

Ser o no ser, ésa es la cuestión:
Si es más noble para el alma soportar
Las flechas y pedradas de la áspera Fortuna
O tomar armas contra un mar de adversidades
Y darles fin en el encuentro.

Hamlet, acto 3º, escena 1ª

❈

Somos de la sustancia de la que están hechos los sueños,
Y nuestra pequeña vida la abarca un dormir,

La tempestad, acto 4º, escena 1ª

❈

Hay más cosas en cielo y en tierra, Horacio,
De las que sueña tu filosofía.

Hamlet, acto 1º, escena 5ª

❈

Algo huele a podrido en Dinamarca.

Hamlet, acto 1º, escena 4

❈

¡Y tú, Bruto!

Julio César, acto 3º, escena 1ª

※

Ahora es el invierno de nuestro descontento.

Ricardo III, acto 1º, escena 1ª

※

Nosotros los pocos, felices y pocos; nosotros,
Banda de hermanos.

Enrique V, acto 4º, escena 3ª

※

CANTAR DE MIO CID

Dios, qué buen vasallo si hubiese buen señor.

※

ROMANCERO

Abenámar, Abenámar
Moro de la morería,
El día en que tú naciste
Grandes señales había

Yo no digo mi canción
Sino a quien conmigo va.

Paseábase el rey moro
Por la ciudad de Granada
Desde la puerta de Elvira
Hasta la de Vivarrambla

※

JORGE MANRIQUE

Recuerda el alma dormida,
Avive el seso y despierte
Contemplando
Cómo se pasa la vida
Cómo se viene la muerte
Tan callando;
Cuán presto se va el placer,
Cómo después de acordado da dolor,

Cómo a nuestro parecer
Cualquier tiempo pasado
Fue mejor.

※

COMENDADOR ESCRIVÁ

Ven, muerte, tan escondida,
Que no te sienta conmigo,
Porque el gozo de contigo
No me torne a dar la vida.

※

GARCILASO DE LA VEGA

¡Oh dulces prendas por mí mal halladas,
Dulces y alegres cuando Dios quería,
Juntas estáis en la memoria mía
Y con ella en mi muerte conjuradas!

※

FRAY LUIS DE LEÓN

Qué descansada vida
La del que huye del mundanal ruido,
Y sigue la escondida
Senda, por donde han ido
Los pocos sabios que en el mundo han sido;

Aquí la envidia y mentira
Me tuvieron encerrado.
¡Dichoso el humilde estado
Del sabio que se retira
De aqueste mundo malvado!

※

LUIS DE GÓNGORA

Ándeme yo caliente
Y ríase la gente.

Francisco de Quevedo

Madre, yo al oro me humillo,
Él es mi amante y mi amado,
Pues de puro enamorado
Anda continuo amarillo.
Que pues doblón o sencillo
Hace todo cuanto quiero,
Poderoso caballero
Es don Dinero.

Érase un hombre a una nariz pegado.

Retirado en la paz de estos desiertos,
Con pocos pero doctos libros juntos,
Vivo en conversación con los difuntos
Y escucho con mis ojos a los muertos.

❖

San Juan de la Cruz

En una noche oscura
Con ansias en amores inflamada
¡Oh dichosa ventura!
Salí sin ser notada
Estando ya mi casa sosegada.

La noche sosegada
En par de los levantes de la aurora,
La música callada,
La soledad sonora,
La cena que recrea y enamora.

❖

Santa Teresa de Jesús

Vivo sin vivir en mí,
Y de tal manera espero,
Que muero porque no muero.

❖

Sor Juana Inés de la Cruz

Hombres necios que acusáis
A la mujer sin razón,
Sin ver que sois la ocasión
De lo mismo que culpáis.

Miguel de Cervantes

En un lugar de la Mancha de cuyo nombre
No quiero acordarme...

Sabed que soy el valeroso don Quijote de
La Mancha, el desfacedor de agravios
Y sinrazones...

Con la iglesia hemos dado, Sancho.

❖

Lope de Vega

¿Quién mató al Comendador?
Fuente Ovejuna señor.

Soneto de repente

Un soneto me manda hacer Violante,
Que en mi vida me he visto en tanto aprieto;
Catorce versos dicen que es soneto,
Burla burlando van los tres delante.

Yo pensé que no hallara consonante
Y estoy a la mitad de otro cuarteto,
Mas si me veo en el primer terceto,
No hay cosa en los cuartetos que me espante.

Por el primer terceto voy entrando,
Y parece que entré con pie derecho
Pues fin con este verso le voy dando.

Ya estoy en el segundo y aun sospecho
Que voy los trece versos acabando:
Contad si son catorce y está hecho.

❖

Calderón de la Barca

¿Qué es la vida? Un frenesí.
¿Qué es la vida? Una ilusión,
Una sombra, una ficción,
Y el mayor bien es pequeño:
Que toda la vida es sueño,
Y los sueños, sueños son.

❖

Félix María de Samaniego

A un panal de rica miel
Cien mil moscas acudieron,
Que por golosas murieron
Presas de patas en él.

❋

José Espronceda

Yo quiero amor, quiero gloria,
Quiero un deleite divino
Como en mi mente imagino,
Como en el mundo no hay.

Que haya un cadáver más qué importa al mundo.

Y si lector, dijeres ser comento,
Como me lo contaron te lo cuento.

❋

Rubén Darío

Juventud, divino tesoro,
¡Ya te vas para no volver!
Cuando quiero llorar, no lloro...
Y a veces lloro sin querer...

❋

Antonio Machado

Caminante, son tus huellas
El camino y nada más;
Caminante, no hay camino,
Se hace camino al andar.
Al andar se hace el camino,
Y al volver la vista atrás
Se ve la senda que nunca
Se ha de volver a pisar.
Caminante no hay camino
Sino estelas en la mar.

La primavera ha venido,
Nadie sabe cómo ha sido.

El ojo que ves no es
Ojo porque tú lo veas;
Es ojo porque te ve.

Todo necio
Confunde valor y precio.

Mi infancia son recuerdos de un patio de Sevilla
Y un huerto claro donde madura el limonero;
Mi juventud, veinte años en tierra de Castilla;
Mi historia, algunos casos que recordar no quiero.

❋

Juan Ramón Jiménez

¡Intelijencia, dame
El nombre exacto de las cosas!
Que mi palabra sea
La cosa misma
Creada por mi alma nuevamente.

❋

Federico García Lorca

Verde que te quiero verde.
Verde viento. Verdes ramas.
El barco sobre la mar
Y el caballo en la montaña.

❋

Rafael Alberti

Se equivocó la paloma.
Se equivocaba.

❋

Pablo Neruda

Puedo escribir los versos más tristes esta noche...

Cristóbal Colón y el descubrimiento de América

Aunque no ha podido determinarse con absoluta certeza, se cree que Cristóbal Colón nació en Génova entre el 26 de agosto y el 31 de octubre de 1451. Desde muy joven se interesó por la navegación, trabajando como grumete en diferentes barcos hasta que en 1476 un naufragio le llevó ante las costas de Portugal, país en el que se instaló. Alentado por su espíritu comerciante y aventurero, emprendió viajes cada vez más ambiciosos. Su deseo era llegar a las Indias Orientales, gran productora de especias, muy apreciadas en la época. Por aquel entonces sólo se conocía la ruta marítima que bordeaba África, pero Cristóbal Colón estaba convencido de poder llegar a las Indias viajando hacia el oeste. El marino presentó su proyecto al rey de Portugal, Juan II, pero a éste no le interesó. En 1485 Cristóbal Colón decidió viajar a España con el propósito de presentar su idea ante los reyes Fernando de Aragón e Isabel de Castilla. En un principio los Reyes Católicos, ocupados con la expulsión de los musulmanes de España, no apoyaron su propuesta, pero gracias a la intervención del fraile Juan Pérez, confesor de la reina, el 17 de abril de 1492 Cristóbal Colón y los Reyes Católicos llegaron a un acuerdo firmando las Capitulaciones de Santa Fe, según las cuales el marino recibiría los títulos de almirante, virrey y gobernador de las tierras que descubriese, además de un cuantioso porcentaje de las riquezas obtenidas.

El 3 de agosto de 1492 Cristóbal Colón partió del Puerto de Palos, en Huelva, al mando de las carabelas *Pinta* y *Niña* y la nao *Santa María*. Entre la tripulación destacaba un reconocido marino, Martín Alonso Pinzón, sus hermanos Francisco y Vicente y el piloto Juan de la Cosa. Les esperaba una larga travesía de final incierto. Las semanas transcurrieron y las duras condiciones de vida en un océano desconocido empezaron a minar el ánimo de la tripulación. A punto estaban de convencerse de que habían fracasado en su intento cuando el grito del grumete Rodrigo de Triana, «Tierra a la vista», les arrancó una exclamación de júbilo. El 12 de octubre de 1492 Cristóbal Colón desembarcó en América convencido de que sus naves habían arribado a las Indias Orientales.

Tras algunos meses explorando aquellas tierras y después de tomar contacto con los indígenas que las poblaban, el almirante decidió dejar algunos miembros de la expedición y regresar a España. Los Reyes Católicos le esperaban en Barcelona para celebrar su conquista y encargarle posteriores viajes con el propósito de colonizar los nuevos territorios. En uno de esos viajes le acompañaría el fraile dominico Bartolomé de Las Casas, quien al comprobar los abusos de los que eran víctimas los indios se convirtió en uno de sus máximos defensores. Su constante lucha se materializó en 1542 con la promulgación de las Leyes Nuevas, que prohibían esclavizar a los indígenas. Por su labor, Bartolomé de Las Casas está considerado como el precursor de los derechos humanos y en el año 2000 la Iglesia católica inició su proceso de beatificación.

Cristóbal Colón regresó a España definitivamente en 1504. Sus continuos problemas en la gestión de los territorios conquistados y el distanciamiento con los monarcas, sobre todo tras la muerte de Isabel, lo sumieron en la pobreza y el olvido. La muerte le sorprendió el 20 de mayo de 1506 en Valladolid, ignorante de haber sido el hombre que descubrió el continente americano.

Magallanes y la primera vuelta al mundo

Fernando de Magallanes nació en 1480 en Tras-os-Montes, Portugal, en el seno de una familia noble. A los 12 años fue acogido en la corte, donde estudió ciencias náuticas. Esta materia despertó sus ansias de aventuras y en 1505 se unió a la expedición de Francisco de Almeida, primer virrey de la India portuguesa, defendiendo los enclaves lusos en el norte de África y la India. Durante estos años empezó a madurar la idea de encontrar un paso marítimo que comunicara el Atlántico y el Pacífico.

La falta de entendimiento con el rey portugués le animó a viajar a España para ofrecer sus servicios al rey Carlos I, quien deseoso de encontrar una nueva ruta que le permitiera llegar a las Indias puso a su disposición cinco naves, una tripulación de más de 200 hombres y provisiones para dos años.

El 20 de septiembre de 1519 la flota de Magallanes partió del puerto de San Lúcar de Barrameda rumbo a las islas Canarias, las costas brasileñas y más tarde las argentinas. Un año más tarde Magallanes descubrió lo que tanto ansiaba, un angosto paso entre la Patagonia y Tierra de Fuego, denominada así debido a las numerosas fogatas que allí vieron. Hoy ese paso se conoce como el estrecho de Magallanes. El 27 de noviembre de 1520 los intrépidos marinos dejaron atrás el Atlántico y se adentraron en el Pacífico, océano al que pusieron este nombre por sus aguas tranquilas. Habían alcanzado su primer objetivo, pero a las naves españolas aún les restaba un largo viaje, apenas quedaban víveres y la tripulación empezaba a ser víctima del escorbuto. La desesperación era tal que aquellos hombres llegaron a masticar los trozos de piel de vaca que cubrían el mástil y a pelearse por las ratas. No pudieron abastecerse hasta alcanzar el archipiélago filipino. Fue allí donde Magallanes encontró la muerte el 27 de abril de 1521 en un enfrentamiento con los indígenas.

Las naves continuaron bajo el mando de Juan Sebastián Elcano, quien tras finalizar el viaje regresó al puerto de origen en septiembre de 1522. Sólo le acompañaban diecisiete supervivientes, pero habían logrado una proeza náutica, habían dado la primera vuelta al mundo.

Simón Bolívar, el Libertador

Simón Bolívar nació en Caracas el 24 de julio de 1783 en el seno de una familia acomodada. A los 14 años se sintió atraído por la carrera de las armas, ingresando como cadete en un batallón del que su padre había sido coronel. En 1799 se trasladó a España para completar su educación y cuatro años más tarde se instaló en París, donde entró en contacto con las ideas de una floreciente corriente intelectual, la Ilustración. Esta nueva perspectiva, alejada de los conceptos del Antiguo Régimen, causó gran impresión en Bolívar, quien vislumbró en este resurgir ideológico la ocasión de liberar del dominio español a los países hispanoamericanos.

El propósito de Bolívar pronto encontró su oportunidad. En 1807 Napoleón obligó la cesión de la corona española a su hermano José Bonaparte, desencadenando la Guerra de la Independencia española. La reacción en Venezuela fue inmediata y surgió un movimiento deseoso de emanciparse del dominio español. Su líder no era otro que Simón Bolívar. Cuando los españoles, ya libres del dominio galo, quisieron reprimir la agitación en las colonias era demasiado tarde. Simón Bolívar ya se había ganado el sobrenombre de «el Libertador» con el que habría de pasar a la historia.

El sueño de Bolívar era unir las fuerzas de los países hispanoamericanos para desarrollar el comercio y la agricultura y fomentar la educación. Pero su propósito encontró más de un impedimento, sobre todo en la oposición de aquellos que se mantenían fieles a la metrópoli y que consiguieron inflingirle una importante derrota en 1814. Pero el militar se mantuvo firme en su propósito y protagonizando grandes hazañas militares consiguió la indepen-

dencia de Colombia, Panamá, Ecuador, Perú, Bolivia (antes el Alto Perú y rebautizado así en su honor) y Venezuela, proceso que terminó en 1821 tras diez años de lucha.

Al final de sus días el Libertador vio cómo el sueño de una única nación hispanoamericana se resquebrajaba: los países independizados se desmembraban y algunos de los que fueron sus aliados le abandonaron.

Murió pobre y solo el 17 de diciembre de 1830 en Santa Marta, Colombia. Su sueño sigue vivo.

CÓMO LIMAR UNA PLUMILLA

A UNQUE LA PLUMA QUE utilizamos nosotros era un modelo caro, nunca deberíais tratar de hacer esto con una pluma a la que le tengáis mucho aprecio. El riesgo de destruirla es considerable, y ésta suele ser la parte más costosa de reponer. Lo demás, al fin y al cabo, sólo es un tubo.

Lo primero que conviene saber es que casi todas las plumillas están limadas a mano. En teoría, no existe motivo por el que uno no debería poder limar una plumilla de la manera que mejor le vaya, siempre que se haga con un poco de sentido común y de cuidado.

Antes de comenzar, sería buena idea hacerse con una plumilla usada y escribir con ella. La escritura tiende a ser más «rasposa». Resulta extremadamente satisfactorio saber que uno ha limado su propia plumilla, y la caligrafía resulta más atractiva.

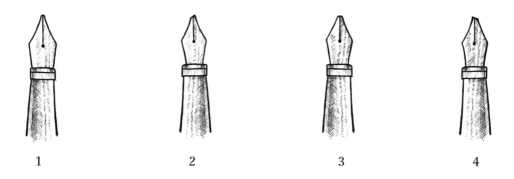

| 1 | 2 | 3 | 4 |

En el dibujo 1 aparece una plumilla estándar. La que aparece en el dibujo 2 se adaptaría mejor a alguien que escriba con la zurda. La del dibujo 3 sería apta tanto para zurdos como para diestros, mientras que la del dibujo 4 sería más apta para los diestros. Resulta complicado cambiar si uno no queda satisfecho con el resultado, motivo por el cual deberías empezar por probar con una plumilla adquirida en un comercio.

Nosotros utilizamos un biselador, un aparatito muy útil que sirve para sujetar cinceles en el ángulo requerido. El afilado se puede hacer completamente a mano, pero al margen del método que elijas, para

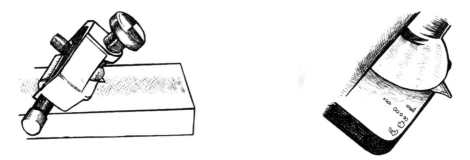

con frecuencia, moja la plumilla en tinta y pruébala. En esta fase, no te dejes desanimar por el sonido áspero. Hacerlo con una buena piedra de afilar requerirá más tiempo, pero por delicada que sea la operación, probablemente sea buena idea.

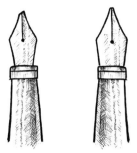

Tendrías que acabar con algo semejante a la plumilla de la izquierda (en caso de que seas zurdo). Antes de limarla era idéntica a la de la derecha. Al principio resultó desalentador tratar de escribir con el ángulo nuevo. Hizo falta un papel de lija muy fino (o papel abrasivo húmedo y seco) para hacer desaparecer las rugosidades y el polvo que había dejado la piedra de afilar. Cada cual tiene que decidir hasta dónde quiere pulir los bordes, aunque yo comprobé que eso facilitaba el flujo de la tinta.

Todos los caballos del rey, todos los hombres del rey

Todos los caballos del rey, todos los hombres del rey

NOTA: Esta caligrafía emplea los trazos anchos y estrechos de la plumilla.

LA NAVEGACIÓN

LO PRIMERO QUE HAY que entender es que las brújulas apuntan en dirección norte porque son magnéticas y porque la Tierra posee un campo magnético causado por la rotación de su núcleo, compuesto de metal líquido. El Polo Norte se corresponde de forma bastante aproximada con el polo real, pese a no ser idénticos. El Polo Sur se encuentra fuera de la Antártida propiamente dicha y es navegable. El norte magnético se halla cerca de la frontera de Canadá con Alaska. Ambos se encuentran en las entrañas del núcleo del planeta y se van desplazando con el tiempo.

Por si sentías curiosidad al respecto, las brújulas se atascan en los polos magnéticos, pues intentan señalar o bien hacia arriba o bien hacia abajo, a noventa grados con respecto a la superficie. Una brújula giroscópica —es decir, una brújula que emplea un giróscopo como elemento de dirección y por tanto apunta al norte geográfico y no sólo al magnético— resulta de incalculable valor para los pilotos. La Estación Espacial Internacional (ISS) dispone de trece de ellas.

Las cartas de navegación delinean la declinación magnética a lo largo y ancho del globo terrestre, mostrando si la variación respecto del norte geográfico se sitúa hacia el este o hacia el oeste, y si aumenta o disminuye. Como podréis imaginar, se trata de algo fundamental para la navegación. Una brújula situada en Nueva York se encontrará a aproximadamente 14º O del norte geográfico. Si estuvieras trazando una ruta en dirección norte, tendrías que restar catorce grados a la dirección que marcara la brújula. Si la diferencia fuera de 14º E, habría que sumar catorce grados.

La brújula es el medio universal para encontrar la posición en la que uno se halla en cualquier punto del planeta. La rotación de la Tierra tiene lugar en dirección este, de manera que el Sol se levanta por el este y se pone por el oeste en ambos hemisferios, norte y sur. Es cierto, sin embargo, que en el hemisferio sur el agua de los desagües y de los váteres gira en dirección contraria.

El dibujo que sigue muestra los treinta y dos puntos de una brújula. En el hemisferio norte, cuando el Sol se encuentra en el punto más alto del cielo, señala el sur. En el hemisferio sur, este punto del mediodía corresponde al norte.

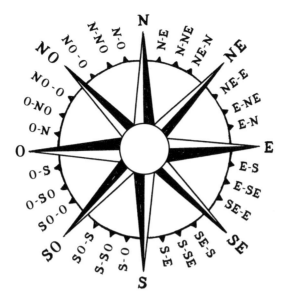

El hemisferio puede indicarlo el movimiento de la sombra que proyecta el Sol: en el sentido de las agujas del reloj en el norte y en el sentido opuesto en el sur. Esta sombra también puede orientarnos.

Coloca un palo de unos noventa centímetros de pie sobre una superficie plana y marca el punto donde cae el extremo de la sombra como punto «A».

Espera quince minutos y marca el lugar donde cae el extremo de la nueva sombra, el punto «B».

Ahora traza una línea de «A» a «B» y tendrás el eje este-oeste, en el que «A» será el oeste. Si bisecas esta línea en ángulo recto tendrás el eje norte-sur, con «A» a tu derecha y «B» a tu izquierda, y te encontrarás mirando hacia el sur. Esto es así en ambos hemisferios. Si te apetece calentarte la cabeza tratando de hallar la explicación, adelante.

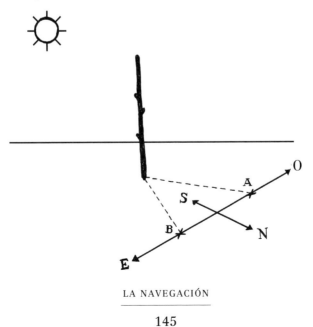

LA NAVEGACIÓN

Un reloj con dos manecillas puede indicarnos la dirección. Tiene que estar marcando la hora local correctamente (con exclusión de los cambios horarios —una hora más en primavera y una hora menos en otoño— destinados a ahorrar luz), de manera que para emplear esta técnica en verano hay que restar una hora y en otoño añadir una. Cuanto más cerca se encuentra uno del ecuador, menos precisa resulta la técnica.

En el hemisferio norte, hay que sostener el reloj de forma horizontal. Si estás en verano, retrásalo una hora; si es invierno, adelántalo una hora. Apunta con la manecilla de las horas al Sol. Biseca el ángulo que hay entre la manecilla horaria y las 12 para obtener la línea norte-sur. En el hemisferio sur, apunta con el 12 al Sol: el punto intermedio entre las 12 y la manecilla horaria te marcará la línea norte-sur.

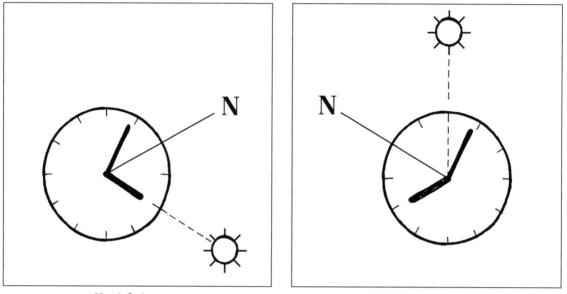

Hemisferio norte   *Hemisferio sur*

COMPÁS DE AGUJA

Consigue una extensión de cable ferroso (de hierro) —una aguja de coser, por ejemplo, sería lo ideal— y frótala repetidas veces en la misma dirección con un pedazo de seda. Esto la magnetizará. Si la suspendes de un hilo, la aguja señalará hacia el norte.

Frotar la aguja con un imán en la misma dirección da mejores resultados que la seda. Eso alineará los átomos de la aguja. Calentarla es otra posibilidad, aunque algo menos fiable. Prueba.

Si no dispones de hilo también puedes hacer flotar la aguja imantada colocándola sobre un fragmento de papel de seda o de corteza de árbol y depositándola sobre una superficie acuática: girará hasta indicar el norte.

También se puede emplear una cuchilla de afeitar de las antiguas como aguja de una brújula. Frótala contra la palma de tu mano (¡con cuidado!) para magnetizarla, y después suspéndela de una cuerda para que indique la línea norte-sur.

Utiliza tantos métodos como puedas para orientarte, y después marca la brújula, comprueba todas las lecturas contra el Sol y mantén imantada la aguja.

Para hallar el norte en el cielo nocturno primero hay que localizar Polaris, la Estrella Polar. Esto se explica en el capítulo dedicado a la astronomía. En el cielo nocturno existen otros indicadores a los que puede recurrirse. La salida de la Luna puede dar una referencia este-oeste bastante aproximada. Si la Luna sale antes de que se haya puesto el Sol, la cara luminosa estará al oeste. Si sale después de medianoche, la cara luminosa estará al este.

Las estrellas también pueden utilizarse para orientarse. Si no puedes encontrar Polaris o la Cruz del Sur, coge dos palos, uno más corto que el otro. Clávalos en tierra y mira cualquier estrella (salvo la Estrella Polar) como se indica en el dibujo. A partir del movimiento aparente de la estrella podrás averiguar en qué dirección estás mirando.

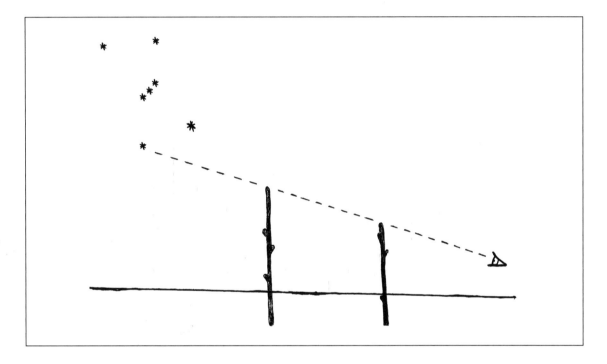

Si la estrella con la que estás alineado parece ascender, entonces estás mirando hacia el este. Si parece ponerse o descender, estás mirando en dirección oeste. Éstas son sólo direcciones aproximadas y tienen que invertirse en el hemisferio sur.

Ser capaz de orientarse en cualquier momento del día o de la noche resulta bastante impresionante, pero esfuérzate por no hacer ostentación de tus conocimientos. Guárdalos para un momento en que puedas necesitarlos de verdad. Recuerda el lema de los Boy Scouts: «Siempre preparado».

CÓDIGO INTERNACIONAL DE BANDERAS

En 1800 se publicó *Telegraphic Signals, or Marine Vocabulary,* de sir Home Popham, capitán de la Marina Real Británica. Hasta ese momento, habían existido sistemas toscos, aptos para enviar mensajes del tipo «Enemigo a la vista» entre los barcos de una misma flota. El sistema de Popham resultaba extremadamente sencillo.

Todas las letras del alfabeto estaban representadas por sólo diez banderas. A las diez primeras letras les correspondía una bandera. Cada una de las letras sucesivas podía representarse mediante dos banderas leídas de arriba abajo. La 1 y la 3, por ejemplo, representarían la decimotercera letra del alfabeto. Hacía falta una bandera extra para el cero, de manera que pudieran representarse números como el 10 o el 20. Con objeto de obtener una mayor eficiencia, Popham hizo que la bandera número 9 representara tanto la «i» como la «j», letra esta última que sólo en raras ocasiones se empleaba.

Para números como el 11 y el 22 se empleaba una bandera de «reemplazo», pues sólo se disponía de una de cada tipo.

Por último, hacían falta banderas de «preparación» y de «fin» para indicar el comienzo y el final de un mensaje.

Deletrear todas las palabras de un mensaje largo habría entrañado una peligrosa lentitud, sobre todo en el transcurso de una complicada batalla naval, por lo que Popham ideó combinaciones codificadas. «Espera» se convirtió en el número 269, por ejemplo. Si una palabra no se encontraba en el libro de códigos, como por ejemplo el nombre de un pequeño puerto, podía, por supuesto, deletrearse. Los telescopios posibilitaron a los almirantes ponerse en contacto con sus capitanes desde distancias inmensas, lo que llegaría a tener un peso decisivo en las batallas marítimas a gran escala. De noche, el sistema se recreaba por medio de luces, aunque en una versión más resumida.

El mensaje más famoso de todos fue el que envió el almirante Horatio Nelson durante la batalla de Trafalgar, en 1805, muy cerca de la costa suroeste española. En la mañana del 20 de octubre, invitó a su amigo el vicealmirante Collingwood y a otros capitanes a cenar con él a bordo del *Victory.* Entre los invitados se encontraba John Cooke, del *Bellerophon.* Mientras el barco abandonaba su puesto en la línea para acercarse al navío de Nelson, el primer teniente del *Bellerophon* vio la señal 370 ondeando desde el *Mars,* el siguiente navío de la línea. La 370 significaba «Enemigo saliendo del puerto». Antes de que el *Bellerophon* pudiera transmitir el mensaje, el *Victory* ya había acusado recibo del mismo, pues había visto la señal. Nelson anuló la cena y convocó una «Persecución general-sudeste».

Con los navíos enemigos a la vista, Nelson decidió enviar el siguiente mensaje a sus capitanes: «Nelson confía en que todos los hombres cumplan con su deber». Uno de sus oficiales propuso cambiar «Nelson» por «Inglaterra»; Nelson se mostró de acuerdo con el cambio, y se dirigió al teniente Pasco, el encargado de transmitir las combinaciones de banderas. Nelson le dijo a Pasco que tenía que ser breve, pues también quería enviar su viejo mensaje favorito: «Entablen combate desde cerca». Pasco propuso cambiar «confía» por «espera». «Espera» estaba en el libro de códigos, pero habría habido que deletrear «confía». La respuesta de Nelson fue: «De acuerdo, Pasco; hágalo de forma directa».

Al ver aquella señal, los vítores se escucharon por toda la flota. Cuando el siguiente mensaje en transmitirse fue el célebre «Entablen combate desde cerca», volvieron a oírse los vítores.

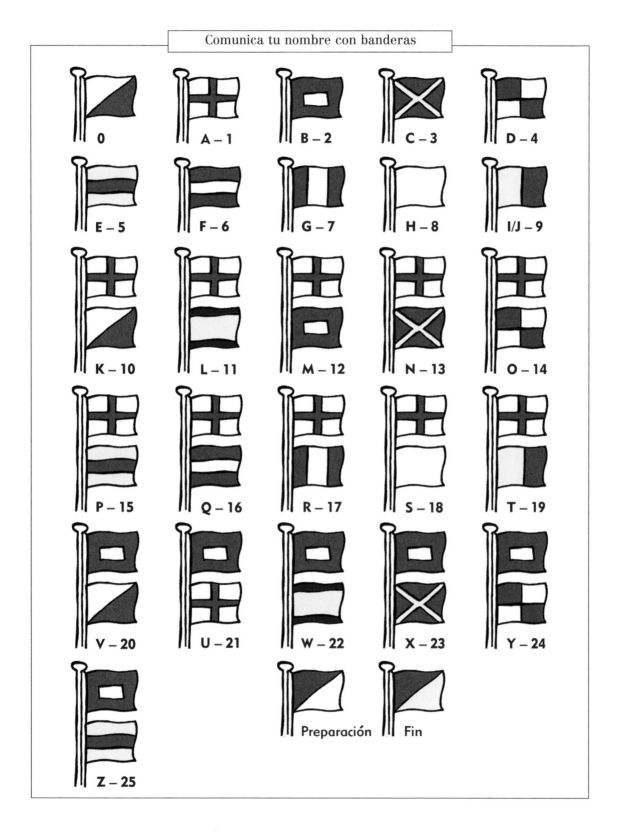

LA LUNA

A LO LARGO DE TODA LA HISTORIA DE LA HUMANIDAD, la Luna ha atraído hacia las alturas la mirada de los hombres. Estaba presente en los mitos más antiguos; fue ella quien proporcionó la iluminación que ambientó miles de noches románticas, y constituye el primer peldaño para que la humanidad acceda a la oscuridad situada más allá de ella. Sin la Luna como plataforma de lanzamiento, quizá los vuelos espaciales regulares jamás sean posibles. Mientras la Luna siga en su sitio, podremos soñar con bases lunares y en abandonar la Tierra.

El primer alunizaje tuvo lugar el 20 de julio de 1969, fecha que debería ser conocida por todo el mundo. A fin de cuentas, la Luna es el único objeto espacial que hemos visitado. La nave *Apollo 11* llegó a las proximidades de la Luna y disparó cohetes de freno para empezar a orbitar alrededor de ella. Neil Armstrong y Edward «Buzz» Aldrin descendieron a la superficie en el módulo de aterrizaje *Eagle* mientras Michael Collins permanecía en el módulo de mando. Después de anunciarle a los espectadores de todo el planeta Tierra que «el *Eagle* había llegado», Armstrong salió y puso los pies en la superficie de la Luna.

Ha habido multitud de momentos trascendentales en la historia de la humanidad, desde cuando César cruzó el Rubicón hasta el lanzamiento de la primera bomba atómica, pero acaso aquel en que un ser humano puso por primera vez los pies en otra tierra sea el más extraordinario.

Las primeras palabras de Armstrong fueron: «Un pequeño paso para un hombre, un gran salto para la humanidad».

Ambos hombres pasaron veintiuna horas sobre la superficie lunar y trajeron veinte kilos de piedras de vuelta consigo. Al no haber atmósfera en la Luna, ésta carece de protección contra los meteoritos. Su superficie lleva billones de años siendo golpeada por éstos, lo que ha generado un suelo denominado «regolito», compuesto por polvo, rocas y minúsculos cristales, sumamente resbaladizos.

El alunizaje del *Apollo 11* fue la primera de seis misiones coronadas por el éxito que fueron llevadas a cabo en el transcurso del siglo XX. Éstas fueron, por orden, *Apollo 11*, *12*, *14*, *15*, *16* y *17*, finalizando en diciembre de 1972. El *Apollo 13* sufrió problemas técnicos y tuvo que regresar a la Tierra sin alunizar. En el futuro habrá más. En 1998 una sonda espacial sin tripulantes llamada *Lunar Prospector* encontró hielo en ambos polos lunares, lo que constituye uno de los requisitos más importantes para futuras colonias.

Las fases de la Luna son algo tan consustancial a nuestro mundo que todos deberían conocerlas.

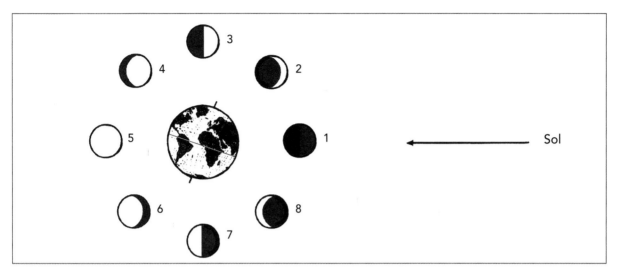

1. Ésta es una Luna nueva o novilunio. La Luna se encuentra entre la Tierra y el Sol y no proyecta luz. Esta posición crea fuertes mareas primaverales en la Tierra.

2. Luna nueva visible o creciente. A medida que la Luna recorre su ciclo, vemos la luz solar reflejada sobre su superficie. El creciente irá aumentando de tamaño a medida que se desplace en torno a la Tierra.

3. Cuarto creciente. Efectuado una cuarta parte del recorrido alrededor de la Tierra, una mitad de la Luna resulta nítidamente visible.

4. Luna gibosa creciente. Éste es un buen momento para hacer fotografías de la Luna. Pueden obtenerse imágenes sorprendentemente contrastadas con sólo colocar el objetivo de una cámara pegado a la lente de un telescopio montado sobre un trípode.

5. Luna llena. Otro momento de fuertes mareas, ya que tanto el Sol como la Luna ejercen una fuerza de atracción sobre los océanos de la Tierra.

6. Luna gibosa menguante, el inicio del camino de retorno a otra Luna nueva.

7. Cuarto menguante, durante el que vuelve a verse una mitad perfecta de la Luna.

8. Luna menguante.

1. Distancia de la Tierra: debido a su órbita elíptica varía, pero es de una media de 386.000 kilómetros.

2. Gravedad: aproximadamente una sexta parte de la de la Tierra.

3. Duración del día: 27,3 días terrestres.

4. Tiempo que tarda en efectuar una órbita alrededor de la Tierra tomando como referencia una estrella fija (mes sideral): 27,3 días terrestres.

5. Tiempo en relación con el Sol (de una Luna nueva a otra, o mes sinódico): 29,5 días.

6. Debido a que precisa 27,3 días para efectuar una órbita alrededor de la Tierra y girar sobre su propio eje, siempre vemos la misma cara. (Véase *Preguntas acerca del mundo*, parte II.) Sin embargo, no existe cara oscura en el sentido de que carecería de luz. Al igual que sucede en la Tierra, existe un lado en el que es de día y otro en el que es de noche, pero ambos reciben luz a lo largo del ciclo. ¡El «lado oscuro de la Luna» sencillamente no existe!

7. La Luna no tiene atmósfera, lo cual significa que no hay viento, de manera que las huellas de las pisadas de Neil Armstrong seguirán allí, tal como las dejó en 1969, a menos que Buzz Aldrin o algunos de los otros pasaran por encima de ellas.

8. Las temperaturas diurnas alcanzan los 134 °C, casi el triple de la temperatura que hace en el desierto del Sahara. Las temperaturas nocturnas pueden llegar a descender hasta los −152 °C. Ni que decir tiene que los seres humanos no pueden sobrevivir en un ambiente tan extremo sin muchísima protección.

9. La bandera estadounidense plantada por los astronautas del *Apollo 11* tuvo que fabricarse con metal. Al no haber atmósfera, una bandera de tela no habría ondeado ni un instante.

10. La Luna es silenciosa. Al no haber aire ni otro medio, las ondas de sonido no pueden viajar.

11. Debemos los hermosos nombres de muchas partes de la Luna a Galileo. Fue él quien creyó ver océanos en la Luna en el año 1609, lo que nos ha dado nombres como Mare Tranquillitatis (Mar de la Tranquilidad), Mare Nectaris (Mar del Néctar), Mare Imbrium (Mar de las Lluvias), Mare Serenitatis (Mar de la Serenidad) y muchos más. Por desgracia, se trata de áridas depresiones y no de los grandes océanos que él imaginó.

1. Cráter Tycho.

2. Mare Nectaris (Mar del Néctar).

3. Mare Fecunditatis (Mar de la Fecundidad).

4. Mare Crisium (Mar de las Crisis).

5. Punto de alunizaje del *Apollo 11*, en el extremo sudoeste del Mare Tranquillitatis.

6. Mare Serenitatis (Mar de la Serenidad).

7. Mare Imbrium (Mar de las Lluvias).

8. Mare Frigoris (Mar del Frío).

9. Mare Nubium (Mar de las Nubes).

10. Cráter Copérnico.

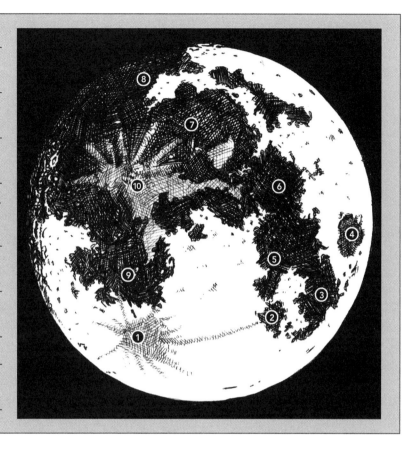

ECLIPSES SOLARES Y LUNARES

Todos los meses, cuando hay Luna llena, la Tierra se interpone entre el Sol y la Luna. Sin embargo, la alineación exacta necesaria para que se produzca un eclipse lunar no es algo tan frecuente. Habitualmente, la órbita inclinada de la Luna la saca de su alineación. Como máximo, todos los años se producen dos o tres eclipses de Luna completos. En el transcurso de una vida de duración media, un ser humano puede esperar llegar a ver unos cuarenta.

Si te encontrases en la superficie de la Luna en el momento de un eclipse lunar, verías cómo la Tierra tapa lentamente al Sol. Durante un eclipse lunar, la sombra de la Tierra cae sobre la Luna, aunque la luz solar roja que desprende la atmósfera terrestre suponga que a veces puede verse una Luna roja. Dados sus tamaños relativos, el cono de sombra de la Tierra cubre la Luna por completo y el eclipse puede verse desde cualquier punto de la superficie terrestre.

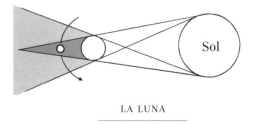

LA LUNA

Los eclipses solares son acontecimientos mucho menos frecuentes. Cuando tienen lugar, la Luna es el elemento más pequeño de los dos y el eclipse completo sólo puede verse a lo largo de una franja estrecha que nunca supera los 320 kilómetros de anchura. Evidentemente, los eclipses solares sólo pueden tener lugar en el momento de una Luna nueva, cuando la sombra de la Luna se proyecta sobre la Tierra.

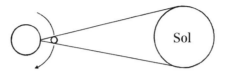

Existen dos clases de eclipse solar, los «anulares» y los «totales». Los eclipses anulares son unas dos veces más frecuentes que los totales y resultan mucho menos impresionantes. Se producen cuando la Luna está demasiado alejada de la Tierra como para bloquear al Sol por completo. El cielo no llega a oscurecerse por completo y seguirá siendo visible un anillo luminoso alrededor de la Luna. Anular significa «en forma de anillo».

Vale la pena viajar para presenciar un eclipse solar total, una de las maravillas del mundo natural. Al principio aparece un leve mordisco en el anillo del Sol, que va profundizándose hasta que el disco solar aparece como un creciente y el día se oscurece hasta producirse un crepúsculo sobrecogedor. Entonces puede verse la corona del Sol alrededor del disco negro. La temperatura desciende y a menudo las aves dejan de volar y se posan en los árboles. Después, empieza a reaparecer la luz y con él el mundo tal como lo conocemos.

HACER CABRILLAS

S E TRATA DE UNA HABILIDAD que tiene su intríngulis, pero es posible hacer que una piedra rebote sobre una superficie acuática cinco o seis veces sin demasiados problemas. Barnes Wallis recurrió al mismo principio cuando diseñó bombas saltarinas con el objetivo de efectuar devastadoras incursiones aéreas sobre la región industrial del valle del Ruhr en Alemania durante la Segunda Guerra Mundial. Son varias las cosas que necesitas para aprender a hacer cabrillas con habilidad.

Lo primero que hace falta es escoger una piedra tan plana como sea posible sin ser demasiado delgada. Tiene que tener algo de peso para poder recorrer cierta distancia, pero si pesa mucho más que una manzana no llegará demasiado lejos. En la mayoría de las playas hay mucha variedad de piedras entre las que elegir, pero si encuentras la perfecta «saltadora» en el parque, no la pierdas.

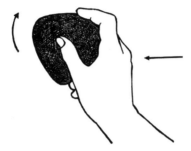

Hacer cabrillas en el mar es más difícil debido a las olas. Si pruebas a hacerlo en un lago, ten cuidado con los nadadores. Éstos suelen oponerse a que les arrojen piedras.

La técnica reside en el modo de sujetar la piedra y en el ángulo con que se lanza. Hay que rodear la piedra con el índice, dejándola reposar sobre el dedo anular y asegurándola con el pulgar.

La trayectoria con la que se lanza la piedra es de fundamental importancia: si se hace con demasiada pendiente la piedra se hundirá en el agua sin más. Dobla las rodillas unos 25° aproximadamente e intenta golpear el agua con la parte plana de la piedra cuando la lances, para ayudar a que rebote sobre la superficie.

La potencia con la que lances la piedra puede ir aumentando a medida que le vayas cogiendo el tranquillo a la técnica.

Si consigues hacer que rebote más de una vez, ya estás haciendo cabrillas, aunque aún te hará falta practicar mucho para batir el actual récord del mundo, que está en *treinta y ocho* rebotes sucesivos.

PROYECTOR CASERO

Se necesita:
- Un tubo de cartulina largo.
- Una hoja de cartón o de papel A4.
- Papel de seda blanco.
- Cinta adhesiva.

EL SOL ES UN ASTRO BRILLANTE gracias al cual hay vida en nuestro planeta. Contemplarlo de forma directa resulta muy peligroso, ya que podría dañarnos la vista. Siendo así, ¿cómo podemos investigar los eclipses y el tránsito de los planetas frente a su superficie? La respuesta es: mediante un proyector casero, una de las mejores herramientas que existen para contemplar los acontecimientos solares cuando se producen.

Como su nombre indica, un proyector proyecta una imagen (invertida) del Sol, de manera que uno pueda contemplar un eclipse sin mirar directamente al Sol.

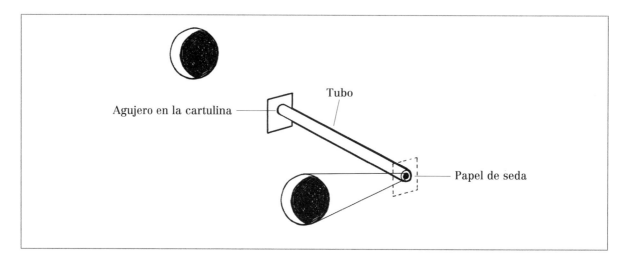

Para construir el proyector, pega la hoja de cartulina a uno de los extremos del tubo utilizando cola o cinta adhesiva, tal como se muestra en el dibujo. Haz un pequeño agujero en la cartulina en el área situada dentro de la circunferencia de la boca del tubo. Pega una hoja de papel de seda con cola en el otro extremo.

Para que funcione, basta con levantar el extremo de la cartulina hacia el Sol: sobre la «pantalla» de papel de seda del otro extremo se proyectará una imagen. Acuérdate: sólo debes mirar la imagen proyectada.

También se puede construir un proyector con imagen magnificada, lo cual resulta mucho más impresionante y además permite enfocar. Para eso necesitarás un telescopio o unos prismáticos y dos trozos de cartulina blanca.

Primero haz un agujero en uno de los trozos de cartulina para que pueda encajar en el extremo de tu telescopio o en una de las lentes de los prismáticos, de manera que esté a resguardo de luces indeseadas. Ahora apunta con el telescopio (o los prismáticos) hacia el Sol y sostén el otro extremo de cartulina blanca a un poco más de medio metro del ocular. Debería aparecer una imagen del Sol, cuya nitidez podrás aumentar ajustando el enfoque o desplazando la cartulina. Nunca mires por un telescopio cuando estés enfocando el Sol.

Nosotros vimos el tránsito de Venus por delante del disco solar en 2004 con ayuda de un aparato similar. El siguiente está previsto para el 6 de junio de 2012. Los eclipses parciales no son sucesos muy infrecuentes, aunque la posibilidad de presenciar uno depende de en qué parte del mundo estés. He aquí una lista de los eclipses solares totales más impresionantes previstos para los próximos años. Cada una de las fechas va seguida de la latitud y la longitud desde las que se tendrá la mejor perspectiva de los eclipses.

1. 1-8-2008	Latitud: 65.6N	Longitud: 72.3E
2. 22-7-2009	Latitud: 24.2N	Longitud: 144.1E
3. 11-7-2010	Latitud: 19.8S	Longitud: 121.9O
4. 13-11-2012	Latitud: 39.9S	Longitud: 161.3O
5. 20-3-2015	Latitud: 64.4N	Longitud: 6.6O
6. 09-3-2016	Latitud: 10.1N	Longitud: 148.8E
7. 21-8-2017	Latitud: 37N	Longitud: 87.6O
8. 2-7-2019	Latitud: 17.4S	Longitud: 109.0O
9. 14-12-2020	Latitud: 40.3S	Longitud: 67.9O

En 2038 habrá siete eclipses solares y lunares. Un eclipse de Luna total es un espectáculo poco común y maravilloso, pues la Luna adquiere un color rojo oscuro, como si estuviera hecha de cobre, debido a la luz refractada por la atmósfera terrestre.

Construye tu proyector casero y disfruta del espectáculo.

CÓMO TRAZAR EL MAPA DEL UNIVERSO

LOS GRIEGOS DE LA ANTIGÜEDAD fueron el primer pueblo del que se sepa que trató de dar cuenta de los acontecimientos naturales sin remitirse a causas sobrenaturales. La astronomía comenzó así a convertirse en ciencia y a emprender el largo trayecto que la condujo desde la superstición hasta el saber racional. Los griegos empezaron a descubrir las «reglas» del universo, pese a que a menudo esto chocaba con las creencias dominantes, conflicto entre fe y ciencia que aún prosigue en nuestros días.

Tales de Mileto fue un filósofo e investigador griego que vivió en el siglo VI a.C. Viajó a Egipto para estudiar geometría. A su vuelta, dio muestras de un alto nivel de conocimiento matemático, pronosticando incluso el eclipse de 585 a.C. Su principal legado consiste en la creencia de que los acontecimientos naturales tienen causas naturales. Cierto es que creía que el mundo era plano y que flotaba sobre una superficie de agua, pero por otro lado, se dio cuenta de que los terremotos podían tener una explicación que fuera más allá de una simple referencia al mal humor de Poseidón.

Aristóteles (384-322 a.C.) fue uno de los filósofos griegos más influyentes. Discípulo de Platón, se convirtió en pedagogo de Alejandro Magno en Macedonia. Desarrolló tres pruebas experimentales para demostrar que la Tierra era redonda. Fue el primero en clasificar las plantas y animales. Creía que la Tierra se hallaba en el centro del universo y que todos los planetas y estrellas tenían una posición fija en el cielo, en el seno de una esfera que rodeaba a la Tierra. Sostenía que la causa de los terremotos eran vientos atrapados bajo tierra.

Aristarco —que construyó una maqueta para demostrar que el Sol, y no la Tierra, estaba en el centro del universo— realizó sus aportaciones en el transcurso del siglo siguiente al de Aristóteles. Sus teorías eran más científicas, pero la historia sólo ha recogido muy de pasada sus nociones heliocéntricas. Sin embargo, nada menos que Copérnico (véase más adelante) le rinde homenaje en *De las revoluciones de las órbitas celestes*, donde escribe: «Filolao creía en la movilidad de la Tierra, y hay quien dice que Aristarco de Samos era de la misma opinión».

Tolomeo de Alejandría fue otro astrónomo griego de enorme talento. En el año 150 d.C., publicó una enciclopedia de las ciencias antiguas (el *Almagesto*) en la que se describían los pormenores del movimiento de los planetas, recurriendo a un intrincado sistema matemático de círculos concéntricos para apoyar sus argumentos a favor de un universo geocéntrico rodeado por esferas inmóviles. El «sistema tolemaico» habría de dominar el mundo de la astronomía durante 1.500 años.

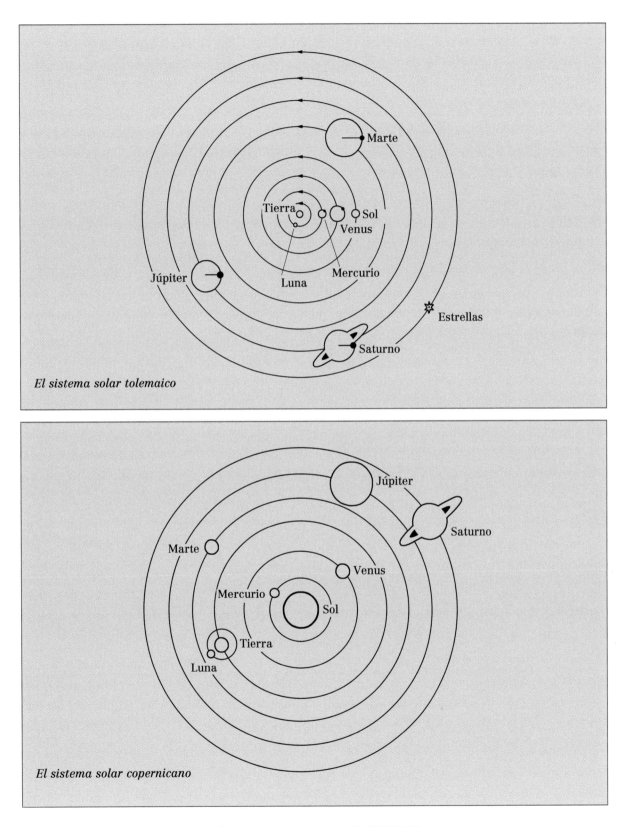

El sistema solar tolemaico

El sistema solar copernicano

Nicolás Copérnico (1473-1543) fue un astrónomo polaco. Justo antes de morir publicaría su obra maestra, *De revolutionibus orbium coelestium* [De las revoluciones de las órbitas celestes], destinada a cambiar la perspectiva de la humanidad acerca del cosmos. Copérnico sostuvo que en el centro del universo se encontraba el Sol, lo que le granjeó la enconada enemistad de la Iglesia, que había adoptado el sistema geocéntrico tolemaico (el cual tenía por centro a la Tierra).

Tycho Brahe (1546-1601) fue un astrónomo danés que en 1572 vio una nueva estrella luminosa en la constelación de Casiopea. Se trataba de una supernova —la explosión de una estrella moribunda— y en 1604 apareció en el firmamento otra. Ambos acontecimientos redujeron a escombros una de las piedras angulares del pensamiento tolemaico: la de la inmutabilidad de la esfera más remota de la atmósfera. El firmamento acababa de incorporarse al Renacimiento.

Johannes Kepler (1571-1630) fue ayudante de Tycho Brahe, y por medio de sus notas conjuntas dio con las tres leyes del movimiento planetario, lo que le permitió predecir las posiciones de los planetas con mayor exactitud que Tolomeo.

Galileo Galilei (1564-1642) fue un científico italiano que en 1609 escrutó el cielo nocturno con un telescopio —invento muy reciente en aquel entonces— y descubrió que alrededor del gigantesco planeta Júpiter había cuatro lunas describiendo órbitas simples, versión en miniatura del sistema copernicano. Publicó sus descubrimientos, y en 1616 la Iglesia le conminó a cambiar de parecer. En 1632 publicó su *Diálogo sobre los dos grandes sistemas del mundo,* en el que ridiculizaba el sistema tolemaico. Se vio forzado a retractarse y renunciar a su convicción de que el Sol se encontraba en el centro del universo. Vivió el resto de sus días en arresto domiciliario.

Más tarde, la Iglesia católica absolvería a Galileo de haber cometido mal alguno. En 1989 se lanzó una nave espacial con el objetivo de estudiar Júpiter y sus lunas, bautizada con el nombre de *Galileo.* Las lunas de Júpiter siguen siendo conocidas colectivamente como lunas galileanas.

Todos estos nombres deberían resultarle familiares a todo el mundo.

TRUCOS PARA PERROS

ENSEÑARLE A UN PERRO algunos trucos sencillos reforzará los vínculos entre él y tú. A los perros les gusta complacer a sus dueños, y un perro bien adiestrado es feliz. La única dificultad está en lograr que entienda lo que quieres. Las órdenes deben darse con voz firme pero sin gritar. No esperes que lo entiendan todo perfectamente a la primera. Hazte a la idea de que –con algunos días de intervalo– tendrás que repetir varias veces las mismas órdenes. La mayoría de los perros están perfectamente dispuestos a pasar por el aro (literalmente) para complacer a sus dueños.

1. Ladrar

Éste es uno de esos trucos agrupados bajo la denominación de «conductas observadas». Cuando un perro hace algo, si se pronuncia una voz de mando y se le premia cada vez, asociará rápidamente el premio y la caricia con la voz de mando. Si cada vez que ladra tú dices «¡Ladra!», en muy poco tiempo ladrará cuando se lo pidas. Si dices «¿Tienes sueño?» cuando bosteza, funcionará exactamente igual.

2. Sentarse

Este lo conoce todo el mundo. Es importante que un perro sepa hacer una pausa en cada bordillo de la acera en lugar de atravesar a toda prisa. Sentarse ayuda a inculcar la importancia de las calles. La clave está en la repetición: incluso los perros más inteligentes, como los pastores escoceses, pueden necesitar hasta dos años para estar bien adiestrados. No esperes resultados inmediatos. Aprieta con fuerza la parte trasera del perro a la vez que le dices «siéntate». Luego dale un premio, un trozo de galleta, por ejemplo. No hace falta que sea mucho. Con una palmadita en la cabeza probablemente bastaría, pero el adiestramiento quizá sea más fácil si haces uso de alguna pequeña recompensa.

3. Echarse

Siempre viene después de que aprenda a sentarse. Señala con firmeza al suelo, delante de la cabeza del perro. Al igual que cuando se le enseña a ladrar a una orden, sería buena idea enseñarle a hacerlo cuando el animal esté tumbado sobre la barriga de forma natural. Si no, puedes colocarlo en la posición de «echado» expresándole luego tu satisfacción y haciéndole un regalito. El perro debe permanecer con la cabeza erguida, como una esfinge.

4. Hacerse el muerto

Esto suele enseñarse después de lo anterior. «Hacerse el muerto» supone que el animal se eche por completo sobre su costado. Quizá tengas que apretarle suavemente la cabeza para indicarle lo que quieres que haga. Como a los perros eso les encanta, aunque permanezca quieto, meneará la cola como loco. Acaríciasela, susurrándole: «Los perros muertos no mueven la cola». Sujétasela durante dos o tres segundos, y después déjale levantarse; entonces dale un premio y hazle unas caricias.

5. Dar la pata

Aquí eres tú el que tiene que dar ejemplo. Simplemente levanta la pata del perro con una mano y estréchasela antes de darle un premio. Después tienes que decirle «dame la otra» para cambiar de pata. No pasará mucho tiempo hasta que te dé la pata cuando se lo pidas. Yo tuve un terrier al que le costó siglos, pero al final aprendió a hacerlo.

6. Cruzar

Esta orden se da cuando quieras que el perro salga corriendo, por ejemplo, para que atraviese rápidamente una calle. Se adiestra al animal sujetándolo por el collar y alzando el tono de voz con emoción a la vez que lo retienes. Cuando no haya peligro a la vista, se le dice «¡Ahora!» y se le suelta para que corra. Es probable que no atraviese la calle de golpe la primera docena de veces, de modo que no lo adiestres en un lugar donde haya tráfico.

7. No tirar de la correa

Fundamental cuando se saca al perro a pasear con correa. Es muy cansado y muy irritante tener a un perro tirando de ti mientras caminas. Pon coto a dicha costumbre lo antes posible tirando con firmeza de la correa mientras das la consigna. Los cachorros se excitan muy fácilmente y son muy curiosos. Suele costarles mucho tiempo aprender. Ten cuidado de no hacerle daño y no te preocupes por hacer el ridículo. Todo aquel que ha tenido alguna vez un cachorro ha caminado por la calle dando órdenes una y otra vez sin ningún resultado palpable. De lo que se trata es de establecer un vínculo mental entre la voz y el acto de tirar de la correa. Probablemente te lleve un año largo conseguirlo, dependiendo de lo pequeño que fuera el cachorro cuando lo compraste. Ten paciencia. Ésta es una buena forma de aprender a tener paciencia en caso de que tengas hijos el día de mañana. Lo digo en serio. Como muchas otras cosas en la vida, el esfuerzo tempranamente invertido será fructífero cuando de verdad importe.

8. No moverse del sitio

Otra cosa importante que hay que enseñar pronto. La mayoría de los dueños de perros se han encontrado en una situación en la que el perro está lejos y de repente se aproxima un coche. Si puedes decirle al perro que se quede donde está, evitarás un accidente grave. Esto hay que enseñarlo con ayuda de un bolsillo lleno de premios e invirtiendo un montón de tardes. Se sienta al perro y se le da la orden con voz grave, al mismo tiempo que se levanta la mano y se le muestra la palma. Después das un paso atrás. Si el perro te sigue, lo llevas de nuevo al punto donde estaba y vuelves a empezar. Empieza con tres pasos y luego dale un premio y una palmadita, acompañados de muchos mimos. Cuando el animal permanezca en el sitio después de que des tres pasos, prueba con seis, después con doce y así sucesivamente. Deberías poder aumentar la distancia de forma considerable en un plazo no muy largo. A los perros les gusta ver a su dueño, sin embargo. Si giras en una esquina, casi cualquier perro se pondrá en movimiento de inmediato para verte de nuevo.

9. No precipitarse

A un perro hay que enseñarle a no lanzarse sobre la comida, aunque su instinto le diga que agarre las cosas antes de que lo haga otro perro. Nunca hay que provocar a un perro con las cosas de comer, porque aprenderá a lanzarse sobre ellas y alguien acabará lastimado. Siempre hay que presentarle la comida con firmeza y con la palma de la mano bien abierta. Si se abalanza sobre ella, hay que decirle una consigna en tono firme y sin gritar. Al oírlo vacilará.

10. Mendigar comida

No estoy seguro de que esto sea un truco. Los perros pequeños lo hacen de forma casi automática. Si sostienes una galleta justo fuera del alcance de un terrier, probablemente se apoyará sobre las patas traseras en lugar de ponerse a dar saltos. Los pastores escoceses casi no sirven para esto y se caen cuando lo intentan. Si quieres tratar de enseñárselo, los requisitos son los mismos: premios, paciencia y sentido común. Haz que el animal se siente y mantén el premio justo fuera de su alcance. Si ya le has enseñado a no precipitarse puedes usar la consigna para impedir que te muerda los dedos. Deja que se coma la primera recompensa con sólo estirarse y luego coloca la siguiente a una altura mayor, de manera que tenga que levantar las patas delanteras del suelo. Repetir durante meses.

11. Interrumpir una acción

Se trata de una orden importantísima. Los cachorros son muy juguetones y en cuanto toques algo que tengan en la boca, tirarán y disfrutarán del juego mientras tú te afanas desesperadamente en salvar tus zapatos de la ruina. Lo mejor es agarrarles por el collar para impedir que tiren con demasiada fuerza mientras les das la orden en un tono un poco agresivo. Como sucede con todos los demás trucos, la repetición es fundamental.

12. Saltar

Quizás estés paseando a tu perro y necesites que salte una valla de escasa altura, por ejemplo, o que se suba a una mesa para cepillarlo. Hay que empezar por una superficie situada a escasa altura del suelo y limitarse a dar firmes palmaditas sobre la misma mientras uno da la orden. Si eso no funciona, no obligues a subir a tu perro tirándole del collar. A lo mejor le da miedo abandonar el suelo y así no le ayudas. Si es posible, colócale encima de la superficie en cuestión y luego dale muchas palmaditas y dile lo buen perro que es antes de darle un premio. Repetir el proceso hasta que se sienta cómodo a mayor altura.

Resulta bastante divertido ver saltar a un perro. Al igual que los gatos, son capaces de dar grandes saltos, pero no es muy habitual que aprendan a hacerlo a la voz de mando.

13. Aprender a hacer sus necesidades

A los perros policía se les enseña a hacer sus necesidades a la voz de mando. Esto se hace empleando una palabra –invéntatela tú mismo– en el momento en que el animal defeca u orina, seguido por la rutina habitual de acariciarle y premiarle. Con toda franqueza, esto no tiene utilidad más que cuando el animal tiene que pasarse la mayor parte del día metido en un aeropuerto y hay que evitar que mee sobre los equipajes. No vale la pena enseñárselo a una mascota.

14. Saltar atravesando tus brazos

No todos los perros son capaces de hacerlo: mi terrier se negaba en redondo. La orden de salto puede venir bien en este caso, pues el animal ya sabe lo que significa. Empieza por formar un círculo con los brazos a ras de suelo y premiar al animal. Para esto hacen falta dos personas. Al cabo de unas cuantas repeticiones exitosas, levanta un poco las manos del suelo, de manera que el perro tenga que alzar un poco las patas para pasar. Para entonces es probable que esté demasiado excitado, de modo que vuelve a probar al día siguiente. Ve levantando los brazos un poquito más cada vez hasta que por fin estés erguido del todo y formando el círculo más grande posible con los brazos. Pueden pasar hasta perros del tamaño de un pastor escocés, aunque algunos te golpearán en el cuerpo o en las manos al hacerlo. Mejorarán con la práctica. Se trata de un gran truco para impresionar a otros dueños de perros.

15. Por último, órdenes de ataque.

Tener una orden de ataque para un perro es algo que no tiene ningún misterio. Ten presente que a menos que el ataque esté absolutamente justificado, el perro tiene muchas posibilidades de ser sacrificado. Los niños que van acompañados por perros tienen menos probabilidades de ser molestados por extraños, con independencia del tipo de perro de que se trate. Es sabido que los perros son agresivos y territoriales, sobre todo con los desconocidos, y en particular cuando éstos son varones. No es necesario instruirles en niveles elevados de agresión.

Lo contrario de esto es saber qué hacer si entras en contacto con un perro agresivo. Para empezar, es peligroso extender la mano para acariciar a cualquier perro desconocido. Si a toda costa quieres hacerlo, deja que el animal te huela primero las manos, aproxímate con lentitud y agáchate para que no se asuste. Si te enseña los dientes, aléjate. El hombre es el único animal que enseña los dientes para sonreír. Lo que las demás especies quieren decir con eso es: «Apártate si no quieres que ataque». Lo mismo cabe decir de los gruñidos. Los perros nunca gruñen en broma. Jamás se te ocurra responder con un gruñido. Es lo que haría otro perro y la consecuencia sería un aumento dramático en el nivel de agresión. La mayoría de los perros tiene la delicadeza de avisar antes de atacar. Agradécela y retrocede.

En caso de que el perro llegase a atacar, intenta mantenerte en pie y protégete la cara. No grites. Procura no mirarle a la cara, pues los perros interpretan una mirada directa como una forma de agresión. Casi nunca te encontrarás con un perro deseoso de infligir daños graves. Sólo pretenden que te vayas de donde estás. Aun así, no corras. Aléjate caminando despacio. Los perros grandes, como los pastores alemanes, te golpearán en el pecho o la espalda para tratar de derribarte. En caso de ser agredido por un perro no es bueno acabar en el suelo.

Si a pesar de todo vas a parar allí, hazte un ovillo para protegerte el cuello y la cara. Una vez más, el perro ladrará mucho más de lo que morderá en casi todos los casos. Permanece tan quieto como puedas y no pidas ayuda ni grites, pues el ruido podría excitar al animal.

Un perro bien adiestrado no se mostrará agresivo con otros perros ni con las personas. Defenderá tu hogar, te obligará a mantenerte en forma sacándole a pasear, jugará contigo siempre que tengas la más mínima gana y te adorará con fe ciega todos los días, haga el tiempo que haga.

CÓMO HACER UN PAQUETE CON PAPEL DE ESTRAZA Y CORDEL

✳

Dᴇ ᴀᴄᴜᴇʀᴅᴏ, ɴᴏ ᴇs ᴜɴᴀ ᴀᴄᴛɪᴠɪᴅᴀᴅ muy «peligrosa», pero sí muy satisfactoria. Hay dos métodos fundamentales: uno que no emplea cinta adhesiva y otro, más elaborado, que requiere cerrar los extremos con cinta. Cada una tiene su mérito a la hora de enviar regalos o tener un detalle con alguien, aunque sólo sea para otorgarles el ancestral placer de desgarrar el envoltorio. También podría limitarse uno a envolver el paquete con cinta adhesiva, pero no llegar a eso tiene cierta elegancia.

Necesitarás un papel de estraza y un cordel, que puedes adquirir en cualquier papelería.

Pon el objeto que quieres enviar sobre la hoja de papel de estraza y corta una extensión en la que vaya a caber. Que sobre hasta la mitad de la longitud y hasta tres veces el ancho. Con el papel, más vale ser generoso que cicatero. Si te has pasado, se puede quitar una parte con las tijeras, pero lo que no se puede hacer es añadir.

Si estuvieras empleando cinta adhesiva necesitarías menos papel: doblarías una de las hojas sobre la otra y luego pegarías el borde con un trocito de celo. Aquí lo que vamos a hacer es plegar el borde varias veces sobre sí mismo, creando así una «columna» de papel muy útil para dar rigidez y formar un paquete compacto. También tiene muy buen aspecto si se dobla con cuidado.

Tómate tu tiempo a la hora de igualar los extremos. Dobla una mitad por cada lado, de manera que acabes con un «pico de pato» como el del dibujo. No se trata de la clásica técnica de los «triángulos que se pliegan sobre sí mismos», sino de algo mejor.

Dobla ese pico de pato sobre sí mismo para formar una punta en ambos extremos. No es necesario ponerles celo, se pueden dejar sueltas. La columna hecha de pliegues resultará muy útil para mantenerlo todo compacto mientras atas el cordel.

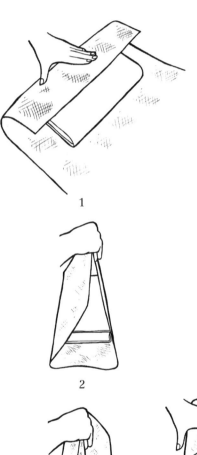

1

2

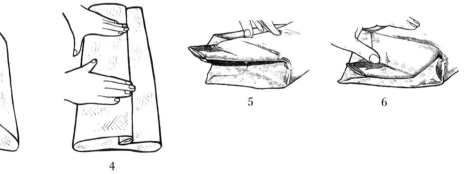

3   4   5   6

7

8

Ahora viene la parte del cordel. Hay que cortar un trozo bien largo, de entre 0,90 y 1,20 metros. Aquí conviene recordar lo que hemos dicho antes: siempre estás a tiempo de recortarlo. Empieza por el lado donde vas a hacer el lazo final. Das la vuelta por el otro lado y luego cruzas los dos extremos del cordel tal como se ve en el dibujo, haciendo un cambio de dirección de noventa grados. Ahora das la vuelta a los otros dos extremos del paquete y regresas a la parte del medio, donde empezaste, para hacer el nudo. Resulta muy útil tener a alguien que ponga el dedo sobre el nudo para evitar que resbale.

Un consejo muy práctico es hacer un nudo extra antes de hacer el lazo final que une ambas líneas. Eso hará que el paquete sea más seguro y por lo demás es buena costumbre.

La columna de papel plegado queda debajo. El paquete está bien envuelto. Enhorabuena.

El único inconveniente de este método es que el cordel cruzado atraviesa la parte en la que normalmente pondrías la dirección. Se puede atar el cordel de manera que no sea así, pero esto exige utilizar un poco de celo para asegurar los extremos.

En lugar de empezar por la parte de en medio del paquete, empieza por uno de los extremos, ciñendo el paquete por debajo con un largo trozo de cordel. Cuando se usa este método, no hay cosa más molesta que quedarse sin cordel en mitad de la labor, de modo que sugerimos que utilices un trozo de aproximadamente 1,50 metros.

Envuelve el paquete con el cordel, pero esta vez haz el cruce no por la parte del medio sino hacia las tres cuartas partes. Ahora tienes que dar la vuelta por el otro lado con el cordel y repetir la operación, haciendo el cruce junto a las esquinas hasta que por fin puedas atar el lazo. Como podrás apreciar en el dibujo, el paquete es robusto y deja espacio para escribir la dirección.

9

10

11

MAPAS DE LAS ESTRELLAS: LO QUE SE VE AL LEVANTAR LA VISTA...

Mirando hacia el sur en el **hemisferio norte**, gira la página de manera que el mes en el que estás quede en la parte inferior. El mapa será preciso hacia las once de la noche.

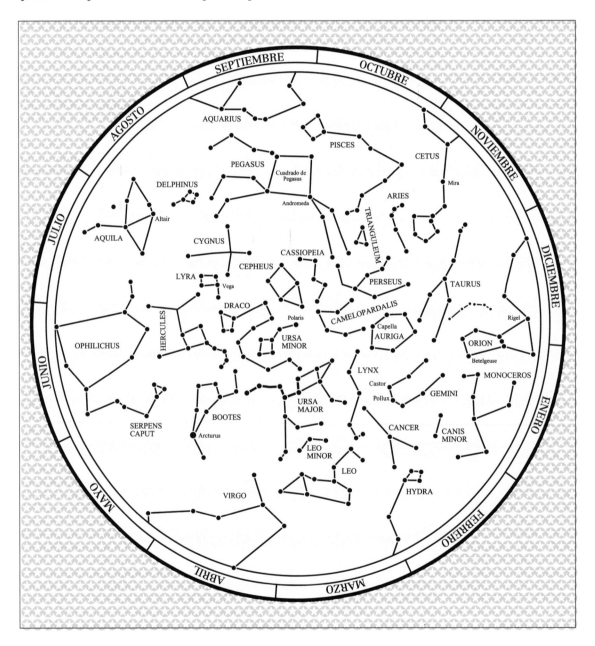

MAPAS DE LAS ESTRELLAS: LO QUE SE VE AL LEVANTAR LA VISTA...

166

Mirando hacia el norte en el **hemisferio sur**, gira la página para que el mes en el que estés quede en la parte inferior. Verás estas constelaciones a las once de la noche en una noche clara.

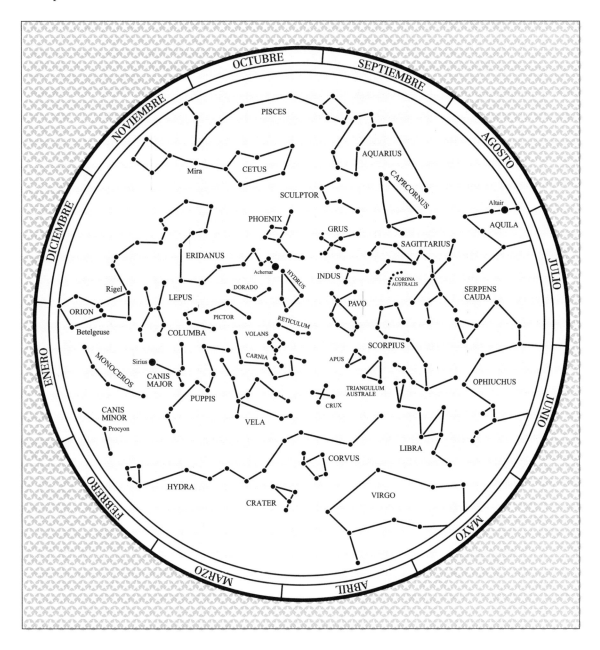

MAPAS DE LAS ESTRELLAS: LO QUE SE VE AL LEVANTAR LA VISTA...

167

CÓMO FABRICAR UN PERISCOPIO

Se necesita:

- Una sierra, un martillo, cola y unas tachuelas pequeñas.
- Dos espejos de 5 × 5 centímetros.
- Tablas de contrachapado de entre tres y cinco capas. Cortar dos trozos de 45 × 5 cm, dos de 40 × 5 y dos de 5 × 5.
- Cinta adhesiva plateada.

Se puede construir un periscopio de forma fácil y rápida. Nosotros tardamos poco más de una hora en montarlo todo a partir del momento en que tuvimos a mano todo lo necesario. Eso sí, requiere utilizar una sierra, un martillo y pegamento, de modo que si tienes dudas al respecto, pide ayuda.

Lo primero que tienes que hacer es conseguir dos pequeños espejos cuadrados. En cualquier cristalería te cortarán un par de ellos sin problema, pero será mejor que averigües antes el precio. Para fabricar el tubo, nosotros utilizamos unas tablas de contrachapado que nos habían sobrado de otros menesteres. Las nuestras eran de cinco capas, un poco más robustas de lo que en realidad nos habría hecho falta. Sería mejor utilizar contrachapado de tres capas, que tiene la ventaja de ser más fácil de cortar.

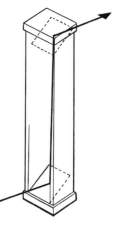

Un periscopio funciona de tal modo que la imagen de un espejo se refleje en otro antes de llegar finalmente al ojo humano. Su utilidad consiste en permitir que uno vea las cosas desde un punto situado a mayor altura que su cabeza. Puede utilizarse para mirar por encima de una valla o comprobar las posiciones enemigas sin exponerse al fuego de los francotiradores. El uso clásico, sin embargo, es el que se les da en los submarinos.

Nosotros utilizamos tachuelas pequeñas para fabricar la caja, dejando un hueco (en la parte superior de uno de los lados y la inferior del otro) para los espejos. Procuramos que el nuestro fuera de factura sencilla y lo dejamos sin pulir, aunque puedes, por supuesto, pulir, pintar o incluso ensamblar y pegar el tuyo como es debido si quieres que sobreviva durante un par de generaciones. En tanto que trabajo de carpintería, hecho de caoba con cantoneras quedaría muy impresionante.

La única complicación surgió a la hora de colocar los espejos. El mejor modo de hacerlo, con mucho, consiste en pegar pequeñas tiras de madera sobre las superficies interiores a modo de rieles, deslizando los espejos sobre éstos de manera que queden encajados contra el fondo. Pero a nosotros un poco de cinta aislante de la buena nos dio unos resultados casi idénticos.

Puesto que utilizamos cinta, nos pareció sensato reducir uno de los lados de 40 cm a 35, de manera que el espejo de la parte superior pudiera quedar apoyado sobre el borde. Obviamente, de haber estado apoyado en unos rieles bien colocados, no habría problema alguno en que el aparato midiera 40 cm, lo cual resulta más elegante.

Para que la reflexión sea la correcta, los espejos deben quedar colocados en un ángulo de 45°. Esto no es fácil de calcular, y la forma más sencilla de hacerlo es ajustar el primer espejo hasta que veas reflejado en él el otro extremo del tubo. Luego coloca el segundo, marcando líneas para que puedas encontrar fácilmente la posición correcta. Luego se lo sujeta con cinta aislante o se colocan unos rieles de madera.

En teoría podrías construir un periscopio bastante largo. A nosotros nos pareció que 45 centímetros era el tamaño adecuado para los espejos que teníamos, pero podrías emplear tablas de contrachapado más grandes y experimentar con una caja más larga.

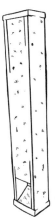

POESÍAS QUE HAY QUE SABERSE

SI
RUDYARD KIPLING (1865-1936)

Si puedes conservar la cabeza cuando a tu alrededor
todos la pierden y te echan la culpa;
si puedes confiar en ti mismo cuando los demás dudan de ti,
pero al mismo tiempo tienes en cuenta su duda;
si puedes esperar y no cansarte de la espera,
o siendo engañado por los que te rodean, no pagar con mentiras,
o siendo odiado no dar cabida al odio,
y no obstante no parecer demasiado bueno, ni hablar con demasiada sabiduría...
Si puedes soñar y no dejar que los sueños te dominen;
si puedes pensar y no hacer de los pensamientos tu objetivo;
si puedes encontrarte con el triunfo y el fracaso
y tratar a estos dos impostores de la misma manera;
si puedes soportar el escuchar la verdad que has dicho
tergiversada por malvados para hacer una trampa para los necios,
o contemplar destrozadas las cosas a las que habías dedicado tu vida
y agacharte y reconstruirlas con las herramientas desgastadas...
Si puedes hacer un hato con todos tus triunfos
y arriesgarlo todo de una vez a una sola carta,

y perder, y comenzar de nuevo por el principio
y no dejar escapar nunca una palabra sobre tu pérdida;
y si puedes obligar a tu corazón, a tus nervios y a tus músculos
a servirte en tu camino mucho después de que hayan perdido su fuerza,
excepto La Voluntad que les dice «¡Continuad!».
Si puedes hablar con la multitud y perseverar en la virtud
o caminar entre Reyes y no cambiar tu manera de ser;
si ni los enemigos ni los buenos amigos pueden dañarte,
si todos los hombres cuentan contigo pero ninguno demasiado;
si puedes emplear el inexorable minuto
recorriendo una distancia que valga los sesenta segundos
tuya es la Tierra y todo lo que hay en ella,
y lo que es más, serás un hombre, hijo mío.

ÍTACA

Constantino Kavafis (1863-1933)

Si vas a emprender el viaje hacia Ítaca,
pide que tu camino sea largo,
rico en experiencias, en conocimiento.
A Lestrigones y a Cíclopes,
o al airado Poseidón nunca temas,
no hallarás tales seres en tu ruta
si alto es tu pensamiento y limpia
la emoción de tu espíritu y tu cuerpo.
A Lestrigones y Cíclopes,
ni al fiero Poseidón hallarás nunca,
si no lo llevas dentro de tu alma,
si no es tu alma quien ante ti los pone.

Pide que tu camino sea largo.
Que numerosas sean las mañanas de verano
en que con placer, felizmente
arribes a bahías nunca vistas;
detente en los emporios de Fenicia
y adquiere hermosas mercancías,
madreperla y coral, y ámbar y ébano,
perfumes deliciosos y diversos,

cuanto puedas invierte en voluptuosos y
    delicados perfumes;
visita muchas ciudades de Egipto
y con avidez aprende de sus sabios.

Ten siempre a Ítaca en la memoria.
Llegar allí es tu meta.
Mas no apresures el viaje.

Mejor que se extienda largos años;
y en tu vejez arribes a la isla
con cuanto hayas ganado en el camino,
sin esperar que Ítaca te enriquezca.

Ítaca te regaló un hermoso viaje.
Sin ella el camino no hubieras emprendido.
Mas ninguna otra cosa puede darte.

Aunque pobre la encuentres, no te engañará Ítaca.
Rico en saber y en vida, como has vuelto,
comprendes ya qué significan las Ítacas.

EL CIPRÉS DE SILOS
GERARDO DIEGO (1896-1987)

A Ángel del Río

Enhiesto surtidor de sombra y sueño
que acongojas el cielo con tu lanza.
Chorro que a las estrellas casi alcanza
devanado a sí mismo en loco empeño.
Mástil de soledad, prodigio isleño,
flecha de fe, saeta de esperanza.
Hoy llegó a ti, riberas del Arlanza,

peregrina al azar, mi alma sin dueño.
Cuando te vi señero, dulce, firme,
qué ansiedades sentí de diluirme
y ascender como tú, vuelto en cristales,
como tú, negra torre de arduos filos,
ejemplo de delirios verticales,
mudo ciprés en el fervor de Silos.

DONDE HABITE EL OLVIDO
LUIS CERNUDA (1902-1963)

Donde habite el olvido,
En los vastos jardines sin aurora;
Donde yo sólo sea
Memoria de una piedra sepultada entre ortigas
Sobre la cual el viento escapa a sus insomnios.
Donde mi nombre deje
Al cuerpo que designa en brazos de los siglos,
Donde el deseo no exista.
En esa gran región donde el amor, ángel terrible,
No esconda como acero
En mi pecho su ala,
Sonriendo lleno de gracia aérea mientras crece el tormento.
Allí donde termine este afán que exige un dueño a imagen suya,
Sometiendo a otra vida su vida,
Sin más horizonte que otros ojos frente a frente.
Donde penas y dichas no sean más que nombres,
Cielo y tierra nativos en torno de un recuerdo;
Donde al fin quede libre sin saberlo yo mismo,
Disuelto en niebla, ausencia,
Ausencia leve como carne de niño.
Allá, allá lejos;
Donde habite el olvido.

RIMAS
Gustavo Adolfo Bécquer (1836-1870)

XXXVIII

*Volverán las oscuras golondrinas
en tu balcón sus nidos a colgar,
y otra vez con el ala a sus cristales,
        jugando llamarán;
Pero aquellas que el vuelo refrenaban
tu hermosura y mi dicha al contemplar;
aquellas que aprendieron nuestros nombres.
        esas... ¡no volverán!
Volverán las tupidas madreselvas
de tu jardín las tapias a escalar,
y otra vez a la tarde, aún más hermosas,
        sus flores abrirán;*

*pero aquellas cuajadas de rocío,
cuyas gotas mirábamos temblar
y caer, como lágrimas del día...,
        ésas..., ¡no volverán!*

*Volverán del amor en tus oídos
las palabras ardientes a sonar;
tu corazón, de su profundo sueño,
        tal vez despertará;
pero mudo y absorto y de rodillas
como se adora a Dios ante su altar,
como yo te he querido..., desengáñate
        ¡así no te querrán!*

CANCIÓN DEL PIRATA (fragmento)
José de Espronceda (1808-1842)

*Con diez cañones por banda,
viento en popa, a toda vela,
no corta el mar, sino vuela
un velero bergantín.
Bajel pirata que llaman,
por su bravura, El Temido,
en todo mar conocido
del uno al otro confín.
La luna en el mar riela
en la lona gime el viento,
y alza en blando movimiento
olas de plata y azul;
y va el capitán pirata,
cantando alegre en la popa,
Asia a un lado, al otro Europa,
y allá a su frente Istambul:
Navega, velero mío*

*sin temor,
que ni enemigo navío
ni tormenta, ni bonanza
tu rumbo a torcer alcanza,
ni a sujetar tu valor.
Veinte presas
hemos hecho
a despecho
del inglés
y han rendido
sus pendones
cien naciones
a mis pies.
Que es mi barco mi tesoro,
que es mi dios la libertad,
mi ley, la fuerza y el viento,
mi única patria, la mar.*

TRUCOS CON MONEDAS

L<small>OS TRUCOS CON MONEDAS</small> son fáciles de realizar e impresionan mucho. A continuación os vamos a mostrar algunos trucos de prestidigitación.

Cualquier moneda valdrá, y cuanto más grande mejor, aunque yo sería partidario de no utilizar nada que fuera más pequeño que una moneda de cincuenta céntimos de euro.

La mayoría de los trucos tardan bastante poco en realizarse pero requieren un poco de «palique» (introducción hablada). La rapidez con que se realiza el truco no es importante en sí. La clave está en la soltura y la fluidez con que se ejecutan los movimientos, cosa que exige práctica. Cultivar la habilidad para despistar y realizar movimientos de cierre elegantes hará que parezcas un mago veterano. Cuando actúes en público, mueve las manos con fluidez y aplomo.

Uno de los trucos más viejos que hay es la «caída francesa», una desaparición sencilla y efectiva. La reaparición también es importante y daremos algunos ejemplos, como sacar la moneda del oído de un espectador, pero con un poco de ingenio y práctica podrás descubrir algunas ideas propias con las que cautivar a tu público.

CAÍDA FRANCESA O TORNIQUETE

Si eres diestro, sostén la moneda por el canto entre los dedos índice, anular y pulgar de la mano izquierda, asegurándote de tener la palma vuelta hacia arriba y los dedos un poco recogidos.

Con la palma de la mano derecha mirando hacia abajo, coge la moneda, con el pulgar de la mano derecha por debajo de la moneda y los otros dedos por encima. Cierra la mano derecha para coger la moneda.

Luego suéltala, dejándola caer en el hueco de la mano izquierda. Ahora la mano derecha se mueve hacia delante, simulando sujetar la moneda, mientras la izquierda cae junto a tu costado con la moneda real.

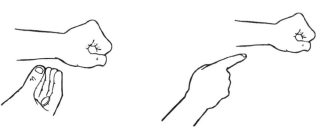

Se trata de un truco muy elegante que hay que ejecutar con fluidez y naturalidad.

Debes practicar mucho, y de vez en cuando comprobar frente a un espejo si lo haces con naturalidad. No intentes ocultar la moneda en la mano izquierda, simplemente deja que la mano caiga junto a tu costado. Podrías señalarte la mano derecha con uno de los dedos de la izquierda para despistar. Mantén la vista siempre sobre la mano derecha mientras dejas caer la izquierda junto al costado.

Todos los espectadores pensarán que llevas la moneda en la mano derecha, de modo que extiéndela, concéntrate en ella y ábrela un dedo tras otro. ¡La moneda ha desaparecido! ¡Ahora acércate a un espectador con la mano izquierda ahuecada y sácale la moneda de detrás de la oreja! No podrá ver lo que haces, de modo que esta parte resulta relativamente fácil.

Desaparición fácil

La desaparición fácil es de ejecución sencilla pero muy engañosa. Vuelve ambas palmas boca arriba con una moneda colocada sobre las yemas de los dedos corazón y anular de la mano derecha, sujetándola con el pulgar derecho.

Ahora vuelve la mano derecha y coloca la moneda en la palma de la mano izquierda de un palmetazo. Cierra los dedos de la mano izquierda sobre los dedos de la derecha; retira la mano derecha pero retén la moneda con el pulgar. Deja caer la mano derecha junto al costado y muestra tu mano izquierda vacía.

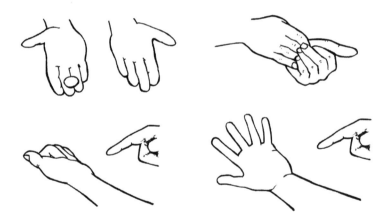

Desaparición simple

Extiende ambas manos con las palmas mirando hacia arriba con una moneda en el centro de la mano derecha. La mano izquierda se acerca a la derecha por debajo, de manera que la palma de ésta toca las yemas de los dedos de la mano izquierda.

El movimiento que se supone que harías es dejar caer la moneda dentro de la mano izquierda cuando la derecha pasa por encima de ella, cerrando los dedos de la izquierda sobre la moneda y dejando caer la mano derecha junto al costado.

Para realizar el truco, hay que colocar la moneda en el centro de la mano derecha, ahuecando ligeramente los dedos y el pulgar, de manera que sujetes la moneda con la palma. Esta acción se denomina «palmeo». Al pasar por encima de la mano izquierda con el dorso de la mano derecha mirando al público, puedes retener la moneda con la derecha. Requerirá un poco de práctica. Conseguir colocar la moneda en la posición óptima para que la asegure la palma exige confianza y un poco de palique para moverla discretamente.

Al igual que antes, practica delante de un espejo hasta que te salga con naturalidad.

Hemos descrito tres desapariciones, pero como ya he dicho al principio, lo importante son las reapariciones. Una estupenda reaparición es la denominada «toser». Entraña un poco de palique y una floritura.

Al principio del truco, informa a la gente que te está mirando de que tienes un agujero en la coronilla. Inclínate un poco hacia delante y déjales mirar. Pregúntales si pueden verlo. Deberían decirte que no, y cuando lo hagan, pon cara de desconcierto y diles que puedes demostrarlo. Ejecuta disimuladamente una de las desapariciones anteriores, digamos la caída francesa, pero no les muestres tu mano derecha vacía. En lugar de eso, date con ella una palmadita en la coronilla. Después llévate la mano izquierda a la boca y tose, dejando caer la moneda. Cógela con la mano derecha. Esto creará la ilusión de que realmente te has atravesado la cabeza con una moneda. Recuerda, lo que cuenta es la fluidez, y cuando el público te pida que repitas el truco, niégate siempre. No desveles tus trucos así como así.

LA LUZ

Qué es la luz? Sin el sentido de la vista, la palabra «luz» carecería de todo significado. La luz entra por nuestros ojos y así es como «vemos». Ver es una impresión mental cuya causa física es la luz. El efecto psíquico que la luz causa en nosotros es uno de los grandes misterios de la mente. Sin embargo, sabemos mucho acerca de la luz en su aspecto físico.

Aquello que vemos puede tener una fuente de luz propia, como, por ejemplo, una bombilla, o refleja la luz que proviene de una fuente, como el Sol, como sucede con la mayor parte de los objetos que vemos.

El origen de toda fuente de luz empieza por las vibraciones de átomos. Una bombilla, por ejemplo, utiliza electricidad para calentar un filamento hasta tal punto que éste desprende energía en forma de luz blanca. Esa luz viaja a una velocidad de 300.000 kilómetros por segundo en el espacio vacío. Lo hace en forma de ondas, o una sucesión continua de éstas, como las que se producen en la superficie de un estanque. Estas ondas tienen una longitud de onda muy corta (que se mide desde la cresta de una de ellas a la cresta de la siguiente): entre 0,00006350 y 0,00003175 cm, dependiendo del color.

Cuando la luz ilumina un objeto no luminoso (como una mesa, por ejemplo), estimula los átomos de éste en diversos grados. Algunos átomos absorben toda la luz que cae sobre ellos, en tanto que otros absorben una parte de la misma pero refractan el resto. Finalmente, la luz llega al ojo, lo que produce en la retina una imagen del objeto contemplado. Así es, pues, como «vemos» y reconocemos los distintos objetos.

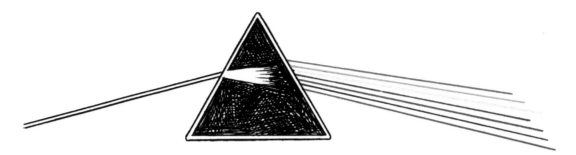

Las ondas de luz de distintas longitudes de onda crean la impresión de los colores al llegar al ojo.

Estas ondas pueden ser identificadas haciendo que la luz atraviese un prisma, lo que engendra una franja de colores denominada «espectro», uno de cuyos extremos es rojo y que pasa sucesivamente por el naranja, el amarillo, el verde, el azul y el índigo antes de llegar, por último, al violeta.

Al mezclar los colores, por medio de cristales de colores y un fondo blanco, se puede obtener cualquier color, incluidos aquellos que no aparecen en el espectro, como el marrón. El ojo es incapaz de distinguir la composición de luz que da lugar a un color determinado; por ejemplo, el color amarillo es un color simple, pero puede obtenerse mezclando el rojo y el verde en las proporciones adecuadas. La blancura se produce al mezclar todos los colores simples. La forma clásica de comprobarlo consiste en pintar un disco de cartulina con los colores del arco iris y atravesarla por el centro con un lapicero. Si se le hace girar a gran velocidad, los colores se difuminan hasta dar paso al blanco.

Cuando nos fijamos en una gota de lluvia, decimos que es transparente, y creemos que deja pasar la luz, pero en realidad, las superficies internas de la gota reflejan una parte. La luz se desvía, se «refracta», al penetrar en la gota, y lo hace de nuevo al salir.

Las gotas de agua actúan a modo de prismas rudimentarios de cristal o de hielo, provocando arcos iris. Las gotas descomponen la luz solar en los colores del arco iris, «refractando» cada uno de los colores de la luz en distinto grado.

Siempre comprobarás que tu sombra apunta directamente al centro del arco iris. También es posible que oigas hablar de la «copa de oro» que se encuentra al final del mismo. Por desgracia, el arco iris no tiene final. A medida que te desplaces, se moverá contigo. Curiosamente, nunca sucederá que dos personas vean exactamente el mismo arco iris. Éstos suelen aparecer cuando el sol no está muy alto, a primera hora de la mañana o a mediodía. Cuanto más bajo está el sol, más alto es el arco iris.

El color es cosa de la mente, en tanto que la luz es un fenómeno puramente físico.

FRASES Y PALABRAS LATINAS QUE TODOS LOS CHICOS DEBERÍAN CONOCER

El castellano es una lengua románica. Es decir, deriva del latín. En el castellano, la mayor parte del léxico es de origen latino. Existen palabras que han evolucionado desde el latín, según el proceso característico del castellano; así, de *portam* se pasó a *puerta* y de *lactem* a *leche*. Son palabras **patrimoniales**. Pero también se manejan en nuestro idioma algunos vocablos que reproducen de forma muy próxima el latín clásico, sin pasar por el filtro de la evolución histórica. Son los llamados **cultismos**: *lácteo, séptimo*, mientras que *leche* o *siete* son palabras patrimoniales.

Además de estos dos tipos de palabras que constituyen el léxico castellano, existen latinismos o expresiones puramente latinas que se emplean a menudo en el discurso. Son especialmente comunes en el léxico jurídico.

Saber latín sigue considerándose el broche de oro de una buena educación, pero cuidado: el lucimiento personal no es una razón aceptable para aprenderse las frases de esta lista.

La precisión del latín puede ser una fuente de placer, pero el principal motivo de que incluyamos este capítulo es cultural. Lo que ofrecemos a continuación sólo es una pequeña muestra del conjunto de latinismos que se manejan en nuestra lengua. Puedes aprenderte uno cada día, por ejemplo.

1. **Ad hoc.** Literalmente «para esto». *Escribí un poema ad hoc.*
2. **Ad hominem** Se trata de un ataque personal, un golpe bajo, por oposición a una respuesta razonada ante un argumento determinado.
3. **Ad infinitum** Hasta el infinito. *Y así sucesivamente, ad infinitum.*
4. **Alea iacta est.** La suerte está echada. Julio César pronunció esta frase cuando se disponía a cruzar el río Rubicón. Quería decir: «Ya está. La decisión está tomada».
5. **Anno Domini.** En el año del Señor. Ejemplo: *Eso tuvo lugar en el año del Señor de 1492, cuando Colón navegaba por las azules aguas del océano Atlántico.*
6. **Aquae vitae.** Agua de vida. Se utiliza habitualmente para designar el whisky o el brandy.
7. **Audio.** Literalmente «oigo». Hoy designa la parte de la tecnología multimedia que produce señales acústicas.
8. **Carpe diem.** Aprovecha o disfruta del momento presente.
9. **Circa.** «Alrededor de». Se emplea en ocasiones para indicar una fecha aproximada. Esto sucedió entre 1490 y c. 1600 (alrededor de 1600).
10. **Cogito ergo sum.** «Pienso, luego existo.» Célebre conclusión a la que llegó el filósofo francés René Descartes, quien consideraba dicha afirmación como la única prueba defendible de nuestra existencia. Todo lo demás tal vez sea fantasía.
11. **Curriculum vitae.** El curso de una vida, o el historial de estudios y de trabajo de cada cual.
12. **Deus ex machina.** Literalmente, un dios salido de una máquina, como cuando los dramaturgos griegos hacían descender a Zeus por medio de poleas para resolver las dificultades de la trama de una obra teatral. Ha llegado a ser sinónimo de una mala narración en la que alguna fuerza exterior a la misma hace que todo termine bien.
13. **Ergo.** Por consiguiente.

14. **Habeas corpus.** Literalmente, «tengas el cuerpo». Ha llegado a significar que no se puede detener a una persona sin juzgarla: el «cuerpo» ha de comparecer ante un tribunal.
15. **Idem.** «Lo mismo». Se usa para indicar repetición.
16. **Ipso facto.** En este mismo momento, inmediatamente. *Le encargaron un trabajo y lo hizo ipso facto.*
17. **Modus operandi.** Manera de proceder. Los hábitos y el estilo personal de actuación profesional de una persona.
18. **Nota bene.** Fíjate bien. Suela abreviarse como «n.b.».
19. **O tempora, o mores.** Literalmente, «¡Qué tiempos, qué costumbres!». Frase que pronunció Cicerón en su discurso contra Catilina, para referirse a la corrupción de su tiempo.
20. **Pater familias.** Padre de familia, o cabeza de familia.
21. **Persona non grata.** Persona inoportuna o desagradable.
22. **Quod erat demonstrandum.** Que es lo que había que demostrar. Habitualmente escrito Q. E. D. al final de un argumento.
23. **Quo vadis?** ¿Quién va?
24. **Requiescat in pace.** Descanse en paz, habitualmente escrito en su forma abreviada, R. I. P.
25. **Senatus Populusque Romanus.** El senado y el pueblo de Roma. Las legiones romanas llevaban inscritas en sus estandartes las letras SPQR. Por extraño que parezca, dichas siglas todavía aparecen en las tapas de alcantarilla de la Roma moderna.
26. **Statu quo.** «El estado en que se encuentran las cosas.» Ejemplo: *Es fundamental que se mantenga el statu quo.*
27. **Sub iudice.** Se aplica a la cosas que están sometidas a la decisión de quien ha de emitir juicio sobre ellas; particularmente de un juez.
28. **¡Vade retro Satanas!** ¡Atrás, Satanás! Una orden de apartar los deseos o tentaciones conducentes al pecado.
29. **Veni, vidi, vici.** Llegué, vi, vencí. Palabras pronunciadas por Julio César tras aplastar una rebelión en Asia Menor en una sola tarde.
30. **Versus.** Frente a, por oposición a.
31. **Veto.** Prohíbo. Se emplea como sustantivo, «el veto», para referirse al derecho de una persona o corporación a impedir una cosa.
32. **Vox populi.** La voz del pueblo.

Y LOS NÚMEROS

Sólo hay siete tipos de números romanos: I, V, X, L, C, D y M (1, 5, 10, 50, 100, 500 y 1000). A partir de ellos se forman los demás. La dificultad está en reconocer que algunos números, como el 4 y el 9, se forman con IV y IX: 5 menos 1, 10 menos 1. Esta pauta se sigue en todos los números romanos: así, 999 se escribe IM. Si inviertes diez minutos en esta página, podrás leer las lápidas que quieras.

I   II   III   IV   V   VI   VII   VIII   IX   X   **(1–10)**
XI   XII   XIII   XIV   XV   XVI   XVII   XVIII   XIX   XX   **(11–20)**
XXX **(30)**   XL **(40)**   L **(50)**   LX **(60)**   LXX **(70)**   LXXX **(80)**   XC **(90)**   C **(100)**

El año 1824, por ejemplo, se representa así: MDCCCXXIV.

CÓMO JUGAR AL PÓQUER

TODO MUCHACHO DEBERÍA conocer este juego de naipes, pero hagamos una advertencia preliminar. La suerte desempeña en él un papel de escasa importancia. La gente acaudalada que acude a Las Vegas evita jugar al póquer porque medirse con los expertos es una forma humillante de regalar dinero a desconocidos. A muchas de esas personas les atrae más la ruleta: al menos, cuando finalmente los echan a la calle —tras haberles quitado todo menos los calzoncillos—, no pueden culpar a nadie salvo a sí mismos.

Existen docenas de variaciones del póquer, de manera que sólo vamos a repasar dos de ellas, *Five-Card Draw y Texas Hold-'Em*. Éste es un buen momento para dejar sentado que al póquer hay que jugar por dinero. Jugarse todos los garbanzos no tiene verdadero aliciente, y por tanto no incita a marcarse faroles. De todos modos, es posible fijar un límite de apuestas para que no tengas que llegar al extremo de vender al perro.

FIVE-CARD DRAW

El objetivo es vencer a los demás jugadores, lo que puede conseguirse por medio de cambios repentinos en las apuestas, faroles o simplemente tener mejor mano que ellos. Lo primero que hay que aprender es lo que vale cada mano. Son, por orden descendente:

La mejor mano posible es la **escalera real**: del as al diez todas seguidas, y del mismo palo. La probabilidad de que te caiga esta mano es de 650.000/1. Si te las entregaran en una primera mano, sería una de esas cosas que suceden una sola vez en la vida. Después la **escalera de color**: cinco cartas consecutivas del mismo palo, pero de menor importancia, el 4, el 5, el 6, el 7 y el 8 de picas, por ejemplo. La probabilidad de que te sirvan esta mano es de 72.000/1.

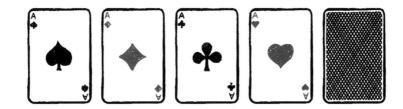

Después viene el **póquer**: cuatro cartas iguales de distinto palo. El más alto es el póquer de ases. 4.000/1.

A continuación viene el **full**: tres cartas iguales y una pareja. Probabilidad: 700/1.

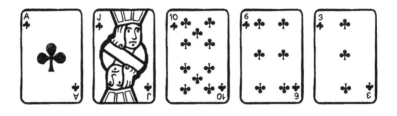

Color: todas las cartas del mismo palo pero de puntuaciones desiguales y no consecutivas. Probabilidad: 500/1.

Escalera: Cinco cartas consecutivas, pero de diferentes palos, el 2, 3, 4, 5 y 6, por ejemplo, o la escalera de la gama alta que se ve en el dibujo. Probabilidad: 250/1.

Trío: Tres cartas iguales. Probabilidad: 50/1.

Dobles parejas: Probabilidad: 20/1.

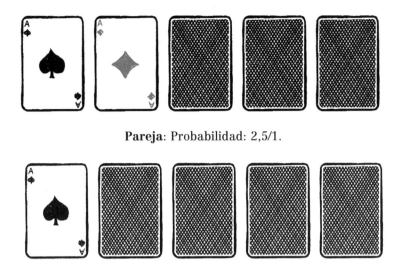

Pareja: Probabilidad: 2,5/1.

Carta más alta: Probabilidad: 2/1.

Apréndete de memoria esta clasificación y lo que significa, pues no causa muy buena impresión preguntarlo mientras juegas.

El número clásico de jugadores son cuatro, pero no hay problema en que sean cinco o seis.

Se empieza poniendo una cantidad acordada de antemano como bote. Esto se hace para castigar a los que por haber recibido una mano floja no participan en la mano. Si alguno de los jugadores se limita a aguantar, puede llevarse el bote.

El juego empieza designando un crupier. Esta función va recorriendo la mesa en el sentido de las agujas del reloj. Lo habitual es que el crupier baraje las cartas antes de depositar el mazo sobre la mesa para que corte la persona que está a su derecha.

Luego el crupier reparte a cada jugador cinco cartas colocadas boca abajo sobre la mesa. A continuación, cada jugador examina las suyas sin mostrárselas a nadie.

Luego viene una ronda de apuestas. También éstas tienen lugar en el sentido de las agujas del reloj, de modo que la persona que está a la izquierda del crupier arroja una cantidad al bote. Pongamos, por ejemplo, que apuesta diez céntimos.

La ronda continúa y cada jugador tiene tres opciones:

1. Poner diez céntimos diciendo «veo tus diez», lo que se denomina «igualar».
2. Subir la apuesta diciendo «veo tus diez y pongo otros diez».
3. Retirarse diciendo «me retiro» y no participar en esa mano.

El jugador que abre la apuesta tiene además otra opción, que es «pasar», lo que significa que no apuesta. Podría tratarse de un farol, o simplemente que tenga una mano floja. Los demás jugadores pueden responder diciendo «paso» a su vez, pero si alguien echa dinero al bote, los demás tienen que igualar esa cantidad o retirarse.

Cuando la apuesta de diez céntimos da la vuelta a toda la mesa, la ronda de apuestas ha terminado. El primer jugador en apostar ya no puede subir la apuesta.

Si alguien sube la apuesta diciendo «veo tus diez y pongo otros diez» está demostrando la confianza que tiene en su mano. Para permanecer en el juego, todos los demás jugadores tendrán que igualar la apuesta conjunta de veinte céntimos.

Cuando termina la ronda de apuestas, el crupier le ofrece a la persona situada a su izquierda la oportunidad de cambiar hasta tres cartas. Si el jugador ya tiene una mano excelente, es posible que rechace la oferta. La mayoría de los jugadores cambia, guardando, por ejemplo, la pareja de sietes que les ha tocado y esperando que les toque otra.

Si crees que las matemáticas son tu punto débil, será mejor que no te plantees jugar al póquer por dinero. Mejor entrégarselo directamente a alguna organización caritativa que al bolsillo de otra persona.

ALGUNAS PROBABILIDADES DE MEJORÍA QUE CONVIENE CONOCER

- Teniendo un trío, cambiar dos cartas. Probabilidades de póquer o de full: 9/1
- Teniendo un trío, cambiar una carta. Probabilidades de póquer o de full: 12/1
- Una pareja, cambiar tres cartas. Probabilidades de llegar a doble pareja: 6/1
- Una pareja, cambiar tres cartas. Probabilidades de llegar a un trío: 9/1
- Una pareja, cambiar tres cartas. Probabilidades de llegar a full: 98/1

Existen muchas más. Los buenos jugadores las conocen todas.

Otro cálculo pertinente es saber si hacerse con un bote concreto merece la apuesta que hay que hacer.

$$\frac{\text{tamaño del bote x «probabilidad de quedárselo»}}{\text{Pérdida potencial}} = \text{inversión}$$

Si la respuesta suma más de uno, probablemente se trate de una buena apuesta, pero no dejes de tomar nota del hecho de que la «probabilidad de quedárselo» aparece expresada como fracción y podría ser pura conjetura.

$$(50 \text{ céntimos x } 0,4) / 10 \text{ céntimos} = 2,0 = \text{buena apuesta}$$

Es importante en el póquer la capacidad de «leer» a los demás, y no sólo sus expresiones, ya que estamos hablando del juego que dio lugar a la frase «cara de póquer»: alguien que esconde sus emociones. También se pueden leer pautas en la forma de apostar. Quizá, cuando estés jugando con Jaime, te des cuenta de que siempre que tiene una buena mano hace una apuesta muy grande a la primera oportunidad. Quizá prefieras retirarte de las rondas en las que lo haga, pero siempre existe la posibilidad de que esté estableciendo una pauta intencionada con las manos buenas, y después haga lo mismo con una mano mala mientras todos los demás se retiran... Eso se llama marcarse un farol.

En esencia, no hay nada más que decir acerca del Draw Poker, salvo recordar que la experiencia posee un valor incalculable. Las probabilidades de obtener una buena mano aumentan cuando se incorporan al juego los comodines. Si te toca uno de ellos en una mano, puedes convertirlos en la carta que quieras, lo cual anula todos los cálculos de probabilidades anteriores. De repente, se hacen posibles manos inusitadas, como por ejemplo un quinteto de ases.

Éste es el tipo de póquer que se juega en los campeonatos del mundo. Para empezar, los dos jugadores colocados a la izquierda del crupier ponen la Ciega Pequeña y la Ciega, que suelen ascender a la mitad del monto total de la apuesta mínima y la apuesta mínima respectivamente. Esto se vuelve más relevante a medida que el juego se desarrolla y aumentan los límites de apuestas.

A cada jugador se le sirven dos cartas boca abajo, a las que se denomina «cartas de mano».

Se produce una ronda de apuestas, exactamente igual a la descrita con anterioridad, con subidas de apuestas, retiradas, etc. Se acostumbra a decir «call» cuando se iguala la apuesta sobre la mesa sin subirla.

Cuando terminan las apuestas, el crupier reparte el «flop»: tres cartas más, esta vez colocadas boca arriba, donde todo el mundo pueda verlas.

Después del «flop» tiene lugar otra ronda de apuestas, que empieza por el jugador situado a la izquierda del crupier. Este jugador tiene la opción de apostar, retirarse o pasar, al igual que en el Five Card Draw. Si pasa y el siguiente jugador apuesta, tendrá que igualar la apuesta, pero ahora tendrá una idea más exacta de la clase de manos que hay sobre la mesa. De resultas, pasar puede llegar a tener gran utilidad táctica.

El crupier reparte otra carta boca arriba, que se conoce como «turn», lo que inicia otra ronda de apuestas empezando por la izquierda. Cuando ésta termina, se reparte la carta final, el «river».

Ahora hay cinco cartas boca arriba sobre la mesa y dos bocabajo en la mano de cada jugador. Aunque se dispone de siete cartas, el objetivo es reunir la mejor mano de cinco cartas posible.

En esta versión del póquer los faroles siguen desempeñando un destacado papel, y las apuestas tienden a ser mucho más elevadas que en el Five-Card Draw, pues los jugadores resisten para ver si su mano se ve auxiliada por cartas posteriores.

La ronda final de apuestas comienza, como antes, con el jugador situado a la izquierda del crupier.

Algunas probabilidades para Texas Hold-'Em

1. PROBABILIDADES PARA LAS CARTAS DE MANO

• Cualquier pareja	16/1
• As, rey de distintos palos	110/1
• Al menos un as	5,7/1
• Dos cartas del mismo palo	3,25/1

2. PROBABILIDADES DE MEJORÍA EN EL «FLOP»

Tú tienes	El «flop» te proporciona	Probabilidades en contra
Una pareja	Un trío	10/1
Dos cartas cualesquiera	Dos parejas	48,5/1
Dos del mismo palo	Color	118/1

3. PROBABILIDADES DE MEJORÍA EN EL «TURN»

Desde	A	Probabilidades en contra
Cuatro cartas de una escalera	Escalera	4,2/1
Trío	Póquer	46/1
Dos parejas	Full	10,8/1
Pareja	Trío	22,5/1

4. PROBABILIDADES DE MEJORÍA EN EL «RIVER»

Desde	A	Probabilidades en contra
Cuatro cartas de una escalera	Escalera	4,1/1
Trío	Póquer	45/1
Dos parejas	Full	10.5/1
Pareja	Trío	22/1
Nada	Pareja	6,7/1

El último consejo es: «Nunca intentes completar una escalera por el interior». Si estuvieras jugando al Draw, por ejemplo, y tuvieras el 4, el 5, el 6, el 8 y un rey, podrías sentirte tentado de cambiar ese rey por la posibilidad de obtener un 7, para así acabar con 4, 5, 6, 7, 8, una mano elevada. Hay cuarenta y siete cartas que no has visto y sólo cuatro de ellas son sietes. 47/4 equivale prácticamente a 12/1. Sin embargo, existe el doble de probabilidades de completar una escalera por cualquiera de los extremos.

Es realmente importante asimilar que el póquer es un juego difícil. La regla dorada es: «Si no eres capaz de identificar al primo que hay en la mesa, entonces eres tú».

HISTORIAS EXTRAORDINARIAS – PARTE IV

Marie Curie, la vocación científica

MARIE SKLODOWSKA-CURIE nació en Varsovia, Polonia, el 7 de noviembre de 1867, hija de dos maestros, su padre de matemáticas y física y su madre de música. Desde muy joven destacó por su inteligencia, mostrando inclinación por las ciencias. Debido a que en Polonia no estaba permitido que las mujeres acudieran a la universidad, la joven tuvo que iniciar su formación recibiendo clases clandestinas en su domicilio. Gracias a la ayuda de una de sus hermanas, que se había instalado en París, Marie pudo viajar a Francia matriculándose en La Sorbona en 1891. A pesar de sus escasos recursos económicos, que a veces le impedían alimentarse, Marie se graduó siendo la primera de su promoción y erigiéndose más tarde en la primera mujer en impartir clases en la universidad francesa.

En 1894 conoció al que sería su marido, el profesor de física Pierre Curie. El joven matrimonio se dedicó en cuerpo y alma a la investigación en un pequeño y gélido laboratorio donde a veces pasaban todo el día. Interesados en los hallazgos que el físico Henri Becquerel había obtenido sobre los rayos uránicos, sus estudios se centraron en el origen y la naturaleza de esta radiación. A partir de un mineral llamado «pechblenda» los Curie lograron en 1898 aislar un elemento radiactivo desconocido hasta entonces, que en honor de su patria Marie denominó polonio, y más tarde radio, elemento que emitía unas radiaciones capaces de atravesar el metal. Gracias a sus aportaciones al campo de la radioactividad alcanzaron un gran reconocimiento internacional. Sin embargo, a pesar de las largas horas de trabajo empleadas, del riesgo que suponía someterse a las radiaciones y de las dificultades económicas que los acuciaban se negaron a patentar su descubrimiento. Para ellos era más importante que cualquier científico pudiera desarrollar las numerosas aplicaciones de su descubrimiento que el beneficio material que pudieran obtener. En 1903 los Curie se hicieron merecedores, junto a Becquerel, del galardón más prestigioso, el Premio Nobel de Física. La científica fue la primera mujer en recibir esta distinción.

En 1906 una desgracia sacudió a Marie Curie, su marido moría atropellado dejándola a cargo de sus dos hijas, Irène y Eve, y de la cátedra de Física de La Sorbona que hasta ese momento ocupaba su esposo. A partir de entonces se dedicó con más empeño, si cabe, a la experimentación con materiales radiactivos hasta conseguir la obtención del radio en estado metálico. Este segundo descubrimiento le valió el Premio Nobel de Química en 1911. Se convertía de esta manera en la primera persona a la que se le concedía el Nobel en dos categorías científicas diferentes.

En 1934 la continua exposición a las radiaciones pasó factura a Marie Curie. La científica murió en Salanches, a causa de una leucemia. Su hija mayor, Irène Joliot-Curie, continuó sus investigaciones ganando el Premio Nobel de Química un año después de la muerte de su madre, por el descubrimiento de la radiactividad artificial.

LAS CANICAS

LOS ROMANOS ya jugaban a las canicas. Las fabricaban de piedra, arcilla o mármol, y las más precisas eran estas últimas. En la actualidad, sigue habiendo canicas de cristal y de porcelana en la mayoría de las jugueterías. No te dejes engañar: la versión del juego denominada «el círculo» puede resultar frustrante y exigente, pero es la mejor. Sólo requiere una superficie plana, un poco de tiza, una bolsa de canicas y ánimo competitivo.

Estuvimos planteándonos fabricar un par de canicas, pero las temperaturas que requería habrían supuesto que estuviérais leyendo un libro titulado *El libro suicida de los chicos*. Al vidrio fundido se le inyecta cristal de distintos colores antes de ser tallado en forma de cilindro y depositarse en unos rodillos con surco, en los que la canica rueda sin parar hasta adquirir una forma perfecta.

Nombres de canicas

Cualquier canica que se emplee para disparar se llama **Tirador**. Para las demás, existen tantos nombres como tipos de canica. Algunos de los ejemplos más conocidos son: Banzones (de barro de un solo color), Chinos (más pequeñas y pulidas) o Mexicanos (de cristal).

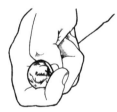

La técnica clásica para impulsar una canica se denomina **uñeta** (con la uña del dedo).

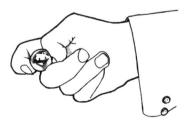

Los profesionales, sin embargo, están obligados a mantener siempre al menos un nudillo en el suelo. Se puede obtener mayor precisión con ese dedo director, aunque a nosotros nos guste más la técnica que recordamos del colegio.

Los tres juegos que hay que conocer

El círculo o caldero

1. Se dibujan dos círculos de tiza, como los que aparecen en el diagrama de abajo. El pequeño tiene 30 cm de diámetro. El mayor, 1.83 metros. No olvides que la distancia que hay entre el codo y la muñeca es de aproximadamente 30 cm (a menos, obviamente, que seas diminuto). También puedes buscar a alguien que mida 1,80 m y pedirle que marque el círculo en base a la distancia entre sus brazos extendidos, que también será de 1,80 m.

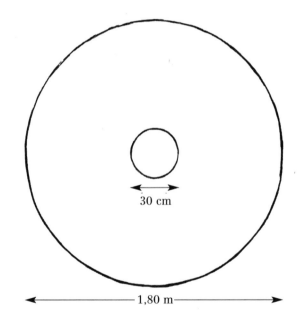

30 cm

1,80 m

2. Selecciona las canicas que te vas a jugar, el mismo número por cada jugador. Se trata de un juego de destreza; no importa cuáles se pierdan o se ganen, sólo cuántas. Colócalas dentro del círculo interior. Nosotros comprobamos que, tácticamen-

te, colocar una cada vez daba buenos resultados, haciéndolo por turnos.

3. El Tirador no se puede perder jamás. Puede tratarse de una canica favorita, rara, de metal, de mármol, de porcelana o incluso de madera. Practica con tu Tirador y nunca dejes que esté en juego en el transcurso de la partida.

4. Determinad quién dispara primero.

5. Primer disparo. El objetivo es lanzar el Tirador desde cualquier punto del círculo exterior contra las canicas que hay en el centro. Cualquier canica expulsada del círculo interior se convierte en propiedad de quien lo haya logrado, al cual le toca ahora volver a disparar, salvo que el Tirador haya desaparecido de forma inexplicable. Si eres capaz de encontrarlo, dispara desde donde esté.

6. Si fallas o no logras sacar la canica del círculo interior, es el turno del siguiente jugador. Si tu Tirador se queda en el círculo exterior, permanece donde está para que pueda aplicarse la regla número 7. Si se detiene en el círculo interior, tiene que ser rescatado con una canica suministrada por el jugador culpable.

7. Cuando un Tirador queda atrapado en el círculo exterior, se convierte en blanco. El siguiente jugador puede optar por el centro o por el Tirador. Si golpea el Tirador, el dueño de éste tiene que entregarle una canica. No puede golpearlo dos veces. Si es su Tirador el que se queda en el círculo, le toca jugar al siguiente jugador.

8. El juego continúa hasta que el círculo interior queda vacío.

Chili

Para este juego es mejor utilizar canicas grandes.

1. El primer jugador lanza su canica al frente a una distancia de alrededor de metro y medio.

2. El segundo jugador hace otro tanto, tratando de golpear la primera canica. (Otros jugadores pueden darle a cualquiera de las dos y así sucesivamente. Pueden jugar muchos.)

3. Todos los disparos se efectúan sin levantar el brazo por encima del hombro (como en los bolos o la petanca) y se realizan desde el lugar donde ha aterrizado la canica del jugador de turno.

4. Cuando una canica resulta golpeada, el propietario o bien se queda sin ella o paga con una canica de su bolsa. Es mejor pagar para no quedarte sin tu Tirador.

Ya está. Las tácticas derivan del juego mismo.

El Gua

El número de jugadores no es fijo; el mínimo son dos, pero pueden jugar muchos más.

1. Para empezar hay que hacer un «gua», un pequeño hoyo semiesférico, de una profundidad de entre 3 y 5 cm, y trazar después una raya una distancia de unos 3 o 4 m.

2. El juego comienza con el lanzamiento de las canicas desde el gua a la raya para determinar el orden de participación. Comienza el que más cerca queda de la raya.

3. Desde ese momento los jugadores intentan introducir sus canicas en el gua. A medida que lo van consiguiendo tiran a dar a las canicas de los demás. Entre la canica que tira y el objetivo debe haber siempre una distancia determinada: *dedo, cuarta, pie, bola* y *carambola* o *quiriscola* (tres pies), tras lo cual debe meterse la canica en el gua de nuevo. Se elimina así al rival, que debe pagar una canica. El juego sigue hasta que queda un único jugador.

Faltas

1. En el caldero el nudillo del jugador tiene que estar tocando el círculo exterior. Levantarlo es falta.

2. Ayudarse echando la mano hacia delante («meter manga») es falta. La canica tiene que impulsarse únicamente con el pulgar.

3. Una vez empezado el juego, no se permite contacto alguno con las canicas del círculo interior, salvo por medio del Tirador.

Los campeonatos del mundo se celebran todos los años en Thisley Green, West Sussex, Inglaterra. En esencia, se trata de un campeonato de caldero, con 49 canicas en el círculo interior, cada una de las cuales vale un punto. Gana el primer jugador en eliminar 25 canicas con su Tirador.

HISTORIA ABREVIADA DE LA ARTILLERÍA

La capacidad de golpear a un enemigo desde lejos siempre ha atraído tanto a soldados como a generales. Se han encontrado arcos que se remontan a 7400 a.C., conservados en un tremedal de Holmegaard, Dinamarca. Es posible que los primeros tengan más de 20.000 años de antigüedad. Aunque se trate de armas poderosas y precisas, desde siempre se ha buscado mayor poder de destrucción y mayor alcance. Al fin y al cabo, no se puede someter a una ciudad destruyéndola por medio del arco y las flechas.

El arco de madera de tejo de Meare Heath, Somerset, Inglaterra, c. 2.500 a.C.

Arquímedes fue uno de los primeros y más célebres inventores de armas de artillería conocidas. Durante el sitio de Siracusa, de 214 a 212 a.C., empleó espejos de bronce para concentrar los rayos del sol sobre las naves enemigas y así incendiarlas.

La veracidad de esta historia ha sido puesta en duda durante mucho tiempo. A comienzos de la década de 1970, un científico griego, el doctor Ioannis Sakkas, realizó un experimento con sesenta marineros griegos para ver si era posible. Todos ellos llevaban largos espejos oblongos, que emplearon para concentrar los rayos de sol sobre un barco de madera situado a unos 50 metros de distancia. El barco empezó a arder casi de forma inmediata.

Arquímedes fue un pensador extraordinario, el Leonardo da Vinci de su tiempo. Inventó otras muchas armas para hundir las galeras de los romanos o triturarlas desde las murallas de la ciudad. Sin embargo, no fue el único. Los griegos desarrollaron amplios conocimientos en materia de poleas, bombas de agua y grúas; incluso llegaron a crear un pequeño motor de vapor. Aquél fue un período de extraordinarios descubrimientos científicos, todos los cuales resultaron útiles para la creación de armas de destrucción a larga distancia.

Las primeras armas se basaban en la energía de resorte, acumulada por medio de la fuerza bruta o por un trinquete, como se puede apreciar en el dibujo. Con las poleas, en particular, un solo hombre puede repetir una acción sencilla una y otra vez y así poner en movimiento grandes fuerzas de forma muy lenta. En otras palabras, las armas pesadas se pueden cargar recurriendo a unos pocos principios sencillos.

La torsión es la fuerza desarrollada por fibras enrolladas para generar impulso. Los romanos mejoraron los inventos de los griegos, perfeccionando el empleo de cuerdas de crin de caballo y ligamentos como resorte. El **onagro** pesado de los romanos era capaz de lanzar una piedra de 45 kilos a una

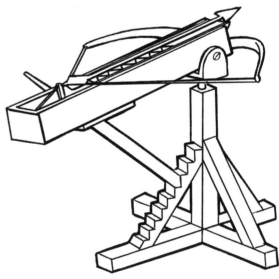

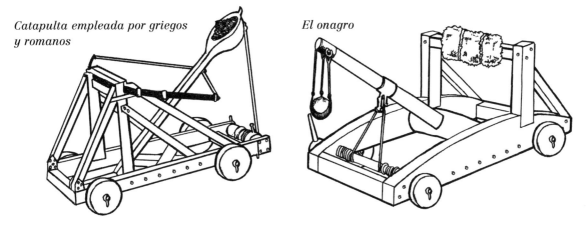

Catapulta empleada por griegos y romanos

El onagro

distancia de 365 metros. En latín, «onagro» significa asno salvaje o burro, animal capaz de propinar una tremenda coz. Su principio se asemeja al de la catapulta, con una copa parecida a la de una honda y una única barra de torsión.

La **balista** o **petraria** era un aparato lanzador de piedras o de saetas inventado por los romanos. Empleaba dos muelles de torsión y·tenía un alcance de más de 400 metros. Los romanos también perfeccionaron una balista de repetición, inventada por Dionisio de Alejandría. Bastaba con hacer girar una manivela para que la corredera se desplazara hacia atrás, haciendo que una flecha cayera en su muesca y lanzándola en cuanto el cabrestante alcanzaba el tope. Se trata de la primera ametralladora, inventada mucho antes de que se descubriera la pólvora.

Todas las legiones romanas estaban provistas de onagros pesados y de una treintena de **escorpiones**, arma de menores dimensiones que podía ser transportada en una carreta. ¡El éxito bélico romano dependía de mucho más que de la disciplina y un buen gladio!

El último representante de máquinas bélicas de este tipo es el **trabuquete** o **fundíbulo**, que funcionaba mediante contrapesos. Este artilugio artillero era capaz de lanzar objetos de mayor peso que cualquier otro. Sin embargo, el enorme contrapeso que precisaba suponía que fueran prácticamente inmóviles una vez montados y sólo daban buenos resultados cuando se trataba de destruir las murallas de una ciudad. Su empleo estuvo en vigor durante el medioevo, hasta la invención del cañón. Se utilizaban

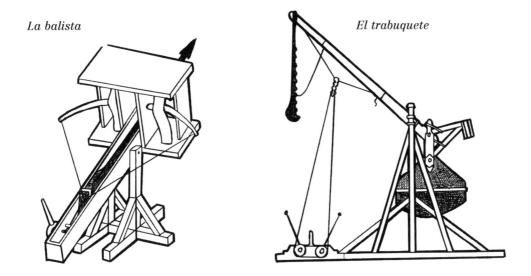

La balista

El trabuquete

poleas y trinquetes para bajar el brazo largo de la viga y cargarlo. Al soltarlo, el brazo corto saltaba hacia delante y la segunda sección del mismo era impulsada a enorme velocidad.

Más tarde, la pólvora y las técnicas de fundición del hierro se combinaron para dar lugar a los cañones lisos. Comparados con las máquinas de guerra anteriores, tenían mucho mayor alcance y podían ser cargados con mucha mayor rapidez. Aunque la pólvora ya se había inventado en China en el siglo XI, fueron las naciones europeas, en el siglo XIII, las que explotaron dicho invento como fulminante. Roger Bacon, el Arquímedes inglés, redactó una fórmula en clave para la pólvora en dicho siglo. La combinación de azufre, carbón vegetal y nitrato de potasio, o salitre, cambiaría el mundo occidental para siempre.

Lo que aparece en el dibujo de arriba es «Mons Meg», un cañón de Flandes fundido con anterioridad a 1489 y que actualmente se encuentra expuesto en el castillo de Edimburgo. Arrojaba balas de piedra de 150 kilos a una distancia de casi dos kilómetros y medio.

En el transcurso de los siguientes seiscientos años, los cañones permanecieron esencialmente idénticos: siguieron siendo lisos y cargándose por la boca, además de dispararse por medio de mechas o llaves de chispa. Acabaron por utilizarse balas de hierro en lugar de piedra, pues era más fácil producirlas en masa y conseguir que fueran uniformes. Los tubos de hierro colado reemplazaron al hierro forjado, más blando. En alta mar, los cañones podían disparar enramados y palanquetas para destruir las jarcias del enemigo y barrer la cubierta de partidas de abordaje. Por lo que se refiere a los principios básicos, los cañones de Nelson disparaban de idéntica forma que los del siglo XIII. Como sucede con la mayoría de las tecnologías duraderas, cuando no se ven reemplazadas, van perfeccionándose.

Los **morteros** y **obuses** fueron perfeccionados en el siglo XIX. Un mortero dispara a ángulos muy elevados en comparación con un cañón, y un obús en un ángulo intermedio. Los progresos se produjeron de forma rápida. Una sola ventaja suponía la diferencia entre ganar una guerra y sufrir una invasión.

Tipos de enramado y palanquetas de la Royal Navy

Primera Guerra Mundial. Pieza artillera de campaña británica disparando proyectiles explosivos de 30 kilos.

Estriar un cañón supone trazar líneas en espiral en el interior del mismo para que hagan girar el proyectil, lo cual lo dota de estabilidad giroscópica. Aunque llevaba mucho tiempo aplicándose a las armas de mano, esta práctica se aplicó a la artillería por primera vez en torno a 1860. La nueva generación de piezas de artillería se cargaba por la recámara, empleaba tubos reforzados y era capaz de disparar proyectiles con una precisión asombrosa.

Las versiones más pesadas de estas armas lanzadoras de proyectiles podían estar a muchos kilómetros detrás del frente, disparando inmensos obuses en parábola sobre las posiciones enemigas.

El siglo XXI: tanque de fabricación británica Challenger 2

Ningún capítulo sobre artillería estaría completo sin una mención del **tanque**. Desde la Primera Guerra Mundial en adelante, estas asombrosas máquinas han cambiado la faz de la guerra moderna, dotando a una artillería poderosa de una gran movilidad y permitiendo que esté bien acorazada.

En la época contemporánea la artillería puede adoptar la forma de los misiles intercontinentales, golpeando desde una distancia de cientos e incluso miles de kilómetros, y con mayor potencia que cualquier otra pieza descrita en este capítulo. En cierto sentido, la artillería ha alcanzado su etapa culminante, en la que puede arrasarse una ciudad sin que un solo soldado entre en la zona de combate.

En la actualidad los proyectiles pueden blindarse con uranio empobrecido, es decir, uranio al que se le han quitado la mayor parte de los isótopos radioactivos. Se trata de un metal pesado, lo bastante duro como para poseer una terrible eficacia como munición perforante. Aunque en realidad es menos radioactivo que el uranio natural, es químicamente tóxico y no debe ingerirse. El polvo y los fragmentos procedentes de los proyectiles con uranio empobrecido siguen siendo peligrosos durante largo tiempo.

Desde los tiempos de las armas basadas en la energía de resorte ha llovido mucho. Hasta la invención de la ametralladora, siguió siendo posible avanzar bajo el fuego artillero y esperar que al menos una parte del ejército llegara hasta el enemigo. La Primera Guerra Mundial cambió todo eso, y esa táctica obsoleta desapareció, al igual que lo había hecho antes la carga de la caballería. Resulta difícil predecir cómo será el futuro, con las armas tan inmensamente destructivas disponibles en la actualidad. Hoy en día las guerras tienden a disputarse a pequeña escala, y las principales potencias ponen sumo cuidado en limitar el grado de destrucción. En teoría, Gran Bretaña pudo haber empleado armas nucleares contra Argentina durante la guerra de las Malvinas, o Estados Unidos podría haberlo hecho contra Irak durante la primera o la segunda Guerra del Golfo. Ninguno de los dos países dio ese paso. Esperemos que en vida nuestra no suceda.

EL ORIGEN DE LAS PALABRAS

En castellano existen multitud de palabras y frases interesantes. Hay libros del tamaño de diccionarios donde se recopila la historia del vocabulario. Aquí presentamos veinte palabras o frases que se cuentan entre nuestras favoritas y tienen orígenes tan interesantes que deberían formar parte del conocimiento general.

1. **Asesino.** La palabra árabe *hashshashin,* que significa «comedores de hachís», era el nombre que recibía una secta siria violenta de la Edad Media. Para entrar en trance criminal, tomaban hachís (*cannabis*) mientras cantaban y bailaban. De ahí procede la palabra castellana *asesino.*

2. **Auspicio/augurio/agüero.** En castellano, estas palabras tienen que ver con la predicción del futuro. Un auspicio o un augurio son señales que indican lo que puede suceder en un momento posterior, ya sea bueno o malo. El agüero normalmente es malo. Se suele decir en contextos supersticiosos: «Pasar por debajo de una escalera es de mal agüero». Las tres palabras tienen su origen en la práctica romana de utilizar el vuelo de las aves para predecir el futuro. El especialista en este campo se denominaba *auspex,* palabra derivada de una combinación de *avis,* que significa «ave», y *specere,* «mirar, observar». Estos charlatanes eran literalmente «observadores de los pájaros», y la palabra sobrevive dos mil años después.

3. **Avión.** Esta palabra viene del francés *avion,* que es un pájaro de la familia de los vencejos. Cuando se inventó este aparato en el que podemos volar, se le dio ese mismo nombre por similitud con el ave.

4. **Bachiller.** Viene de la palabra francesa *bachelier,* que era un joven que aspiraba a ser caballero. En el origen, este vocablo no tenía nada que ver con el estudio, pero sí con la adquisición de conocimientos y habilidades.

5. **Banco.** Un banco es una institución que guarda, presta y cambia dinero. Procede del término alemán *bank,* del francés *banque,* del italiano *banca,* nombres de la mesa que usaban los cambistas de moneda. Los días de mercado se instalaban esas mesas en las plazas comerciales de las ciudades.

6. **Biquini o bikini.** Después de la Segunda Guerra Mundial, en el año 1946 y al mismo tiempo que se experimentaba con explosiones nucleares en el atolón de Bikini, en el archipiélago polinesio, un diseñador de modas francés, Louis Reard, lanzaba en París su revolucionario traje de baño de dos piezas minimizadas. En aquella época se decía que era tan explosivo como las bombas de Bikini.

7. **Boicot/boicoteo/boicotear.** El capitán Charles Cunningham Boycott era un agente recaudador de rentas que trabajaba para un terrateniente irlandés en el siglo XIX. Tenía fama de ser muy severo, de modo que los lugareños evitaban tener trato con él. Su nombre ha pasado a designar la acción de privar a una persona o entidad de toda relación social o comercial para obligarla a ceder.

☙

8. **Cruasán.** Del francés *croissant,* que literalmente significa «creciente», el cuarto creciente de la Luna. Se denomina así un bollo de masa hojaldrada con forma de media luna.

☙

9. **Gafas.** Viene de la voz catalana *gafa*, que significa «gancho» o «corchete». Esta palabra, tan generalizada para designar los anteojos, se refiere en su estricto sentido a las patillas o ganchos que se apoyan en las orejas.

☙

10. **Grúa.** La palabra grúa, esa máquina para levantar pesos, procede del catalán *grua,* que significa «grulla», por comparación de este aparato con la figura de la grulla al levantar el pico del agua.

☙

11. **Joya.** Procede del francés *joie* (que significa «gozo») y ésta del latín *gaudium*. Hoy se denomina joya a los objetos de metal precioso con perlas o piedras finas, probablemente por la alegría y satisfacción que se experimenta al poseer y contemplar una de ellas.

☙

12. **Lacónico.** La región donde vivían los espartanos de la antigua Grecia se llamaba Laconia. Filipo de Macedonia (padre de Alejandro Magno) envió esta advertencia a los famosos guerreros de la ciudad, para obligarlos a obedecer: «Si entro en Laconia con mi ejército, arrasaré Esparta». Los espartanos respondieron con una sola palabra: «Sí». *Lacónico* significa escueto, al grano, en reconocimiento del estilo espartano. La palabra *espartano,* que significa desnudo y sin ornamentación, procede también de aquella cultura guerrera.

☙

13. **Pantalón.** Vocablo tomado del francés *pantalon,* que viene del personaje de la «commedia dell' arte» Pantalone, quien no llevaba calzas como los demás sino una prenda de vestir semejante al pantalón actual de origen veneciano.

☙

14. **Salsa.** Conjunto de ritmos caribeños. El nombre se debe a un programa radiofónico en Venezuela que emitía este tipo de música y que estaba patrocinado por los productores de una salsa de tomate llamada *Pampero*.

15. **Sándwich.** Emparedado, dos rebanadas de pan entre las cuales se pone queso, jamón, atún, salmón, etc. combinados o solos. Debe su nombre al almirante inglés Edward Montagu, conde de Sandwich, que se hacía servir estos panes para poder comer sin protocolo, sin sentarse a la mesa, mientras realizaba otra actividad, sobre todo jugar a las cartas.

☞

16. **Subasta.** Viene del latín *subhastare,* derivada de la frase *sub hasta vendere.* En la Roma antigua era costumbre vender el botín de guerra al mejor postor. Para anunciar la venta clavaban un palo de lanza o asta en el lugar donde se había juntado el botín y se vendía todo lo que estaba debajo de ese palo. Esa costumbre perduró con los bienes confiscados a deudores del fisco. Hoy se sigue usando para designar la venta de cualquier objeto al mejor postor.

☞

17. **Torpedo.** Mamífero marino que emite descargas eléctricas como defensa. El proyectil recibe este nombre por alusión a ese animal.

☞

18. **Whisky.** Esta palabra de origen gaélico, *uisge beatha,* que significa «agua de vida», llegó al castellano a través del inglés. Otras lenguas emplean frases similares: *aquavit* designa un licor fuerte en Escandinavia; *eau-de-vie* es el brandy en Francia, *aqua vitae* en latín. *Vodka* es la palabra rusa que significa «pequeña agua». En castellano tenemos también *aguardiente.*

☞

19. **Yate.** Hoy se llama así a una embarcación de recreo que se mueve a vela. Con esta acepción se empezó a usar en el siglo XIX. Antiguamente no era una nave deportiva, sino pirata, un barco corsario ligero, cuyo objetivo era cazar barcos. Por eso su nombre viene del inglés *yach,* que lo tomó del holandés *jaght,* derivado de *jalen,* que significa «cazar».

☞

20. **Zamarra.** Procede del término vasco *zamar* que significa «vellón de ganado lanar». Es una prenda de abrigo que originariamente estaba forrada con ese material.

EL SISTEMA SOLAR
(GUÍA DE REFERENCIA RÁPIDA)

El Sol, centro del sistema

- Se encuentra a 149 millones de kilómetros de la Tierra.

- Constituye por sí solo el 98% de la masa del sistema solar. Si estuviera vacío por dentro, harían falta 1,3 millones de planetas Tierra para llenarlo. La temperatura de su superficie es de sólo 6.000 ºC, en tanto que la temperatura interior alcanza los 15 millones de ºC.

- Edad: del último cálculo realizado se desprende que ronda los 4.600 millones de años. Esperemos que sobreviva otros 5.000 millones de años antes de convertirse primero en gigante roja y después en enana blanca antes de extinguirse. No dejes que esto te preocupe: la Tierra y todo el resto del sistema solar desaparecerá durante la fase gigante roja.

Mercurio

- Mercurio es el planeta más próximo al Sol, a sólo 57 millones de kilómetros de éste. Es el segundo planeta más pequeño del sistema solar y su superficie está llena de cráteres, al igual que la Luna. Tiene una atmósfera muy enrarecida, pues contiene sodio y potasio liberados por la corteza del planeta. La mayor parte del mismo parece estar constituido por un núcleo de hierro.

- Temperatura: Extremas. 430 ºC de día, 180 ºC de noche.

- Rotación alrededor del Sol (el año mercurial): 87,97 días. Es la rotación más veloz del sistema solar; por eso el planeta fue bautizado con el nombre del mensajero de los dioses, Mercurio (el de los pies alados).

- Lunas: ninguna.

VENUS

- El segundo planeta a partir del Sol; se encuentra a 108 millones de kilómetros de éste. A Venus se le conoce también con el nombre de lucero del alba o de la tarde, así como Hespero y Lucifer. Si exceptuamos el Sol y la Luna, Venus es el objeto más brillante que hay en el cielo terrestre.

- Venus pasará por delante del Sol en 2012. Si te lo pierdes, tendrás que esperar hasta 2117, lo cual es bastante tiempo. Recuerda que cuando se contempla el Sol la proyección estenopeica es una buena idea; nunca lo mires de forma directa, y menos con un telescopio. El Sol sería lo último que vieras.

- Rotación alrededor del Sol (el año venusino): 224,7 días.

- Lunas: ninguna.

- Atmósfera: completamente nublada por estar compuesta de un 97% de dióxido de carbono; el resto es nitrógeno. Completamente hostil a la vida tal como nosotros la conocemos. Una presión de superficie noventa y seis veces superior a la de la Tierra, de manera que quedarías completamente chafado antes de que pudieras empezar siquiera a asfixiarte. La temperatura media de la superficie es de 482 °C. Como mínimo, incómoda.

- Venus fue bautizado con el nombre de la diosa romana del amor porque los hombres solitarios sentados en observatorios pueden ser bastante sensibles a los objetos bonitos y brillantes que hay en el cielo. Ahora bien, su curso celeste no tiene relación alguna con el amor de carne y hueso.

LA TIERRA

- El tercer planeta a partir del Sol, situado a 149 millones de kilómetros del mismo.

- Al igual que las gachas del osito pequeño del cuento de Ricitos de Oro, la Tierra no es ni demasiado caliente ni demasiado fría, sino perfecta. Tiene una atmósfera compuesta por nitrógeno, oxígeno, 0,03% de dióxido de carbono y trazas de gases como el argón.

EL SISTEMA SOLAR

- La Tierra es el quinto planeta más grande del sistema solar. Posee un campo magnético y un núcleo líquido compuesto de níquel y hierro.

- Rotación alrededor del Sol (año terráqueo): 365,25 días.

- La Tierra describe una órbita elíptica, lo que supone que la distancia entre el Sol y nuestro planeta oscila entre los 146 y los 152 millones de kilómetros según los momentos. La Tierra rota sobre el mismo plano que casi todos los demás planetas del sistema (salvo Plutón), como si estuvieran incrustados en la superficie de un plato invisible. Muy ingenioso. Es nuestro hogar.

- Lunas: una, que rota alrededor de la Tierra en 27,3 días. Con una falta de imaginación asombrosa, la denominamos «Luna».

MARTE

- Es el cuarto planeta a partir del Sol, y está situado a una distancia media de 226 millones de kilómetros del mismo.

- Gravedad: un tercio de la de la Tierra.

- Ningún campo magnético significativo, lo que hace pensar que el núcleo es sólido en la actualidad, aunque puede haber sido líquido en el pasado.

- Rotación alrededor del Sol: 686,98 días.

- Temperatura media: −55 ºC.

- Marte tiene capas de hielo tanto en su polo norte como en su polo sur, de agua helada y dióxido de carbono congelado. Su atmósfera está compuesta por un 95% de dióxido de carbono, un 3% de nitrógeno y un 2% de argón y trazas de gases. Al igual que la Tierra, su eje polar está inclinado y atraviesa estaciones, las cuales pueden acarrear tremendas tormentas de polvo. El ser humano sigue sin haber puesto los pies en el planeta rojo.

- Lunas: dos, Fobos (Miedo) y Deimos (Pánico). Marte fue bautizado en honor del dios romano de la guerra. La versión griega de este dios es Ares, el cual tenía dos hijos. Las dos lunas llevan sus nombres.

JÚPITER

- El quinto planeta a partir del Sol, situado a una distancia media de 778 millones de kilómetros de distancia de éste.

- Júpiter es con mucho el planeta más grande del sistema solar y el cuarto objeto más brillante que hay en nuestro cielo, después del Sol, la Luna y Venus. Tarda doce años en dar la vuelta al Sol. A veces se le llama el planeta de los aficionados, porque es fácil encontrarlo con ayuda de un telescopio elemental, e incluso con prismáticos.

- Los seres humanos no hemos estado en Júpiter y es probable que no vayamos nunca, de manera que nuestros conocimientos al respecto se basan en la observación y en algún que otro módulo orbital y sonda espacial. La ciencia, no obstante, evita que permanezcamos en la ignorancia. Por ejemplo, uno de los efectos de la gravedad es acelerar los objetos al pasar, motivo por el cual de vez en cuando se ven secuencias filmadas de naves espaciales que utilizan un efecto «honda gravitatoria alrededor del Sol». El incremento de velocidad puede medirse y compararse con otras cifras que ya conocemos. Poco a poco, vamos construyendo una imagen de cada planeta, incluso tratándose de uno en el que la presión y la gravedad resultan tan aplastantes que es muy poco probable que nunca logremos colocar en su superficie una sonda espacial.

- La masa de Júpiter puede predecirse a partir de su efecto sobre sus lunas: 318 veces la de la Tierra. Si Júpiter fuera hueco, cabrían en su interior más de mil Tierras, lo cual significa que debe estar compuesto por elementos gaseosos mucho más ligeros, hipótesis confirmada por la sonda espacial *Galileo* en 1995, que se internó en las capas exteriores de su atmósfera y descubrió que estaban compuestas de helio, hidrógeno, amoníaco y metano. En muchos sentidos, Júpiter es un sol fracasado: para inflamarse tendría que ser ochenta veces más grande.

- Bajo las capas de gas, la presión se incrementa hasta superar los tres millones de atmósferas terrestres. En esas condiciones, hasta el hidrógeno posee las propiedades de un metal y el núcleo sólido de Júpiter debe ser uno de los lugares más inhóspitos imaginable, con vientos que rondan los 650 kilómetros por hora; con esa presión, la química del universo que creemos comprender queda completamente patas arriba. A temperaturas de entre –121 y –163 ºC, el amoníaco cae en copos tan blancos como la nieve.

- Lunas: alrededor de sesenta y una, con un ligero anillo de detritos. Hay cientos, quizá miles, de rocas describiendo órbitas alrededor de Júpiter. El que se las denomine lunas o no es cuestión de opinión. Galileo descubrió las cuatro más grandes en 1610. Son éstas: Ío, Europa, Ganimedes y Calisto. Dado su tamaño, merecen una mención especial. Fueron bautizadas en honor de amantes del padre de los dioses griegos, Zeus, al que los romanos llamaban Júpiter.
  1. **Ío.** La más próxima a Júpiter, posee un diámetro de 3.125 kilómetros, algo menos que la Luna terrestre. Es intensamente volcánica y su cercanía al campo magnético de Júpiter genera más de tres

millones de amperios que se vierten en la ionosfera de Júpiter. Describe una órbita en torno a Júpiter en 1,77 días, a una distancia de 354.000 kilómetros.

2. **Europa**. El objeto más liso de todo el sistema solar. Emplea 3,55 días en describir una órbita alrededor de Júpiter. La superficie es de hielo, pero con un débil campo magnético propio, lo cual podría ser indicio de que bajo la superficie hay agua salada en estado líquido. Posee un diámetro de poco más de 3.155 kilómetros. Orbita en torno a Júpiter a una distancia media de unos 670.000 kilómetros.

3. **Ganimedes.** Es la luna más grande de Júpiter y la mayor del sistema solar, con un diámetro de 5.471 kilómetros, describe una órbita en torno a Júpiter a una distancia media de 1.068.000 kilómetros, lo que le lleva 7,15 días terrestres. Ganimedes es más grande que Mercurio.

4. **Calisto.** Es la última de las lunas descubierta por Galileo. Posee un diámetro de 4.828 kilómetros y describe una órbita a una distancia de 1.880.000 kilómetros de Júpiter. Es de tamaño similar a Mercurio y da la vuelta al planeta en 16,7 días terrestres.

- El sexto planeta a partir del Sol, situado a 1.377 millones de kilómetros de éste.

- Al igual que Júpiter, es un planeta gaseoso, con una presión atmosférica que condensa el hidrógeno hasta convertirlo en líquido, y hasta en metal en las proximidades del núcleo. Con todo, se considera que la densidad de conjunto sería lo bastante baja como para que Saturno flotase en el agua. Emplea 29,5 años en describir una órbita en torno al Sol.

- La atmósfera se compone de un 88% de hidrógeno y un 11% de helio y de trazas de metano, amoníaco y otros gases. Los vientos de superficie alcanzan una velocidad de más de 1.600 kilómetros por hora.

- Los anillos se extienden a lo largo de más de 135.000 kilómetros desde el centro de Saturno. El primero en observarlos fue Galileo, aunque él los describió como asas. El astrónomo holandés Christiaan Huygens fue el primero en reconocerlos como anillos, separados de la superficie del planeta.

- Temperatura: entre –130 ºC y –191 ºC (¡muy frío!).

- Lunas: bastante numerosas si se tienen en cuenta los fragmentos de roca pequeños, pero hay quince de ellas de tamaño razonable, que van desde Titán, la mayor (sólo Ganimedes, en el sistema solar, es más grande, y posee incluso atmósfera propia) hasta Pan, que tiene unos 20 kilómetros de diámetro. La sonda espacial de la NASA *Huygens* aterrizó en Titán en 2005.

- Saturno es el nombre romano del dios griego Cronos, el padre de Zeus.

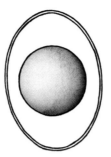

- El séptimo planeta a partir del Sol, situado a 2.860 millones de kilómetros de éste.

- Posee once anillos y más de veinte lunas confirmadas, aunque, al igual que sucede con Saturno y Júpiter, probablemente existan muchas más que aún no hemos localizado. Es 67 veces más grande que la Tierra, pero tiene una masa de sólo 14,5 veces la de la Tierra, lo que hace que se le pueda considerar como gigante gaseoso, aunque a una escala más pequeña que Saturno y Júpiter.

- La sonda espacial *Voyager 2* llegó a Urano en 1986, y es nuestra única fuente de conocimiento en el momento de redactar estas líneas, aparte de la observación desde la Tierra.

- Rotación alrededor del Sol: 84 años terrestres, pese a girar sobre su propio eje a mayor velocidad que la Tierra: –17,25 horas.

- Urano posee una atmósfera compuesta por un 83% de hidrógeno, un 15% de helio y un 2% de metano. El núcleo del planeta no es otra cosa que roca y hielo. Su eje polar tiene una inclinación inmensa, de manera que sus polos están expuestos al Sol alternadamente, lo que supone que cada uno de ellos recibe luz solar durante 42 años terrestres. Temperatura media: entre –197 ºC y –220 ºC.

- Lunas: veintisiete, todas ellas bautizadas con nombres de personajes de Shakespeare, como por ejemplo, Cordelia (la más próxima), Ofelia, Blanca, Puck, Rosalind, Desdémona y así sucesivamente.

- En la mitología clásica, Urano era el padre de Saturno, el abuelo de Zeus/Júpiter.

NEPTUNO

- El octavo planeta a partir del Sol, situado a 4.500 millones de kilómetros de éste.

- Neptuno es el cuarto planeta más grande del sistema solar. Posee cuatro anillos y es el último de los gigantes gaseosos o planetas jovianos. Tiene 72 veces el volumen de la Tierra, y 17 veces la masa de ésta.

- Se cree que está compuesto de hielo y que tiene un núcleo rocoso, así como una atmósfera de hidrógeno, helio y metano.

- Cada 248 años, la errática órbita de Plutón lleva a este planeta a atravesar la órbita de Neptuno, convirtiéndolo en el planeta más alejado del Sol durante un período de veinte años. La última vez que esto sucedió fue entre 1979 y 1999, año en que Plutón volvió a salir de la órbita de Neptuno, el último de los planetas que orbita en el mismo plano que la Tierra.

- La existencia de Neptuno fue pronosticada antes de que el planeta fuera avistado, igual que el cometa Halley. El rastro orbital de Urano parecía afectado por la gravedad de una gran masa. La trayectoria y localización de esa masa fueron determinadas matemáticamente y luego se buscó el planeta: así se halló a Neptuno, planeta observado por primera vez en 1846.

- El único vehículo en llegar a Neptuno desde la Tierra ha sido el *Voyager 2,* en 1989.

- Rotación alrededor del sol: 164,79 años. Posee una inclinación axial de 29,6°, frente a los 23,5 ° de la Tierra, lo que hace pensar que tiene una sucesión de las estaciones semejante, aunque a decir verdad, el frío es tal que uno apenas lo notaría.

PLUTÓN

- El noveno planeta a partir del Sol, situado a 5.870 millones de kilómetros de éste.

- Plutón es lo que sucede cuando un terrón descarriado se ve atraído lentamente por un ordenado sistema solar. No obstante, Plutón es lo bastante mayorcito como para tener una luna propia y hasta ejerce un minúsculo efecto sobre las órbitas de Neptuno y Urano. Es tan pequeño y distante que, incluso a sabiendas de que estaba allí, hicieron falta veinticinco años para que los telescopios del mundo lo encontrasen por primera vez en el año 1930. Hasta 1978, nadie localizó su única luna, Caronte.

- No hemos logrado enviar una sonda espacial tan lejos, pero el telescopio Hubble ha trazado el mapa del 85% de la superficie de Plutón. Tiene casquetes polares y parece ser una bola compuesta de roca y hielo sucio. Posee, eso sí, una fina atmósfera compuesta de nitrógeno, dióxido de carbono y metano.

- Al tratarse de un lugar oscuro y lúgubre, Plutón fue bautizado con el nombre del dios romano del infierno (Hades para los griegos). Caronte era el barquero que atravesaba el río Estigia para conducir las almas hasta el Hades.

Sedna: ¿es un planeta o no?

- En 2004, el doctor Mike Brown, del California Institute of Technology, anunció el descubrimiento de un décimo planeta, de unas tres cuartas partes del tamaño de Plutón y situado a más de 13.400 millones de kilómetros del Sol. Sedna es de color rojizo, no tiene luna y su clasificación como planeta resulta un tanto dudosa. Existen, a fin de cuentas, bastantes científicos que opinan que Plutón no debería figurar como tal, y menos aún este minúsculo fragmento de hielo. Al menos, Plutón tiene luna.

Y por último, cometas, asteroides y otros restos...

- El Sol es un objeto tan inmenso que su gravedad afecta a un inmenso volumen de espacio, atrapando objetos como el **cometa Halley**, los cuales tienden a ser bolas de hielo sucio, a veces de apenas unos kilómetros de diámetro. El cometa Halley era lo bastante grande como para afectar las trayectorias orbitales del sistema, y la hazaña de Edmund Halley fue pronosticarlo matemáticamente sin llegar a verlo jamás, pues no apareció hasta transcurridos dieciséis años de su muerte. Puede ser visto desde la Tierra cada 75-79 años y hay constancia de que lleva viéndose desde 240 a.C. La siguiente aparición está prevista para 2061. Es extremadamente improbable que los autores de este libro lo vean, pero cabe la posibilidad de que tú sí...

- El **cinturón de asteroides interior** se encuentra entre las órbitas de Marte y de Júpiter. Está compuesto por cientos de miles de rocas de tamaño variable, desde meros granos a otras gigantescas que tienen cientos de kilómetros de diámetro. Quizá se trate de detritos procedentes de una colisión planetaria, o sólo de componentes básicos del sistema solar que sobraron en cuanto todo empezó a enfriarse.

- Los **meteoritos** llegan al sistema solar a medida que éste viaja por el espacio en el extremo de la Vía Láctea. Suelen ser de sílice, y a veces de hierro, níquel o una mezcla de los tres. Pueden dejar un reguero luminoso debido a la fricción que experimentan al llegar a la atmósfera terrestre. Si no se consumen, pueden llegar a golpear el planeta con mayor fuerza que una bomba atómica, pero eso no sucede casi nunca. (Véase Dinosaurios.) La mejor época para buscarlos es entre el 9 y el 16 de agosto y entre el 12 y el 16 de diciembre. La lluvia de meteoritos veraniega se conoce como las Perseidas, pues se dan en la constelación de Perseo. En el momento culminante, puede llegar a verse uno por minuto. A la lluvia de meteoritos del invierno se la conoce la de las Gemínidas, puesto que aparece en Géminis, cerca de Orión. Ambas lluvias deberían resultar visibles desde emplazamientos urbanos. No durarán eternamente; las Gemínidas hicieron su aparición en 1862.

- Ya está. Lo demás es espacio y radiación cósmica.

LOS DIEZ MANDAMIENTOS

El ritmo y la poesía son parte del efecto que producen los textos bíblicos. Un buen ejemplo son los siguientes versículos extraídos del capítulo 20 del Libro del Éxodo (versículos 1-17):

Y habló Dios todo esto, diciendo: «Yo soy Jehová tu Dios, que te saqué de la tierra de Egipto, de la casa de la servidumbre».

1. No tendrás dioses ajenos delante de mí.

2. No te harás imagen, ni ninguna semejanza de lo que esté arriba en el cielo, ni abajo en la tierra, ni en las aguas debajo de la tierra. No te inclinarás a ellas, ni las honrarás; porque yo soy Jehová tu Dios, fuerte, celoso, que castigo la maldad de los padres sobre los hijos hasta la tercera y cuarta generación de los que me aborrecen, y hago misericordia hasta mil generaciones, a los que me aman y guardan mis mandamientos.

3. No tomarás el nombre de Jehová tu Dios en vano; porque no dará por inocente Jehová al que tomare su nombre en vano.

4. Acuérdate del día de reposo para santificarlo. Seis días trabajarás, y harás toda tu obra; mas el séptimo día es reposo para Jehová tu Dios; no hagas en él obra alguna, tú, ni tu hijo, ni tu hija, ni tu siervo, ni tu criada, ni tu bestia, ni tu extranjero que está dentro de tus puertas. Porque en seis días hizo Jehová los cielos y la tierra, el mar, y todas las cosas que en ellos hay, y reposó en el séptimo día; por tanto, Jehová bendijo el día de reposo y lo santificó.

5. Honra a tu padre y a tu madre, para que tus días se alarguen en la tierra que Jehová tu Dios te da.

6. No matarás.

7. No cometerás adulterio.

8. No hurtarás.

9. No levantarás falso testimonio, ni mentirás.

10. No codiciarás la casa de tu prójimo, no codiciarás la mujer de tu prójimo, ni su siervo, ni su criada, ni su buey, ni su asno, ni cosa alguna de tu prójimo.

Versículos 18 y 19:
Todo el pueblo oía los truenos y el sonido de la trompeta y veía las llamas y la montaña humeante; y atemorizados, llenos de pavor, se estaban lejos. Dijeron a Moisés: «Háblanos tú, y te escucharemos; pero que no nos hable Dios, no muramos».

ÁRBOLES COMUNES DE LA PENÍNSULA IBÉRICA Y LATINOAMÉRICA

Aprende a interpretar el paisaje con la ayuda de los árboles

LOS ÁRBOLES TE pueden contar muchos secretos si aprendes a descifrarlos. En tu próximo viaje observa atentamente a tu alrededor. Lo más seguro es que ante ti se extiendan grandes llanuras, elevados altiplanos, pequeños montes o altas cordilleras. Puede que atravieses ríos o que durante un tiempo te muevas cercano a la costa. Cada lugar posee un tipo de roca específico, un suelo más o menos rico y un clima característico; para cada situación particular una especie se ha adaptado mejor que el resto y es la que observarás con más frecuencia. Además, la historia del hombre va ligada desde sus comienzos al uso de los árboles. Los bosques proporcionaron a nuestros ancestros materias primas, combustible, alimento y, sobre todo, espacio donde cultivar y vivir. Aún la moderna sociedad tecnológica en la que vivimos se sustenta en la gran cantidad de bienes y servicios que obtenemos de los bosques. Los árboles son historia viva. Cuando aprendas a entenderlos te contarán si hay agua cerca, cómo de frío es el invierno o dónde es más probable que encuentres setas o frutos dentro del bosque. También te pueden contar cómo sobrevivían los hombres que poblaron antaño ese lugar y cómo lo hacen en la actualidad.

Como puedes imaginar hay una enorme variedad de especies arbóreas tanto en la península ibérica como a lo largo de toda Latinoamérica, tantas que no se pueden describir aquí. Sin embargo, es una buena idea que te fijes en las características clave para identificar un árbol, que conozcas aquellos que encontrarás comúnmente en tus excursiones y que aprendas lo que te cuentan del lugar donde te encuentras. Pronto verás cómo tu habilidad va mejorando y con ella la capacidad para que el bosque te cuente sus secretos ocultos.

ÁRBOLES COMUNES DE LA PENÍNSULA IBÉRICA

De las altas cumbres pirenaicas y cántabras a las costas mediterránea y atlántica, de las vegas de los cinco ríos principales y la multitud de lagunas interiores hasta las secas regiones semidesérticas interiores del sur y el este, la península ibérica constituye una mezcla de ecosistemas muy rica y variada a la que se unen más de siete milenios de intensa actividad humana transformando el paisaje para definir la situación del medio ambiente que te encuentras en la actualidad. Éstos son algunos de los árboles que pueden ayudarte a entender mejor el paisaje que observes cuando te muevas a lo largo y ancho de la península. Préstales atención.

ENCINA (*QUERCUS ILEX*)

Es el árbol mediterráneo por excelencia. Su porte es redondeado, puede llegar a 25 metros de altura y se conoce el caso de encinas milenarias. Se desarrolla en toda la península ibérica, sobre cualquier tipo de suelo, hasta casi 2.000 metros de altitud y tanto en solanas como en umbrías. Desde la época de los romanos su madera sirve como calorífico combustible y sus frutos como excelente alimento para el ganado.

- **Tronco:** Derecho o algo torcido. Corteza cenicienta o pardusca, resquebrajada en grietas poco profundas.
- **Hoja:** Perenne, simple, redondeada o lanceolada, gruesa y correosa. Verde intenso por el haz y blanquecina por el envés.
- **Fruto:** Bellota alargada, de pedúnculo muy corto y cúpula en forma de dedal color ceniciento con escamitas casi planas. Sabor dulce o amargo.

ALCORNOQUE (*QUERCUS SUBER*)

Árbol con frecuencia centenario, de porte similar al de la encina pero de corteza mucho más gruesa. Se encuentra en la parte occidental de la península, sobre suelos sueltos y arenosos, hasta poco más de 1.000 m, en climas suavizados por la influencia del mar, algo húmedos y sin fuertes heladas. Su principal valor es la corteza, llamada «corcho», de gran importancia en la fabricación de tapones, artes de pesca y todo tipo de aislantes y herramientas.

- **Tronco:** Grueso y grisáceo. Corteza esponjosa, muy ligera, recorrida por resquebrajaduras profundas y sinuosas.
- **Hoja:** Perenne, simple, ovalada y correosa. Verde brillante por el haz, blanquecina con pelos cortos por el envés.
- **Fruto:** Bellota ovalada, con cúpula de escamas picudas. Sabor amargo.

Roble melojo
(*Quercus pyrenaica*)

Es el roble más común de la península. De copa irregular y porte de hasta 20 metros, se caracteriza por rebrotar de raíz. Se encuentra, principalmente, en el norte y centro peninsulares siempre sobre laderas de montañas graníticas, de 400 a 1.500 metros de altitud, sobre suelos de textura arenosa. Aguanta muy bien las heladas. Su madera es un excelente combustible y muy buena para fabricar postes y traviesas.

- **Tronco:** Derecho e irregular. Corteza cenicienta, poco gruesa, agrietada longitudinalmente sólo en ejemplares viejos.
- **Hoja:** Marcescente (caduca pero no cae del árbol), simple, de pecíolo corto y lóbulos muy profundos. Verde-cenicienta, posee gran cantidad de pelos cortos y suaves.
- **Fruto:** Bellota solitaria con cúpula de pedúnculo corto y escamas poco picudas. Sabor amargo.

Olmo (*Ulmus minor*)

Árbol de buena sombra, posee un porte robusto y puede medir más de 20 metros de altura. Se desarrolla en la mayor parte de la península ibérica, siempre asociado a sotos y riberas fluviales hasta los 1.000 metros en zonas templadas con suelos frescos y profundos. Su madera se usa en carpintería, y al resistir la humedad también es apreciada en construcción naval. Sus hojas sirven de alimento para el ganado y sus brotes tiernos se usan en ensaladas.

- **Tronco:** Derecho e irregular. Corteza cenicienta, poco gruesa, agrietada longitudinalmente sólo en ejemplares viejos.
- **Hoja:** Caduca, simple, ovalada y puntiaguda. Áspera, verde intensa y de borde aserrado.
- **Fruto:** Aplastado, oval-redondeado con alas laterales muy anchas de color marrón-pardusco.

ÁRBOLES COMUNES DE LA PENÍNSULA IBÉRICA Y LATINOAMÉRICA

Pino resinero (*Pinus pinaster*)

Es el pino más común de la península por ser muy utilizado en repoblaciones forestales. De porte piramidal o aparasolado, puede llegar hasta los 30 o 40 metros de altura. Presente en casi toda el área peninsular siempre que disponga de suelos arenosos y mucha luz para crecer. Resiste bien las heladas y la sequía. Sus piñas se usan para encender el fuego en los hogares y sangrando su tronco se extrae la resina de la que se obtiene aguarrás y bases para barnices y perfumes.

- **Tronco:** Grueso, derecho. Corteza áspera, gruesa, profundamente resquebrajada, pardo-rojiza, muy oscura.
- **Hoja:** Perenne, acicular, larga, recia y punzante. Agrupadas en parejas, verde oscura.
- **Fruto:** Piñón con alas laterales, muy pequeño y agrupado en piñas grandes, aovado-cónicas, sin pedúnculo.

Olivo (*Olea europaea*)

Se trata de uno de los emblemas de la cultura mediterránea. De origen silvestre, se cultiva desde hace milenios. No supera los 10 metros de altura y puede vivir más de mil años. Se desarrolla sobre todo tipo de suelos, ocupando grandes extensiones en toda la península, principalmente en el sur y el este. No tolera las heladas, por lo que se hace raro hacia el interior peninsular. Su madera es muy apreciada en ebanistería, pero su importancia cultural y económica radica en su fruto, del que se obtiene el aceite de oliva.

- **Tronco:** Grueso. Retorcido y tortuoso en ejemplares viejos. Corteza cenicienta.
- **Hoja:** Perenne, simple, entera, lanceolada y dura. Verde-grisácea por el haz, plateada por el envés.
- **Fruto:** La bien conocida «aceituna». De verde a negro, según las razas.

ÁRBOLES COMUNES DE LA PENÍNSULA IBÉRICA Y LATINOAMÉRICA

Latinoamérica es una tierra de extremos. Desde el norte de México hasta Tierra de Fuego puedes encontrar algunos de los desiertos más secos del mundo, una de las cordilleras montañosas más importantes del planeta o el pulmón verde del planeta, la mayor extensión boscosa de todo el globo, coexistiendo aún con algunos de los grupos humanos más antiguos del continente o con los usos de recursos naturales más ambiciosos del hombre moderno. De nuevo, los árboles pueden ayudarte a comprender un puzzle tan complejo.

ÁRBOL DEL CAFÉ (*COFFEA ARABICA*)

Árbol tropical de origen africano, de porte delicado y hasta 10 metros de altura. Necesita suelos ricos, humedad ambiental, buena insolación y ausencia de heladas. Ocupa grandes extensiones cultivadas en México, Guatemala, Ecuador, Venezuela y Colombia, pues el comercio de sus semillas es una de las bases económicas, sólo superado por el petróleo o el turismo. Su cultivo contribuye, además, a prevenir el deterioro ecológico al evitar la erosión que provocan las lluvias torrenciales.

- **Tronco:** Erecto y delgado, de corteza lisa y parda.
- **Hoja:** Perennes, simples, aovadas y lustrosas. Varía entre amarillo-cobriza y verde oscura.
- **Fruto:** Cereza carnosa, rojo-carmesí en su madurez. En el interior se encuentran las semillas o «granos de café».

ÁRBOL DEL CACAO (*THEOBROMA CACAO*)

Nativo del sureste de México y de porte esbelto, no sobrepasa los 10 metros de altura. Se desarrolla en enclaves umbrosos con suelos ricos, bajo condiciones de humedad ambiental y altas temperaturas. Se cultiva en regiones tropicales, desde México a Brasil. Desde sus primeros cultivadores olmecas, de sus semillas se obtiene el «chocolate» o «cacao», gran apoyo para la economía de los países que lo comercializan y con el que se prepara una bebida amarga, muy estimulante y reconstituyente.

- **Tronco:** Delgado y erecto, de corteza pardusca finamente rugosa.
- **Hoja:** Perenne, simple. Aovado-lanceolada, lustrosa. Verde oscura.
- **Fruto:** Baya o «mazorca» que crece directamente del tronco, amarillo purpúreo en la madurez. Alargado, con acanaladuras, grande y pesado.

Agave o maguey (*Agave americana*)

Planta leñosa originaria de México, alcanza como máximo 10 metros de altura. Desde su país de origen crece espontánea o cultivada hasta las zonas tropicales, bajo climas semisecos, en enclaves pedregosos y arcillosos de mucha insolación. De sus hojas se obtiene una fibra muy resistente con la que se fabrican cuerdas o «pitas» y una pulpa o «pulque» de la que se obtiene el tequila. Sus troncos sirven como vigas y travesaños.

- **Tronco:** Erecto, grueso y robusto. Corteza verdosa y lisa.
- **Hoja:** Muy gruesa y carnosa. Crece desde el suelo, en roseta. Con numerosas espinas en el borde muy robustas. Verde suave.
- **Fruto:** Cápsula alargada y con tres cavidades donde van las semillas. Forma grupos de aspecto piramidal.

Mangle rojo (*Rizophora mangle*)

Especie formadora de manglares, ecosistemas mitad terrestres mitad marinos. Puede alcanzar los 20 metros de altura. Posee raíces «en zanco» modificadas para la obtención de aire en ambientes fangosos, de suelo móvil, hipersalino y sin oxígeno. Se desarrolla en zonas costeras, desde México a Brasil y sus raíces retienen el suelo evitando la erosión del viento y el oleaje y creando condiciones óptimas para la cría de crustáceos y reptiles acuáticos. Su madera se utiliza para la construcción y como combustible.

- **Tronco:** Erecto y robusto en su parte superior, retorcido con multitud de raíces aéreas o «neumatóforos» cerca del suelo.
- **Hoja:** Perenne, simple, lustrosa, lanceolada, de borde liso. Verde intensa.
- **Fruto:** Pequeño, alberga cuatro semillas «vivíparas».

Ceiba (*Ceiba pentandra*)

Aunque pariente de la malva, es el típico árbol tropical de porte robusto y hasta 70 metros de altura. Crece de manera natural e intensamente cultivada, desde México a Brasil, en enclaves de alta humedad ambiental, disponibilidad lumínica y elevada temperatura. Símbolo sagrado de la cultura maya, de sus frutos se obtiene una fibra o «Kapoc» muy ligera, resistente e imputrescible utilizada como aislante o relleno. Sus semillas son ricas en aceites.

- **Tronco:** Grueso y erecto, de diámetro en ocasiones superior a 3 metros y marcados contrafuertes. Densamente poblado de espinas largas y robustas. Corteza gris clara.
- **Hoja:** Perenne, compuesta, lanceolada, de borde liso. Verde oscura.
- **Fruto:** Vaina larga, ovalada, rica en una fibra amarillenta y mullida que recubre a varias semillas de gran tamaño.

Palmera amazónica o yolillo (*Raphia taedigera*)

Una de las especies con las hojas más grandes del mundo vegetal, hasta 19 metros, si bien su porte no sobrepasa los diez. Se desarrolla sobre todo en la cuenca amazónica, sobre suelos ricos, en ambientes húmedos de alta temperatura y disponibilidad lumínica elevada. De sus hojas se extrae la «rafia», fibra muy resistente y flexible usada como correa y para la construcción de cestos y esteras. De su tallo, rico en almidón, se obtiene un tipo de harina y sus hojas son muy ricas en ceras.

- **Tronco:** Esbelto y cilíndrico. En la parte superior conserva los restos de las bases foliares.
- **Hoja:** De gran longitud. Compuesta, erecta, lanceolada y de márgenes espinosos. Verde oscura.
- **Fruto:** Grande, duro, ovoide, cubierto de escamas. Marrón rojizo en su madurez.

Armstrong, el primer hombre que pisó la Luna

NEIL ARMSTRONG nació el 5 de agosto de 1930 en Ohio, Estados Unidos. Siendo un niño realizó su primer vuelo en aeroplano, quedando tan profundamente marcado por la experiencia que a los 15 años empezó a tomar lecciones de vuelo. Mientras los chicos de su edad se sacaban el carné de conducir, el joven Armstrong tomaba clases para ser piloto. Continuó su formación matriculándose en ingeniería aeronáutica en la Universidad de Purdue, Indiana, y más tarde volando para el ejército de Estados Unidos. Tenía 20 años cuando fue enviado a la guerra de Corea, donde se convirtió en un aviador experimentado.

En 1952 ingresó en el National Advisory Committee for Aeronautics (NACA), que en 1958 se transformaría en la National Aeronautics and Space Administration (NASA). Durante esta etapa Armstrong pilotó más de doscientos modelos diferentes de aeronaves, incluido el X-15, un avión-cohete que alcanzaba los 6.000 km/h. Fue el paso previo para que en 1962 lograra ser seleccionado para ocupar una de las plazas del cuerpo de astronautas de la NASA.

Desde que en 1957 la Unión Soviética había colocado en órbita el *Sputnik 1*, el primer satélite artificial, los norteamericanos intentaban ganarle el pulso a la potencia rival. Acuciado por el primer triunfo espacial ruso, el gobierno norteamericano inició en 1958 una serie de programas encaminados a hacer realidad lo que hasta hacía poco parecía un sueño imposible: llevar al hombre a la Luna. Y Armstrong era uno de los pilotos mejor preparados para hacerlo realidad. El astronauta había sido sólidamente entrenado durante años y contaba con una experiencia anterior como comandante de la operación Gemini VIII, una maniobra de acoplamiento en órbita llevada a cabo en 1966.

Tras experimentar con varios vuelos no tripulados y diversas misiones, se preparó el *Apolo 11,* una pequeña nave con capacidad para tres tripulantes y perfectamente equipada para afrontar el reto. El 16

de julio de 1969, el comandante Neil Armstrong y los pilotos Michael Collins y Edwin E. Aldrin despegaban desde Cabo Cañaveral, en el estado de Florida, rumbo a la Luna.

Sin apenas dificultades durante el trayecto y manteniendo un continuo contacto con los controladores de Houston, la cápsula entró en la órbita lunar el 19 de julio. Un día después, cuando habían transcurrido cuatro días, seis horas y cuarenta y seis minutos del despegue, el *Apolo 11* alunizaba en el bautizado como el «Mar de la Tranquilidad». Millones de espectadores asistieron incrédulos al espectáculo desde sus casas, gracias a las imágenes retransmitidas desde la nave. El mundo entero pudo contemplar a Armstrong posar sus pies sobre la Luna y escuchar sus palabras: «Es un pequeño paso para un hombre, pero un gran salto para la humanidad».

Neil Armstrong abandonó su carrera de astronauta en 1970 para ejercer como profesor de Ingeniería Aeroespacial y ocupar diferentes cargos de relevancia en diferentes empresas norteamericanas.

EL AJEDREZ

EL AJEDREZ ES UN JUEGO de mesa ancestral que llegó hasta Europa atravesando la Ruta de la Seda desde China e India. Es un juego de guerra y estrategia, disputado por generales y príncipes a lo largo de los siglos. Se desconocen sus orígenes exactos, aunque es posible que las piezas estén basadas en las antiguas formaciones de los ejércitos indios.

Es un juego para dos jugadores, y se disputa sobre un tablero de sesenta y cuatro escaques blancos y negros. Como sucede con los mejores juegos, jugar mal es fácil, hacerlo bien, en cambio, es difícil.

LAS PIEZAS

Ambos bandos disponen de dieciséis piezas: ocho peones, dos caballos, dos alfiles, dos torres, una dama y un rey.

El objetivo del juego es capturar (dar jaque mate) al rey del adversario. Abren el juego las blancas; a partir de ahí ambos jugadores se van turnando.

PREPARACIÓN DEL TABLERO

Al colocar el tablero sobre la mesa donde se va a jugar, en la esquina del lado derecho de cada jugador debe quedar un cuadro blanco. Las piezas se disponen en dos hileras, unas frente a otras. Los peones protegen la hilera interior, dispuesta en el orden siguiente: 1. Torre; 2. Caballo; 3. Alfil; 4. Dama; 5. Rey; 6. Alfil; 7. Caballo; 8. Torre.

La dama siempre va sobre su propio color, es decir, que en el caso de la dama negra, ésta irá sobre el cuadro negro del centro. La dama blanca irá sobre el cuadro blanco correspondiente.

1   2   3   4   5   6   7   8

Cada pieza tiene una forma particular de moverse.

1. **Los peones** son la infantería; avanzan en línea recta, un escaque a la vez, con excepción del primer movimiento, en el que les está permitido avanzar dos casillas en un arrebato de entusiasmo marcial. Comen en diagonal, ya sea a derecha o a izquierda. Son las piezas de menos valía, pero son las únicas que pueden ascender. (Valor: 1 punto.)

Caballo

2. Los **caballos** son la caballería; tienen una gran movilidad y son difíciles de detener. Se mueven en forma de L, un cuadro y luego otro en diagonal a derecha o a izquierda. En el diagrama, todos los peones negros que rodean al caballo están atrapados. Cosa importantísima, el caballo es la única pieza que puede saltar por encima de otras. Aun en el caso de que una torre bloquease el acceso a uno de los peones de arriba, el caballo podría comérselo. (Valor: 3 puntos.)

Alfil

3. Los **alfiles** son los elefantes. Se desplazan en diagonal, aunque están limitados a hacerlo exclusivamente sobre las casillas blancas o las negras. Trabajan bien en equipo, cubriendo los escaques de ambos colores. También dan buenos resultados en los ataques a distancia, obrando como ametralladoras o reflectores. (Valor: 3 puntos.)

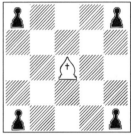
Torre

4. **Torres.** Éstas son los carros bélicos. Controlan las líneas rectas del tablero y resultan particularmente útiles en los finales y para enrocarse. (Valor: 5 puntos.)

Dama

5. La **dama**. Se trata de la pieza más poderosa del tablero; puede desplazarse en cualquier dirección sin límites. (Valor: 8 puntos.)

6. El **rey** es la pieza más importante del tablero. Sólo puede recorrer un escaque a la vez, pero en cualquier dirección. Puede recorrer dos para enrocarse. No puede dar jaque al otro rey. (Valor: absoluto.)

Rey

EL AJEDREZ

Ser el primero en mover es una ventaja, por lo que las blancas, en general, ganan más partidas que las negras. Lo clásico es que las negras jueguen a la defensiva, respondiendo a las jugadas agresivas de las blancas y aprovechando sus errores.

Capturar/Comer. Se retira del juego una pieza enemiga aterrizando en el escaque ocupado por ésta. Con la excepción del rey, cualquier pieza puede capturar a cualquier otra. El rey está limitado por el hecho de no poder dar jaque, de manera que un rey nunca puede comerse a otro rey. Los peones sólo pueden capturar en diagonal y avanzando.

Jaque/Jaque mate. Cuando una pieza amenaza al rey, de manera que en teoría podría comérselo, eso se denomina «jaque». Para defender al rey hay que trasladarlo a una casilla que no esté dominada por una pieza del adversario, interponer una pieza propia en la trayectoria de la amenaza o comerse la pieza atacante. Si ninguna de estas opciones es posible, el rey ha sido capturado, se la ha dado «jaque mate», expresión que proviene del árabe y significa «el rey ha muerto».

Enroque. Después de haber movido el caballo y el alfil, el rey puede desplazarse dos cuadros hacia la derecha o a la izquierda, con el flanco defendido por la torre.

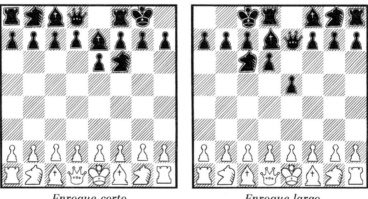

Enroque corto   *Enroque largo*

Captura al paso. Ésta es una forma poco habitual de capturar peones. Cuando un peón ha avanzado tres casillas y un peón contrario de una columna adyacente realiza su movimiento inicial de dos casillas, aquél puede capturarlo al paso, como si sólo hubiera recorrido un escaque.

En teoría, el juego se divide en tres partes: apertura, medio juego y final.

APERTURA

Aquí el objetivo es desplegar las principales piezas, lo que se conoce como «desarrollo», antes de enrocar al rey para que esté seguro. Es importante controlar el centro del tablero (los cuatro escaques centrales). Por ejemplo, en el centro un caballo dispone de hasta ocho posibles movimientos. En una esquina, sólo dispone de dos.

Las aperturas tienen nombres, tras los que hay una dilatada historia, como, por ejemplo, la «Defensa india de rey» y la «Siciliana». Existen muchos libros sobre aperturas, pero deberías encontrar una que te guste y ceñirte a ella, utilizándola a menudo para llegar a comprenderla mejor. Como ejemplo, mostraremos los movimientos blancos iniciales del «Ataque indio de rey».

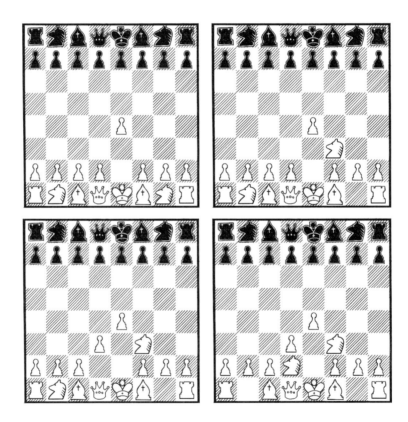

Recuerda que los peones no pueden retroceder, de modo que debes moverlos con cuidado a medida que efectúas tu desarrollo. Forma cadenas de peones en las que cada uno de ellos proteja al siguiente. Intenta evitar dejar piezas *en prise* o indefensas.

Las piezas deberían estar desarrolladas y el rey a salvo. Éste es el punto en que uno inicia su ataque.

Coloca tus piezas en posiciones que ayuden a controlar el tablero y capturar las unidades enemigas. Incluso en esta fase, deberías prestar atención a las oportunidades de dar jaque mate al rey enemigo, pero sin exponer a tus piezas. Si quieres desplazarte a una casilla determinada con una de ellas, asegúrate de que está protegida por otra.

Se denomina «clavada» a una pieza que no puede moverse del sitio porque eso amenazaría con poner en peligro una pieza más importante. Esta situación es muy peligrosa cuando la pieza clavada no puede moverse porque con ello dejaría en jaque a su rey.

Amenazar dos piezas a la vez con una de las propias se denomina «doble» u «horquilla». El caballo es particularmente apto para estos menesteres y puede ser letal a la hora de dar jaque al rey a la vez que amenaza a una pieza valiosa.

Un «pincho» es lo contrario de una clavada, en este caso se obliga al adversario a mover una pieza valiosa y, en consecuencia, dejar expuesta otra menos valiosa que resulta así capturada. Quizás una torre no logre capturar a la dama amenazándola, pero es posible que se coma al alfil que tiene detrás cuando ésta tenga que moverse.

Acuérdate de mantener a tu rey resguardado en su «castillo» y trata de sacar ventaja. Incluso una ventaja de un peón se notará en el final.

FINAL

Es posible alzarse con la victoria en el transcurso del medio juego, cuando el tablero sigue todavía con muchas piezas, pero la mayoría de las victorias tienen lugar durante los finales de partida. El tablero quedará despojado de las piezas principales. Por raro que parezca, ahora la posición más segura para el rey es el centro del tablero, donde puede emplear su poder para atacar y escoltar a los peones hacia la coronación.

Coronación. Si un peón llega a la última fila del lado opuesto, puede convertirse en dama, torre, alfil o caballo (¡puedes llegar a dos damas!). Durante los finales de partida, la amenaza de coronación puede afectar de forma muy seria las tácticas.

Los finales de partida suelen implicar combinaciones de piezas, como las de alfiles y torres, para tratar de limitar, por ejemplo, los desplazamientos del rey enemigo, darle jaque y lograr el jaque mate. Las torres son piezas particularmente valiosas para los finales de partida y no deben sacrificarse demasiado pronto.

El objetivo, evidentemente, es dar jaque mate al rey del adversario. Se trata de la parte más difícil del juego y es lo último que un novato aprende a hacer bien.

Éste es uno de los pocos juegos en los que uno enfrenta su intelecto directamente contra el de otra persona. Es un terreno de «juego igualado», salvo en lo referente a experiencia, preparación e inteligencia. No subestimes la preparación.

El ajedrez se juega en todo el mundo, en tableros magnéticos a bordo de trenes hasta tableros de hueso profusamente decorados en Indonesia. Es un idioma que todos conocemos; todo muchacho debería saber jugar al ajedrez.

CÓMO CURTIR UNA PIEL

L A FABRICACIÓN DE CUERO a partir de pieles de animales debe de ser una de las habilidades humanas más antiguas. Dicho eso, no es algo fácil en absoluto y vale la pena saber que las pieles pequeñas, como las de los conejos, pueden secarse al aire después de quitarles la grasa. El resultado final será rígido como un trozo de carbón, pero es muy posible que después del curtido la consistencia no fuera muy distinta. Las pieles de mayor tamaño hay que curtirlas, pues de lo contrario simplemente se pudren.

En primer lugar, hay que retirar cualquier colgajo de carne que quede en la cara interna de la piel. La mejor forma de hacer esto es extenderla sobre una tabla sujeta por los extremos con chinchetas. Utiliza un cuchillo afilado y mucho cuidado para retirar la carne con vetas de grasa sin perforar la piel que hay debajo. Los hombres de la Edad de Piedra raspaban las pieles con sílex y huesos. También las masticaban para ablandarlas. Quizá quieras probarlo, aunque a nosotros nos pareció una sugerencia un poco descabellada.

No es imprescindible que elimines absolutamente todos los restos de grasa, pero sé tan concienzudo como puedas. Una piel de conejo puede dejarse en una habitación fresca durante unos diez días hasta secarse. Cubrirla con una gruesa capa de sal acelera el proceso y también ayuda a prevenir cualquier olor a carne putrefacta. Si se pone húmeda o se observa algún signo de deterioro podrías cambiar la sal al cabo de dos o tres días. Cuando la piel se haya secado, estará bastante rígida. Éste es un buen momento para recortar los extremos un poco irregulares con un par de tijeras.

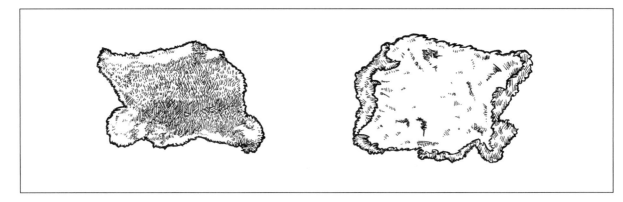

El curtido es el proceso químico mediante el cual la piel se convierte en cuero, un material impermeable, resistente y extremadamente versátil. Casi todo el cuero empleado por los seres humanos procede de las vacas, pues es una consecuencia natural del consumo de la carne de vacuno. Son varios los productos químicos que resultan útiles en el proceso, entre ellos los tradicionales, que se hacían con sesos hervidos o excrementos. De todas formas, nosotros utilizamos sulfato de aluminio (alumbre). Además de generar cristales, una solución de alumbre puede servir para curtir pieles.

Una vez que la piel esté completamente seca, puede sumergirse en agua caliente con un poco de jabón para cortar la grasa. En el interior de todas las pieles de animales hay una membrana que es preciso retirar antes de curtir la piel. Una manera de hacerlo es restregar la piel. Nosotros comprobamos que tanto la lana de acero como el dorso de un cuchillo de cocina podían ser útiles. Tardamos mucho tiempo. Olía y desprendía viscosos montones de membrana grasienta. No fue una experiencia placentera. De todas formas, nadie dijo que iba a ser fácil.

Cuando la piel estuvo limpia, recortamos una o dos esquinas y preparamos una solución de 450 gramos de alumbre, 124 gramos de carbonato de calcio (sosa) y cuatro litros y medio de agua. Burbujea al mezclarse, pero no os preocupéis por eso.

Una piel de conejo debe dejarse dos días en remojo en la solución, aunque las pieles más grandes pueden requerir hasta cinco días. Ten cuidado a la hora de deshacerte del líquido, pues es un herbicida bastante potente y arrasa los céspedes.

Cuando saques la piel de la solución, estará completamente empapada y el lado exterior, blanco. Ahora lo que hace falta es aplicarle aceite a fondo y dejarla estar hasta el día siguiente. Lo ideal sería utilizar un aceite de origen animal, pero no es fácil encontrarlo. Nosotros utilizamos aceite de linaza, que suele usarse para los bates de críquet y los bancos de iglesia. Además huele bastante bien. Le pusimos una bolsa de plástico por encima para aprovechar bien el aceite y la dejamos estar un par de días más.

La siguiente etapa consiste en dejar secar la piel ya lubricada, pero no del todo, pues tiene que quedarse húmeda, lo cual es fundamental para conseguir una piel final suave. Hay que trabajarla mientras está húmeda, estirándola con cuidado y haciéndola pasar una y otra vez por un suave borde de madera, como el del dorso de una silla o un palo de escoba sujeto por un torno.

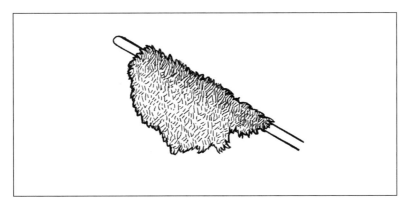

La suavidad del resultado final depende de lo bien que hayas curtido la piel, de cuánta carne siga adherida a la membrana y de lo concienzudamente que la hayas trabajado. Si llega a secarse en exceso y se queda demasiado rígida, no pasa nada por humedecerla de nuevo y repetir el proceso. Acabará por ablandarse, pero es posible que hagan falta varias sesiones.

Por último, vale la pena darle a la piel un breve chapuzón en gasolina sin plomo para limpiarla y retirar cualquier residuo oleaginoso. Evidentemente, eso hará que la piel huela a gasolina, pero al cabo de un día o dos ya no se notará. Para esto sería mejor que te ayudara un adulto.

Una vez que hayas dejado que se seque por completo, las imperfecciones pueden retirarse con una lija. La piel se asemejará al papel parafinado, pero debería ser fuerte y flexible, además de no oler a animal muerto. La piel de becerro se ha empleado para escribir; también podría escribirse sobre la de conejo, aunque serviría mejor como portada para un libro pequeño, una bolsa o quizás un par de guantes.

EL IMPERIO BRITÁNICO

Cinco siglos de energía, triunfos y desastres, heroísmo e inventiva son demasiado ricos como para explorarlos aquí con el detalle que merecen. Lo que sigue es un resumen del auge y caída del mayor imperio que el mundo haya conocido. La influencia de su idioma, sus costumbres, leyes y tradiciones continúa, pero el Imperio británico llegó a su fin el 30 de junio de 1997, cuando Hong Kong volvió a estar bajo la soberanía de China. Es asombroso pensar que casi exactamente 100 años antes, el 20 de junio de 1897, la reina Victoria celebraba su Jubileo de Diamante por sesenta años de reinado sobre 375 millones de súbditos. La idea de que el Imperio habría de desaparecer solamente un siglo más tarde habría provocado la risa, aunque Rudyard Kipling era consciente de que el mundo no deja de girar, ajeno a los logros de los humanos. Su poema *Recessional* fue leído ante la reina Victoria. Los siguientes cuatro versos resultan especialmente conmovedores:

Se desvanecen, lejanas, nuestras armadas.
En dunas y cabos el fuego se hunde.
He ahí toda la pompa de ayer
Con Nínive y Tiro ya se reúne.

Hay quien ha pensado que si un imperio debía sacrificarse en la lucha contra un enemigo, la Alemania nazi ofrecía una causa digna. Todas las naciones del Imperio enviaron hombres para aquel conflicto. Vinieron de Estados Unidos, la India, Canadá, Nepal, Nueva Zelanda, Australia, Sudáfrica –de hecho, de todos los lugares que mantenían lazos de algún tipo con Gran Bretaña– para entregar sus vidas en la lucha contra un enemigo terrible y siniestro. Quizá fuera ése el cometido del Imperio británico, seguir existiendo en aquel momento de la historia en el que el futuro pudo haber tomado otra dirección. Como legado, eso podría ser suficiente.

El 20 de mayo de 1497, Juan Caboto zarpó de Bristol provisto de una cédula real para reclamar tierras en nombre de Enrique VII. Fue el primer documento de lo que un día habría de convertirse en el Imperio. Tocó tierra en Terranova, el extremo nororiental del Canadá. Su hijo Sebastián organizó la Compañía de Aventureros Mercantes en Londres y negoció un tratado comercial con Iván el Terrible de Rusia. Los intereses comerciales de Inglaterra comenzaban a expandirse, y en la época de Isabel I entrarían en conflicto con las ambiciones españolas. Había varios motivos para la rivalidad. La realeza española había apoyado a Cristóbal Colón, era una monarquía católica mientras que Isabel era protestante, y lo más importante de todo, sus respectivas flotas mercantes en expansión competían entre sí. Los piratas ingleses apresaban barcos españoles cargados de oro y plata procedentes de sus colonias americanas. A su vez, las tripulaciones inglesas eran arrestadas y torturadas siempre que se presentaba la ocasión. Era una época brutal, con grandes riquezas al alcance de la mano, lo cual contribuyó al surgimiento de Inglaterra como potencia naval. Isabel I dejaba incluso naves en arriendo a los corsarios para cobrar el diezmo sobre el botín. Era muy simple: se recompensaba el valor y se ganaban grandes riquezas para Gran Bretaña. Como dijo sir Walter Raleigh:

Quien domine los mares domina el comercio; quien domine el comercio domina las riquezas del mundo, y por tanto, el mundo mismo.

Sir Francis Drake comenzó a navegar con el corsario John Hawkins, azote de navíos mercantes. A su vez, Drake se convertiría en el más célebre de los capitanes corsarios, y hallaba gran placer en atacar a los barcos españoles. Consideraba a los «papistas» católicos españoles como enemigos de una Inglaterra protestante, y con mucho gusto tendía emboscadas a sus navíos e incluso a un tren de mulas que llevaba plata de Perú a Panamá. Se convirtió en un héroe popular en Inglaterra, y fue un apuesto favorito de la reina. Fue el segundo hombre en circunnavegar la Tierra (después de Elcano) –aunque fracasara en su intento de encontrar el legendario continente del sur (Australia)– y llegó hasta California, a la que llamó Nueva Albión. Trajo beneficios de 160.000 li-

Sir Francis Drake

bras para su reina en un solo viaje, en una época en la que se podía vivir desahogadamente con 20 libras anuales. Fue nombrado caballero en el alcázar de su nave, *Golden Hind.*

Al saber que los españoles preparaban una gran armada en Cádiz, Drake condujo una flota de cincuenta barcos para atacarles con brulotes antes de que pudieran hacerse a la mar desde la bahía. Causó tanto daño que a los españoles las tareas de reconstrucción les costaron un año. Drake dijo que no había hecho «más que chamuscarle las barbas al rey de España», pero Isabel no dio su consentimiento para ningún ataque más.

En 1588, la Armada española alcanzó el Canal de la Mancha. Muchos de los barcos españoles se perdieron debido a los fuertes vientos y al mal estado del mar, lo cual movió al rey Felipe a comentar: «Yo he enviado a mis naves a luchar contra hombres, y no contra los elementos». Además de por las inclemencias del tiempo, la flota española fue derrotada por una artillería más rápida, unas naves más ágiles y unos capitanes más capaces, lo cual puso término a la probabilidad de que España pudiera tutelar el futuro.

Aquél habría de ser el sello distintivo del primer Imperio británico. El comercio impulsaría su expansión, luego la guerra, casi siempre contra naciones europeas que buscaban sus propias riquezas. A lo largo de los cuatro siglos siguientes, Gran Bretaña iría a la guerra contra casi todos los países de Europa. Quizá debido a que Europa llevaba tres mil años siendo un hervidero de conflictos, las naciones del continente eran superiores al resto del mundo en cuanto a las armas, la táctica, la navegación, la tecnología y los materiales, tales como el acero. Holanda, Francia, España, Alemania y Gran Bretaña se volcaron todas hacia el exterior, aprovechando sus ventajas con el fin de obtener territorios y ganancias. Uno por uno, todos los demás se vieron obligados a regresar a casa. A Francia se la detuvo finalmente en Waterloo, y a Alemania en 1945. El Imperio habría de convertirse en la Commonwealth por medio de una transición pacífica, a medida que el mundo avanzaba hacia el tercer milenio.

❋

Al reunir Jacobo VI de Escocia los tronos que le convertían en rey de Inglaterra, Escocia e Irlanda en 1603, el nuevo siglo habría de plantear nuevos retos al naciente Imperio.

En 1613, la Compañía Británica de las Indias Orientales realizó su primer asentamiento en Surat, en la India. Su objetivo era cultivar especias en competencia con los mercaderes holandeses. La exploración y la aventura despejaron el camino, con personajes tales como el capitán John Smith, que dio nombre a Nueva Inglaterra, y sir George Somers, descubridor de las Bahamas al verse desviado de su ruta por los vientos.

El rey Jacobo era presbiteriano (de la Iglesia de Escocia) y los puritanos ingleses estaban profundamente descontentos con su reinado. En 1620, un grupo de puritanos desafectos zarpó de Southampton en dos barcos, el *Speedwell* y el *Mayflower*. El *Speedwell* no estaba en condiciones de navegar y ambos regresaron a Plymouth. Luego zarpó en solitario el *Mayflower*, llevando a puritanos, tripulación y colonizadores reclutados por la Compañía de Virginia. Divisaron tierra primero en Cape Cod, pero no pudieron hallar un refugio habitable en pleno invier-

no hostil. El segundo avistamiento tuvo lugar en Plymouth, Massachusetts, al que había dado nombre antes el capitán John Smith. Habrían de seguirles muchos más, y con el tiempo hubo asentamientos en Maine, New Hampshire y Connecticut. El Nuevo Mundo se abría, y para 1630 ya se habían fundado Boston y otros diez asentamientos. En 1643, New Haven, Plymouth, Connecticut y Massachusetts formaron una confederación conocida como las Colonias Unidas de Nueva Inglaterra.

En Inglaterra, Carlos I había ocupado el trono y lo había perdido en la Guerra civil inglesa contra Oliver Cromwell. Las colonias americanas comenzaron a saborear su propia libertad de la madre patria. En 1688 el parlamento inglés pidió a Guillermo de Orange que arrebatara el trono a Jacobo II, quien insistía en que Inglaterra debía regresar al catolicismo. Guillermo tenía derechos al trono por ser nieto de Carlos I, y desembarcó con una guardia de honor después de que Jacobo II se hubiese exiliado en Francia. El control de la corona sobre las colonias americanas se volvió opresivo durante su reinado.

En 1707, los reinos de Inglaterra y Escocia quedaron legal y políticamente unidos en virtud del Acta de Unión, un acontecimiento importante de la historia británica. Gibraltar se convirtió en puerto británico a perpetuidad por el Tratado de Utrecht en 1713. Menorca fue también entregada a Gran Bretaña, pero tuvo mayor importancia el que Francia se viese obligada a renunciar a extensos territorios en Canadá. Sin embargo, fue necesario recurrir a las armas para imponer la soberanía británica en Canadá. Incluso durante la construcción de una nueva capital en 1748, los ataques franceses a los asentamientos británicos continuaron. Con el tiempo, a los colonizadores franceses se les dio a elegir entre jurar fidelidad a la corona británica o ser deportados. La mayoría escogió la deportación.

En lo que ahora es Estados Unidos proseguía la lucha entre Francia y Gran Bretaña. Una expedición francesa se hizo con el control del valle del Ohio, y un mensajero llamado George Washington fue enviado a decirles que se retirasen. Su pequeña unidad fue obligada por los franceses a rendirse. Un ejército mucho mayor, del que formaban parte

1.200 regulares del ejército británico, fue casi aniquilado por una fuerza combinada de franceses e indios iroqueses. La rebelión se propagó, aunque aquella fuerza en particular acabara por ser derrotada y puesta en fuga. En 1756 comenzó la Guerra de los Siete Años, y en Norteamérica y la India, al igual que en lugares más cercanos a sus países, las fuerzas francesas y británicas se enfrentaron en duras batallas.

✳

Quizá Robert Clive hubiera seguido siendo un secretario de la Compañía de las Indias Orientales de no ser por la guerra. Era sabido que había intentado suicidarse dos veces, fracasando en ambas ocasiones por culpa de una pistola que se le encasquillaba. Fue nombrado abanderado del ejército de la Compañía y llegó a convertirse casi en el arquetipo de aquella clase peculiar de hombres que Gran Bretaña ha sido capaz de producir, hombres dotados de un completo desdén por su propia seguridad y una creencia inamovible en la bondad de su causa. Los mahrattas de la India llamaban a Clive Sabat Jung («audaz en la guerra»).

Robert Clive

Calcuta tuvo su origen en un asentamiento de la Compañía Británica de las Indias Orientales. Los responsables de la Compañía fortificaron su base en Calcuta para defenderse de las insurrecciones locales. El Nabab de Bengala decidió que se trataba de un desafío, envió a una gran hueste contra el fuerte y se hizo con el mismo. Los 146 empleados de la Compañía se rindieron con la condición de que sus vidas fueran respetadas. Se les tuvo sin agua en un lugar asfixiante de siete por cinco metros. Por la mañana, solamente 24 habían sobrevivido a lo que pasó a conocerse como «el agujero negro de Calcuta».

Todo pudo haberse perdido en 1756. La fuerza de los franceses crecía en la India mientras que la Compañía de las Indias Orientales había perdido Calcuta y Madrás. Las colonias británicas en América parecían vulnerables a los ataques franceses. Además, Gran Bretaña perdió Menorca, y España entró en la guerra del lado de Francia en 1672.

En Inglaterra, el primer ministro William Pitt (Pitt el Viejo) dio con la idea de financiar al ejército prusiano para que hiciera la guerra contra la alianza dirigida por Francia y compuesta por Austria, Rusia, Sajonia, Suecia y España, permitiendo a Gran Bretaña concentrar sus tropas en lugares remotos como la India y Canadá. Tuvo la suerte particular de tener por aliado a Federico el Grande, un genio de la táctica. La Guerra de los Siete Años puede considerarse como la primera de las guerras mundiales, dada su escala. Sigue siendo la guerra de mayor éxito librada por Gran Bretaña, pues puso a la India y Canadá bajo su control, inaugurando prácticamente un imperio de la noche a la mañana. Confianza en sí mismo no le faltaba a Pitt: «Sé que puedo salvar este país, y que nadie más puede hacerlo», dijo.

Clive reconquistó Calcuta en 1757, y tras una serie extraordinaria de subterfugios y negociaciones, luchó en la batalla de Plassey contra un ejército francoindio de 50.000 hombres y 53 cañones. Clive contaba con 1.100 británicos, 2.100 nativos y 10 cañones. Los artilleros franceses siguieron luchando hasta el mismo final, pero la fuerza de Clive derrotó al enemigo y puso a Bengala bajo el dominio británico. Se ha dicho que Plassey fue el momento decisivo, pero de hecho hubo cientos de ocasiones y lugares en los que el Imperio británico pudo haber fracasa-

«La muerte de Wolfe», *de Benjamin West*

do. Para los que estuvieron implicados en su creación, cada año de supervivencia era un regalo, y sólo la suerte, la fortaleza, el valor y la astucia podrían mantenerlo a lo largo del año siguiente.

En Canadá, Pitt tuvo la fortuna de contar con otro soldado de talento, James Wolfe. La flota transportó a una fuerza expedicionaria de 9.000 regulares británicos y 500 coloniales desde Halifax para arrebatar Louisburg y luego Quebec a los franceses. En 1798, Wolfe dirigió el ataque sobre Louisburg sin otra arma que un bastón. Los cañones de la gran fortaleza fueron tomados y abrieron fuego contra los barcos franceses en la bahía. Se había dado el primer paso para expulsar a los franceses del Canadá. Sin embargo, la lucha sería feroz a medida que iba cayendo un fuerte tras otro a lo largo de 1759.

Wolfe fue nombrado general de división y asumió el mando para el asalto a Quebec, una fortaleza casi inexpugnable sobre el río San Lorenzo (quien reconoció el río fue James Cook, el hombre que más adelante reclamaría Australia para la corona británica y cartografiaría Nueva Zelanda). La noche anterior, Wolfe le dio un mechón de su cabello a John Jervis para que le fuese enviado a su prometida en caso de que muriera. Como almirante, Jervis habría de desempeñar luego un papel crucial en la carrera de Nelson, y viviría hasta 1823.

El ejército de Wolfe se enfrentó a los franceses el 13 de septiembre de 1759 en los llanos de Abraham, a las puertas de la ciudad. Ambos comandantes en jefe fueron mortalmente heridos. Wolfe murió durante la batalla, y el comandante francés por la noche. Quebec se rindió y los británicos dejaron una guarnición en la ciudad.

Hubo otras batallas, pero el 8 de septiembre de 1860 los franceses renunciaron a sus intereses en Canadá. Habían perdido flotas enteras frente a la marina británica, y Gran Bretaña se había librado de la amenaza de ser invadida. En Londres resonaron las campanas para celebrar un año de victorias.

✳

La Guerra de Independencia de Norteamérica pudo también haber sido el principio del fin. En un sentido muy real, ésta fue una guerra civil entre fuerzas británicas que deseaban permanecer leales a Gran Bretaña y otras que querían forjar su propia identidad como país separado antes que como país gobernado desde un lugar lejano. Las causas son complejas, aunque algunas tengan que ver con el nivel de los impuestos aplicados por Gran Bretaña a productos tales como el azúcar y, más célebremente, el té. «No más impuestos sin representación» fue el clamor que se alzó contra Jorge III. El clamor, no hace falta decirlo, fue ignorado y se introdujeron nuevos impuestos sobre el vidrio, el plomo, el papel y prácticamente cualquier cosa que se le pudiera ocurrir al gobierno británico. Se desencadenaron los motines en América y el derramamiento de sangre fue inevitable. Se produjo un cambio de gobierno en Gran Bretaña que tuvo por resultado la derogación de todos los impuestos salvo el del té, pero era ya demasiado tarde, y en 1773, en Boston, 342 cajas de té por valor de 10.000 libras fueron lanzadas por la borda a la bahía, en lo que quedaría para la posteridad como «la fiesta del té de Boston».

Gran Bretaña había reducido el tamaño del ejército tras la Guerra de los Siete Años. Clive había logrado por fin pegarse un tiro, Wolfe había muerto y Pitt estaba demasiado viejo y frágil como para ayudar a resolver la situación. Jorge III padecía porfiria, enfermedad que le provocaba episodios de completa enajenación mental. Entre 1773 y 1783 a Gran Bretaña le hizo falta un gran negociador, un visionario o quizás un Wellington o un Nelson. Por una vez, no lo tuvo, y la guerra fue un desastre. Resulta interesante que los franceses jugaran un papel crucial, aún dolidos por su derrota en la Guerra de los Siete Años. Además de ofrecer suministros, Francia formó una liga de «neutralidad armada» con España, Rusia, Prusia, Holanda y Suecia para proteger a los barcos mercantes norteamericanos frente a la Royal Navy. Una flota francesa llevó 5.000 hombres y 106 cañones pesados desde Toulon para apoyar al general Lafayette en Norteamérica. Tras desembarcar al ejér-

cito, la flota francesa atacó a los barcos británicos que esperaban a una fuerza británica en retirada al mando de Cornwallis. Con el mar a su espalda, Cornwallis se vio obligado a rendirse en Yorktown. Según el relato, su banda militar tocó una pieza llamada *El mundo al revés*. En septiembre de 1783, Gran Bretaña reconocía la independencia de los trece estados norteamericanos. George Washington se convertía en el primer presidente seis años más tarde, el 30 de abril de 1789, el año de la Revolución francesa. Napoleón Bonaparte hacía su aparición en la escena mundial.

Canadá siguió siendo una posesión británica, aunque se le concediera una autonomía limitada poco después de la Guerra de Independencia norteamericana, quizás a causa de la misma. La India prosperaba hasta el punto de que el gobierno británico quiso aumentar su influencia allí, y Pitt el Joven hizo aprobar una ley que concedía al gobierno el control y la supervisión de la Compañía de las Indias Orientales en 1784. La India se había convertido en la joya de la corona, y la Compañía conservaría un gran poder en el país durante otros cien años. El comercio seguía creciendo, aunque Gran Bretaña aboliese la esclavitud en 1807 y luego empleara a la marina para que la abolición fuese respetada por los barcos mercantes de todas las demás naciones.

Napoleón fue derrotado al fin por una alianza dirigida por Wellington en tierra y la Royal Navy de Nelson por mar. El Tratado de Viena de 1815 acabó de manera efectiva con la amenaza francesa a los intereses británicos. Una serie de islas menores siguen bajo control francés hasta el día de hoy, pero la posibilidad de que el mundo llegase a hablar francés había pasado. Incluso el tiempo se mediría a partir de Greenwich en lugar de París, aunque el único lugar del mundo que no reconoce el tiempo de Greenwich es la parte de Francia que queda justo al sur de Greenwich. Quizá no sorprenda que ellos se rijan por la hora continental, que va una hora por delante.

✳

Al comienzo de la era victoriana, en 1837, el Imperio continuaba en expansión. Los boers holandeses habían creado ya asentamientos en el sur de África a comienzos del siglo XIX, y Gran Bretaña desarrollaba sus propias colonias en aquellas ricas tierras. Sin em-

La reina Victoria

bargo las guerras contra los boers no habrían de producirse hasta más tarde. Hong Kong fue cedido por China en virtud de un tratado de 1839, tras años de guerras comerciales por el opio, el té y la plata. En 1840, Gran Bretaña reclamó Nueva Zelanda y combatió a los guerreros maoríes por aquella tierra durante los siguientes treinta años. En 1848, Gran Bretaña concedió un alto grado de autonomía a Canadá, y al tener éxito la iniciativa, aplicó la misma fórmula a Australia y Nueva Zelanda. Ésta fue la semilla de la Commonwealth. En 1867, Gran Bretaña unificó todas las provincias de Canadá en un solo dominio, un solo país. Afganistán fue ocupado y después se perdió. La India contaba con ferrocarriles, escuelas y hospitales construidos a todo lo largo del país como parte de una compleja infraestructura. El Punjab fue anexionado tras las guerras contra los sij, quienes se ganaron el respeto de los británicos por su coraje y tenacidad. El cultivo del té fue introducido en la India y Ceilán (Sri Lanka) por los británicos, empeñados en romper el monopolio chino.

La revuelta india de 1857 se produjo al rebelarse los soldados de Sepoy contra la imposición de la cultura británica. Por ejemplo, se había declarado ilegal el infanticidio femenino y el *suttee,* la práctica de quemar viva a la viuda con su esposo muerto, fue prohibida. Los intentos de emancipar a la mujer fueron mal recibidos, y la expansión del cristianismo en

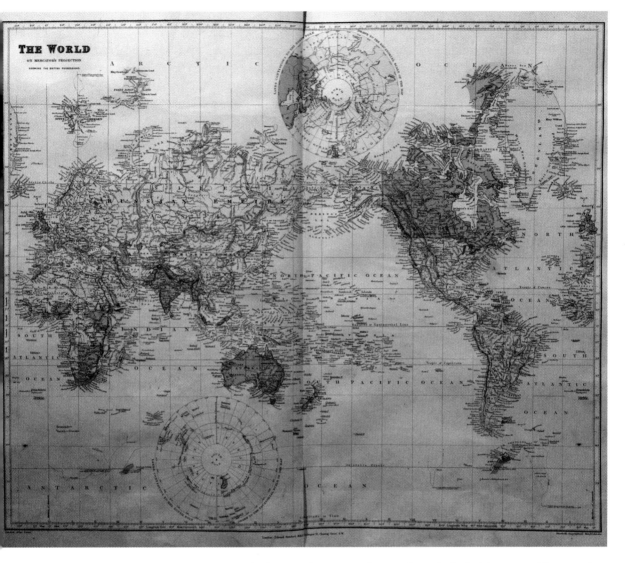

la India era vista como una amenaza para el islam y el hinduismo.

Como se cuenta, el motín prendió a causa del rumor de que los cartuchos de los rifles británicos se engrasaban con sebo de cerdo y de vaca, siendo por tanto intocables tanto para los hindúes como para los musulmanes. Los regimientos indios rechazaron los cartuchos y se amotinaron, asesinando a los oficiales blancos y provocando disturbios en un gran estallido de horror y violencia. Las fuerzas británicas eran muy inferiores en número a las tropas nativas a las que habían entrenado, y se vieron sitiadas y masacradas. Los gurkhas de Nepal y los sij del Punjab permanecieron leales. El sitio de Cawnpore fue especialmente brutal. Se había prometido un salvoconducto a mil hombres, mujeres y niños que se habían refugiado en el pequeño fuerte durante veinte días ante un ejército de 10.000 efectivos. Cuando salieron, fueron masacrados. Quinientos seis niños fueron descuartizados y echados a un pozo. Los británicos, que llegaron demasiado tarde para socorrerles, se pusieron furiosos ante lo que vieron. Siguieron otras atrocidades, como el que los británicos atasen a los sepoys a la boca de los cañones antes de dispararlos. Las batallas fueron feroces y brutales, con 182 cruces de Victoria concedidas al valor. Sólo la Primera Guerra Mundial produciría un número mayor de ejemplos de heroísmo extraordinario (se concedieron 181 cruces durante la Segunda Guerra Mundial, 626 en la Primera).

Sir Colin Campbell, sir Hugh Rose y sir James Outram lograron doblegar la rebelión y la India regresó a una paz precaria. El país no se independizaría hasta 1947, finalizada la Segunda Guerra Mundial.

El reinado de Victoria terminó en 1901, con el Imperio todavía en expansión. Alemania y Austria serían los grandes enemigos del nuevo siglo, aunque Francia estuviera siempre dispuesta a hacerse con nuevas colonias si se presentaba la oportunidad. Sudáfrica fue el primer campo de batalla del siglo, al enfrentarse Gran Bretaña a los boers por los derechos al continente.

Algunas adquisiciones, como la del Transvaal en Sudáfrica, se hicieron en parte con el fin de deshacer la base de poder de otros países antes de que se convirtiesen en una amenaza. Pero el ejército y la marina tuvieron que allanar el camino para las decisiones políticas enfrentándose a los boers holandeses.

La Primera Guerra Mundial (1914-18) tuvo por escenario el mar y todos los continentes, con Gran Bretaña a la cabeza de un bloque aliado enfrentado a otro bloque dirigido por Alemania. No hace falta decir que se perdieron millones de vidas en las condiciones más brutales. La Alemania del káiser Guillermo fue derrotada tras cuatro años de lucha y los cañones de Francia callaron a las once de la mañana, el día once del undécimo mes de 1918. El «Día del Recuerdo» se sigue conmemorando todos los años con misas y la venta de amapolas.

Las que habían sido colonias alemanas en África pasaron a ser posesiones británicas, como fue el caso de Camerún, Togo y África Oriental. Además, Irak y Palestina se convirtieron en «mandatos británicos», con lo cual Gran Bretaña se hacía cargo de ellos, además de añadir Egipto, Chipre, Kuwait, el Sudán y toda una serie de Estados de menor tamaño. Con Francia del lado ganador, Siria y Líbano se convirtieron en colonias francesas. En total se añadieron unos 700.000 kilómetros cuadrados a la superficie del Imperio, y cuando Gran Bretaña reclamó la propiedad de la Antártida en 1919, éste nunca había sido tan grande.

✻

La era victoriana había hecho creer a muchos que el Imperio era suyo por derecho divino. El impulso civilizador produjo misioneros y reformadores como Florence Nightingale y William Wilberforce, quien realizó una campaña en contra de la esclavitud. Los aventureros aristocráticos eran el ejemplo arquetípico de jóvenes cristianos dispuestos a arriesgar sus vidas por algo más que las meras fortunas de la época de Drake y Raleigh. El sueño se había convertido en otro en el que el dominio británico era portador de la luz para los menos afortunados con el fin de crear un mundo mejor. Los británicos hacían gala de una superioridad moral, además de económica y militar. El resultado fue la expansión de una cultura que alteró el mundo para siempre.

Personajes como Cecil Rhodes, quien gobernó lo que en la actualidad se conoce como Zimbabwe, antes Rodesia, habían salido del mismo molde que Richard Francis Burton, T. E. Lawrence, James Brooke, Kitchener, Napier y otros mil ejemplos de aquella casta. Sus logros asombran por su escala y por la increíble confianza en sí mismos que demostraron. A la vez, Gran Bretaña produjo una serie de reformadores y pensadores de tipo más liberal que fueron contrarios al trato brutal dispensado a las poblaciones nativas y deploraron los actos de violencia. Unos y otros crearon un imperio capaz de una despiadada ferocidad en lugares como Irlanda y la India, por una parte, y por otra una filosofía humanitaria que condujo a la mejora de la salud y educación de sus súbditos. Como dijo Mahatma Gandhi en 1915:

> Descubrí que el Imperio británico mantenía ciertos ideales de los que me había enamorado. Uno de esos ideales es que todo súbdito del Imperio británico goza del ámbito más amplio posible para sus energías y esfuerzos y para lo que sea que considere debido a su conciencia [...] he manifestado que el mejor gobierno es aquel que gobierna lo mínimo, y para mí ha sido posible estar gobernado lo mínimo bajo el Imperio británico. De ahí mi lealtad hacia él.

La idea de un Estado «sereno», es decir, un Estado que no interfiera en todos los aspectos de la vida

Los años transcurridos entre las dos grandes guerras suelen ser considerados como una época dorada por aquellos que los vivieron. La publicación para niños *Boy's Own Paper* da una idea de las actitudes de la época, que valoraban los atributos de la hombría, el juego limpio, el decoro, el honor y la capacidad de jugar bien al críquet. La idea de que el siglo sería testigo del fin del dominio británico en casi todas partes habría parecido ridícula. Con todo, en la Segunda Guerra Mundial se combatió para resistir el auge militar de Alemania, que conllevaba unos ideales bastante distintos y más siniestros.

Como dice Niall Ferguson en su obra *Imperio: cómo Gran Bretaña forjó el orden mundial:*

Cuando los británicos gobernaban un país –aunque solamente influyeran sobre su gobierno por medio de una demostración de poderío militar y económico– había ciertos rasgos distintivos de su propia sociedad que tendían a diseminar. La lista de los más importantes sería la siguiente:

1. El idioma inglés.
2. Las formas inglesas de propiedad de la tierra.
3. Las prácticas bancarias escocesas e inglesas.
4. El derecho anglosajón.
5. El protestantismo.
6. Los deportes de equipo.
7. El Estado limitado o «sereno».
8. Las asambleas representativas.
9. La idea de libertad.

El último es quizás el más importante de todos, dado que sigue siendo el rasgo más distintivo del Imperio, aquello que lo diferencia de sus rivales continentales europeos. No pretendo afirmar que todos los imperialistas británicos fuesen liberales: algunos estaban muy lejos de serlo. Lo llamativo, sin embargo, de la historia del Imperio es que siempre que los británicos se comportaron de manera despótica, hubo casi siempre una crítica de carácter liberal de dicho comportamiento que procedía de la propia sociedad británica.

de las personas, ha sido una idea peculiarmente británica, bastante distinta de las que inspiraban a los gobiernos del continente. Surgió debido a que el vasto Imperio simplemente no podía ser gobernado a la escala que es posible en la actualidad.

EL IMPERIO ESPAÑOL DE LOS HABSBURGO

E̲L I̲MPERIO E̲SPAÑOL representa la época dorada de la historia política de España. Se formó en muy poco tiempo si tenemos en cuenta su extensión. En apenas 53 años, el tiempo transcurrido entre la unificación de las coronas castellana y aragonesa tras el matrimonio de los Reyes Católicos en 1469 y la herencia territorial que recibió Carlos I de sus abuelos paternos al llegar al trono español en 1522, el rey de España acumuló un patrimonio que iba desde la península ibérica hasta América, pasando por Italia, los Países Bajos y Alemania, además de importantes plazas norteafricanas como Argel, Orán o Túnez. Así, el rey de un país que acababa de expulsar a los musulmanes de su territorio y que a duras penas se identificaba políticamente con lo que hoy conocemos como España, pasó a dominar un imperio que se extendía por los océanos y por tres continentes; uno de ellos, América, todavía por explorar

en su mayor parte. Además, los españoles sin esperarlo se encontraron con que el rey que les gobernaba, Carlos I, era además Carlos V, el emperador del Sacro Imperio Romano.

Esta circunstancia, que sin duda favoreció política y económicamente a España, hizo que los españoles tuviesen que respaldar a un rey muy diferente del monarca medieval a quien recurrir para que arbitrara de forma paternal en las desavenencias con el señor feudal o el noble que gobernaba y administraba sus tierras. Los españoles y las cortes de los reinos, que mantenían sus funciones a pesar de la unificación de las coronas de Aragón y Castilla, estaban ante un emperador que a cambio de brindarles la posibilidad de participar en los privilegios de un imperio (monopolios, conquistas, negocios comerciales, explotación de nuevas rutas, etc.) les exigía numerosos sacrificios económicos en forma de impuestos extraordinarios y

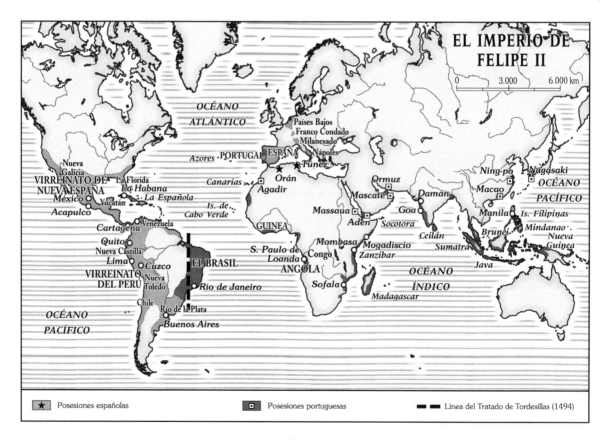

reclutamiento de soldados para mantener el orden en el extenso territorio acumulado.

El auge imperial le correspondió a Carlos I de España y V de Alemania. Su sucesor, Felipe II, consiguió mantener el legado de su padre y la incontestable superioridad militar española por tierra y por mar, a pesar de los ataques de Francia y de la difícil situación económica del Imperio, que dependía de los cargamentos de plata que cruzaban el Atlántico desde América. A ambos monarcas se les conoce como los Austrias mayores. Tras la muerte de Felipe II en 1598, se inicia el reinado de los Austrias menores (Felipe III, Felipe IV y Carlos II), quienes tuvieron el dudoso honor de gestionar la decadencia de un imperio sumido en la bancarrota. A partir de la derrota de Rocroi en 1643, que representa el fin de la supremacía militar imperial, el Imperio comenzará una lenta pero inevitable agonía a pesar de las desesperadas maniobras del conde Duque de Olivares por mantener Flandes.

La génesis del Imperio español se encuentra en el matrimonio entre Isabel de Castilla y Fernando de Aragón. No en vano Luis XI, rey de Francia, fue el primero en advertir acerca del peligro que representaría el matrimonio entre ambos monarcas. Pero Isabel y Fernando decidieron ignorar cualquier oposición y se casaron el 19 de octubre de 1469 en una discreta ceremonia que buscaba no llamar la atención. La razón de tanta discreción era que los monarcas, que eran parientes, se casaban con un permiso papal falsificado por el arzobispo de Toledo. El escándalo de la boda y la oposición de un gran número de nobles a la unificación de las coronas aragonesa y castellana desembocó en una guerra civil que duró diez años.

En 1479 Isabel y Fernando consiguen derrotar al partido noble que se oponía a la unificación y ambos monarcas por fin pudieron dedicarse a concluir la reconquista del territorio español frente al reino musulmán nazarí, que acabaría en 1492 con la toma de Granada, y a unificar la política exterior de ambas coronas; al mismo tiempo Colón partía hacia la India sin saber que le esperaba un nuevo continente por descubrir.

De esta manera, además de América y Nápoles, este último territorio en poder de la Corona de Aragón desde los tiempos del rey Alfonso el Magnánimo,

Isabel y Fernando reforzaron una política comercial cada vez más estrecha con Flandes, gracias a las exportaciones de lana castellana, antes de incorporar este territorio clave al Imperio. Por todo ello, el propio Maquiavelo definió al rey Fernando de Aragón como «el mayor monarca» de su tiempo.

Al morir la reina Isabel de Castilla en 1504, Fernando permaneció como rey de la Corona de Aragón y el cardenal Cisneros fue nombrado regente de la de Castilla. No obstante, Fernando, el monarca aragonés, era quien gobernaba debido a que la enfermedad mental de su hija Juana, conocida como «Juana la loca», le impedía ejercer su título de «propietaria de Castilla». El cardenal Cisneros era partidario de la expansión española hacia África con el fin de pacificar el Mediterráneo infestado de piratas turcos, entre los que destacaba el mítico Barbarroja. Pero el sucesor de Fernando de Aragón, su nieto Carlos de Gante, coronado Carlos I de España y V de Alemania, al igual que su abuelo no se implicó de forma decidida en África, y tras su fracaso en Argel en 1541, se dedicó a mantener las posiciones en el norte de África –Ceuta, Orán, Vélez– y a guerrear en el Mediterráneo con la flota otomana.

En vez de África la atención de los monarcas españoles, Fernando de Aragón y, a partir de 1522, Carlos I, se centró en América. La plata del nuevo continente financió el coste del Imperio hasta su decadencia definitiva en el primer tercio del siglo XVII. Un gran número de españoles mallorquines, catalanes, vascos y castellanos, provenientes de familias educadas durante siglos en la dura experiencia de la guerra y la colonización llevada a cabo en la Reconquista, forjaron un auténtico ejército de conquistadores y exploradores que de forma imparable, pero también brutal en la mayoría de las ocasiones, ocuparon y colonizaron las tierras más ricas de las nuevas Indias.

A partir del descubrimiento, que además de Colón fue posible gracias a la base de aprovisionamiento de Canarias y de las islas Azores, se inició la primera fase de la conquista del territorio, que se lanzó en 1508, dos años después de la muerte de Cristóbal Colón, desde la base de Haití.

En una segunda fase, que va desde 1519 a 1540, comenzó la exploración sistemática del Pacífico y se puso en marcha el sistema de encomiendas en las tierras conquistadas, a la vez que los convoyes cargados de plata comienzan a arribar a España de forma regular e ininterrumpida hasta que en la década de 1590, coincidiendo con los últimos años del reinado de Felipe II, el sistema entra en crisis y desemboca en la bancarrota de 1596.

La parte europea del Imperio español se forjó entre los años 1480 y 1504. Durante esas dos décadas, además de la conquista de Granada en 1492, los Reyes Católicos recuperan los territorios fronterizos del Rosellón y la Cerdaña y dan comienzo a una ofensiva en el terreno militar, que llevará a cabo El Gran Capitán, incorporando Cerdeña y Sicilia al dominio español, además de asegurar Nápoles. Paralelamente, Isabel y Fernando pusieron en marcha una ofensiva diplomática con embajadas en Roma, Venecia y Bruselas con el fin de negociar unos matrimonios políticamente ventajosos para sus infantes.

Pero la política matrimonial de los Reyes Católicos no tuvo el resultado previsto. Debido a la incapacidad de Juana de Castilla, fue Carlos de Gante, nieto de Fernando de Aragón e Isabel de Castilla, el heredero de los territorios de la Corona de Castilla y Aragón –que además de la península se extendían por América, África e Italia– por parte de sus abuelos maternos, y de los territorios borgoñones y alemanes por parte de su familia paterna.

Esta fantástica herencia todavía iba a incrementarse cuando en 1519, al poco de ser coronado como Carlos I de España, Carlos de Gante fue investido emperador del Sacro Imperio Romano tras la muerte de su abuelo Maximiliano, sumando así el trono de Alemania al de España. Carlos V era sin duda el nuevo César, y como tal gobernó el Imperio, y cuando fue necesario se puso al frente de sus ejércitos.

Felipe II heredó el trono en 1556 tras la abdicación de Carlos I, que decide retirarse al monasterio de Yuste. Aunque Felipe II ya sufrió los primeros problemas derivados de la decadencia de la hacienda del Imperio, el nuevo rey consiguió derrotar a Francia, que quedó momentáneamente apartada de la lucha por la supremacía en Europa, y a los turcos en la batalla naval de Lepanto, donde Miguel de Cervantes perdió el brazo. Aunque la muerte prematura de la primera esposa de Felipe II, María Tudor, truncó el sueño de unir políticamente España, los Países Bajos e Inglaterra, el nuevo monarca mantuvo el poder imperial intacto gracias a la superioridad militar de los ejércitos y de la Armada Invencible. Siguiendo el ejemplo de su padre, vinculó todavía más estrechamente el poder imperial de España con la defensa de la fe católica frente a la ofensiva de luteranos y calvinistas en Francia y el centro de Europa.

La decadencia definitiva del Imperio coincidió con el inicio del siglo XVII. Durante este periodo, que en lo que se refiere a las letras españolas se denomina el Siglo de Oro, convergieron diversos factores que hicieron imposible una recuperación; además de las constantes ofensivas de Gran Bretaña y Francia, España entró en un periodo de bancarrota provocado por la crisis de la plata americana y por el ingente gasto que suponía para las arcas del Imperio mantener una armada de proporciones imperiales que debía cubrir todo el globo defendiendo los intereses políticos y económicos de España.

A esto hay que sumar el hecho de que territorios clave del Imperio como los Países Bajos recibieron la ayuda estratégica de los eternos enemigos de España –Francia e Inglaterra–, que encontraron en las guerras religiosas una potente ideología para socavar el prestigio de España como puntal de la Contrarreforma.

Durante el primer tercio del siglo XVII los problemas se extendieron a Italia, siendo el Milanesado un nuevo territorio abundante en conflictos y batallas. En el terreno militar también llegó la decadencia. Los famosos Tercios de Flandes, temidos y admirados en toda Europa, iniciaron su declive en 1643 tras la batalla de Rocroi, una derrota que demostró al mundo que incluso las mejores tropas del Imperio ya no eran invencibles. La agonía continuó durante todo el siglo XVII hasta que en el XVIII, además de la dinastía francesa de los Borbones que sustituye a los Habsburgo en el trono de España, las ideas políticas de la Edad Moderna que reivindican un poder centralizado en manos de los monarcas, refuerzan al Estado y, al mismo tiempo, la personalidad e independencia de las naciones de Europa frente al antiguo, disperso y costoso poder imperial.

EL IMPERIO ROMANO

R<small>OMA</small> es la cuna de la civilización occidental. Desde la estructura familiar del *pater familias* hasta las bases de nuestro derecho, pasando por las instituciones políticas legislativas, la propiedad de la tierra o algunas de las fiestas populares más conocidas, todas las bases culturales que tienen que ver con nuestro modo de vida occidental tuvieron su origen en Roma. El momento de máxima expansión y poder romano corresponde a la época del Imperio; pero antes de que llegaran al poder los emperadores más conocidos, como Julio César u Octavio Augusto, Roma fue una república gobernada por un senado de patricios romanos.

La tradición dice que Eneas, uno de los troyanos llegados a la región italiana del Lazio, se casó con la reina Lavinia fundando la primera dinastía previa a la fundación de Roma. Fueron Rómulo y Remo, nietos de Eneas y Lavinia e hijos de Rea Silvia y el dios Marte, según la leyenda, quienes después de ser amamantados por una loba fundaron la ciudad de Roma hacia el año 753 a.C. Siguiendo con la tradición, se dice que fue Rómulo quién fundó la ciudad junto al Tíber con hombres desarraigados, sin familia y de distintas procedencias. Ésa es la razón por la que secuestró a las mujeres vecinas –el rapto de las

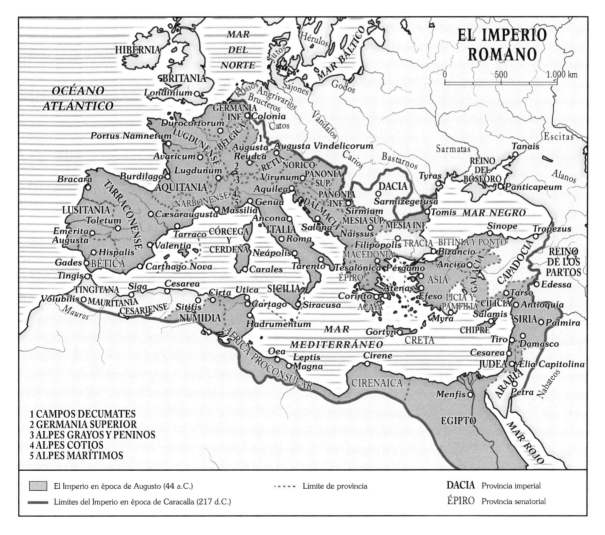

1 CAMPOS DECUMATES
2 GERMANIA SUPERIOR
3 ALPES GRAYOS Y PENINOS
4 ALPES COTIOS
5 ALPES MARÍTIMOS

El Imperio en época de Augusto (44 a.C.)

Límites del Imperio en época de Caracalla (217 d.C.)

- - - - Límite de provincia

DACIA Provincia imperial
ÉPIRO Provincia senatorial

sabinas– y las proporcionó a los primeros romanos. Desde el año 753 al 509 a.C. año en que se inicia la República, reinan en Roma tres monarcas etruscos. Éstos construyeron la cloaca máxima de la capital italiana, amurallaron la ciudad y conquistaron toda la región del Lazio. La República se basaba en una fuerte división de los romanos en base a sus riquezas; los patricios, ciudadanos propietarios de tierras y ricos, eran quienes dominaban el Senado o cámara de representantes donde se redactaban las leyes. No obstante, la República evolucionó políticamente, y al llegar el siglo III, el momento de máximo esplendor, los plebeyos, es decir, aquellos romanos pobres que no poseían tierra alguna, ya habían conseguido un representante en el Senado, denominado tribuno de la plebe y cuya misión era defender los intereses de los romanos más desfavorecidos. Durante estos años el ejército de la República conquistó la totalidad de la península itálica y se dictaron leyes acerca de los límites del poder del Senado y sobre qué representantes de esta institución debían gestionar el presupuesto de la República de Roma.

A finales del siglo III, una vez que Roma venció en las llamadas Guerras Púnicas (264-242 a.C.) que le permitieron conquistar el Mediterráneo, las tropas del Senado habían conquistado, entre otras, las plazas de Sicilia, Cartago (Túnez) e Hispania (España). El siglo II trajo el auge en la expansión territorial romana, que incorporó territorios como Macedonia, Grecia, la mayor parte de los pueblos de Asia Menor que habían estado bajo la corona de Alejandro Magno, Siria, Judea y la región francesa de Narbona, que constituía un paso estratégico que unía la península itálica con la península ibérica. Esta expansión hizo que el ejército ganase poder en detrimento del Senado. Los grandes generales artífices de las conquistas del Mediterráneo, como Sila y Escipión el Viejo, desafiaron las leyes y comenzaron a competir por el poder político.

El primer dictador que usurpó el poder del Senado acabando con la República fue Sila. Instauró una dictadura que no logró consolidarse a pesar de que tomó algunas medidas populares para conseguir el apoyo de la plebe. Tras el fracaso de Cicerón, que intentó devolver el poder al Senado, los generales Pompeyo, Craso y Julio César se alían para repartirse el poder.

La alianza dura poco porque César, el más ambicioso y brillante de los tres, regresa a Roma con sus legiones tras conquistar las Galias y se convierte en emperador de Roma sometiendo al Senado. Pero los representantes de Roma consiguen urdir una conspiración, liderada por Bruto y Casio, para derrocar al emperador, que es apuñalado en el recinto de los representantes. Muerto César, el poder no regresa al Senado sino que se reparte entre Octavio, Lépido y Antonio, que se establece en Egipto junto a la reina Cleopatra. De esta nueva lucha entre aspirantes al trono saldrá vencedor Octavio, que se corona emperador con el nombre de Octavio Augusto. Con él, que destacó especialmente por su patrocinio de las artes y las letras, comienza el reinado de la dinastía de los Julios. Éstos, Tiberio, Calígula, Claudio y Nerón, mantendrán el poder del Imperio romano hasta el año 68 d.C., en que pasará a los Flavios; a esta familia pertenecieron los emperadores Vespasiano, Tito y Domiciano.

El fin de la dinastía de los Flavios coincide con el comienzo del llamado Alto Imperio o Imperio de los cinco Antoninos; así se denominaba a la familia de la nueva dinastía a la que pertenecieron los emperadores Nerva, Trajano, Adriano, Antonio y Marco Aurelio. La época de los Antoninos resulta contradictoria. A pesar de que esta familia, al contrario que las precedentes, procedía de las provincias, durante su reinado Roma exigió más grano que nunca al resto de ciudades y colonias romanas. La capital no paraba de crecer, multiplicándose las desigualdades sociales y las dificultades de subsistencia para muchos romanos. A pesar de ello, fue una época de relativa paz, a pesar de las guerras contra los pueblos bárbaros del norte. Esta época de paz, o de ausencia de grandes guerras, fue, en gran parte, debida a que los Antoninos repartieron algunas legiones, de forma permanente, en los terrritorios que podían resultar más conflictivos a la hora de exigir el pago de los impuestos sobre las cosechas para alimentar a la capital romana. En el plano cultural y religioso, lo que más destacó de esta época es la crisis de la religión helenista del Imperio. Ésta, basada en las creencias religiosas de la antigua Grecia, consideraba al emperador un dios. La crisis de este sistema de dioses contrasta con el auge del cristianismo, que desde Judea se abre paso rápidamente tanto en los sectores romanos patricios como en los plebeyos. En cuanto a extensión territorial, Roma dejó de crecer después de Trajano. Más tarde, Marco Aurelio será derrocado por el ejército, que impone a Cómodo en el trono de Roma. A partir de ese momento y hasta la caída del Imperio, serán los generales quienes controlarán de facto el poder.

Con el ejército en el poder coronando y derrocando emperadores transcurre el llamado Bajo Imperio. A excepción de una época de relativo y efímero esplendor, con Diocleciano (284-305), el Bajo Imperio transcurrió en gran parte bajo la dinastía de los Severos, con constantes revueltas en todas las provincias romanas. Pero en el año 305, Diocleciano ab-

dica y los últimos años de esplendor imperial se transforman en una guerra civil de la que saldrá vencedor Constantino, que toma el poder en el año 312. Un año más tarde, el emperador promulga el Edicto de Milán, que significa el final de la persecución de los cristianos, aunque entre los años 361-363 el emperador Juliano intentó sin éxito devolver el esplendor al helenismo romano. El último emperador de Roma fue Teodosio (379-395), quien tras su muerte reparte el Imperio entre sus hijos Arcadio y Honorio. Este último establecerá su capital en Bizancio, hasta que tres siglos más tarde la aparición y posterior expansión del islam en Oriente y el Mediterráneo abran una nueva etapa de la historia universal.

EL IMPERIO OTOMANO

Desde finales del siglo XIII hasta el XX (1924), el Oriente próximo y lejano estuvo bajo el dominio del Imperio otomano. Una serie de sultanes, entre los que se encuentran nombres tan míticos de la historia universal como Solimán el Magnífico o Mehmet II, llegaron hasta las puertas de Viena, dominaron el Mediterráneo con su flota de berberiscos, entre los que se encontraban los hermanos Barbarroja, y, durante algunos años, obligaron a que Venecia y los orgullosos reyes y señores serbios pagasen tributo a la Sublime Puerta de Constantinopla para evitar las arremetidas del ejército del Imperio otomano, que tuvo como fuerza más importante y temida a sus míticas tropas jenízaras.

Todavía hoy no se conoce con exactitud la procedencia de las primeras tribus que se establecieron en las regiones de Anatolia y la actual Turquía formando la base del Imperio otomano. No obstante, parece que los historiadores se muestran de acuerdo en que los primeros pueblos turcos procedían de la extensa estepa asiática dominada por los mongoles.

El primer sultán fue Osman I, quien en 1281 agrupó bajo su poder a pueblos turcos de distinto origen, además de anatolios, seljúcidas y algunas tribus mongolas. A Osmán le sucedió el verdadero fundador del Imperio otomano, Orjan I. Éste se convirtió al islam y

centralizó el poder del Imperio ayudándose de un cuerpo de soldados, los jenízaros, que formaron la base del poder militar e incluso burocrático.

Los jenízaros eran una fuerza militar constituida por jóvenes cristianos que eran entregados al Imperio otomano como uno de los impuestos a pagar. Este tributo recibía el nombre de Devsirne y consistía en que todo rey de un país cristiano bajo dominio del Imperio otomano, debía aportar 1/5 de los jóvenes de sus tierras. Éstos, al llegar a la corte, prestaban juramento al sultán y eran entrenados como soldados de élite y burócratas para servir en el palacio del sultán o en las cada vez más lejanas y numerosas provincias del Imperio.

Orjan I conquistó Asia y una gran parte de la Europa oriental, donde sus campesinos, aunque cristianos, no vieron con malos ojos la llegada de un nuevo poder más lejano –y por lo tanto creían que sería menos agobiante–, cansados como estaban de los tiranos feudales de aquellas tierras. Orjan llegó al Bósforo en 1346, y de allí saltó a Gallipolli, Tracia y Macedonia, haciéndose rápidamente con el control de todas las tierras de cultura helena y de tradición ortodoxa; Bizancio pertenecía ya al sultán.

Durante el siglo XV continuó la expansión del Imperio de la Sublime Puerta; bajo los sultanatos de

Mehmet I y Mehmet II se enfrentó con desigual suerte con coaliciones europeas integradas por los pueblos de los Balcanes, como Serbia, Valaquia o Transilvania, que a duras penas resistían el empuje del ejército del sultán. El auge de Mehmet II llegó en 1468, cuando Viena y Venecia comenzaron a pagar tributo al sultán, cuyo poder se extendió también por la península de Crimea y el mar Negro.

El siglo XVI comenzó para el Imperio con una crisis de los sultanes, que vieron disminuido su poder frente a la casta de los jenízaros, que incluso llegaban a decidir quién debía ser el sucesor de los sultanes depuestos. Pero tras el sultanato de Bayaceto II y Selim I, ambos dominados por los jenízaros, en 1520 llega al poder Solimán, conocido en la historia como Solimán el Magnífico.

Durante su mandato, que se prolongó hasta 1561, el Imperio otomano alcanzó su máxima extensión y poder, incluyendo a Egipto, Rodas y Transilvania; tan sólo una debilitada Persia, que recibía el apoyo de los Habsburgo, era capaz de contener la expansión otomana.

Como a todos los imperios, al otomano también le llegó su época de decadencia. Ésta comenzó en el siglo XVII y se hizo definitiva en el XVIII. Aunque durante la segunda mitad del XVII los visires albaneses Kurpulu pusieron freno al retroceso otomano en los Balcanes y el Mediterráneo, con la llegada del

siglo XVIII Rusia se incorpora definitivamente a la lucha. Aunque el zar Pedro el Grande no consiguió un triunfo visible contra los otomanos, lo cierto es que abrió un camino que seguirían sus sucesores en el trono del Imperio ruso. Finalmente, en 1770, tras la destrucción de la flota otomana los rusos cruzan el Danubio.

Durante los siglos XIX y XX, hasta la abolición del califato en 1924 por parte del fundador de la Turquía moderna, Kemal Ataturk, los problemas políticos y administrativos del Imperio no hicieron más que agudizarse. El poder absoluto del sultán estaba cada vez más controlado por visires o gobernadores de provincias que gozaban de amplia autonomía. Además, la poligamia que practicaban los sultanes impedía una política de sucesiones, por lo que cada vez que un sultán moría se producía un auténtico baño de sangre entre los posibles sucesores hasta que uno de ellos salía vencedor pero, al mismo tiempo, muy débil políticamente. Por último, tras la independencia de Grecia, las grandes potencias coloniales europeas y Rusia entraron a mediados del siglo XIX, tras la guerra de Crimea, de forma decidida en las áreas de influencia otomanas. Pero el fin político del Imperio llegó en 1915. En plena Primera Guerra Mundial, Londres envió a un agente colonial, el mítico Lawrence de Arabia, para que organizara la rebelión, y posterior independencia, de las tribus de la península de Arabia.

EL IMPERIO MONGOL

LOS MONGOLES, una etnia seminómada dedicada al pastoreo y a la caza, siempre han sido considerados como los señores de la estepa. Entre los siglos XIII y XV, las tribus mongolas se unificaron bajo un único caudillo, o kan, y conquistaron toda Asia incluida China. En el momento de máximo esplendor de su imperio los mongoles dominaron todo el comercio asiático terrestre, controlando un territorio que iba desde la muralla china hasta Persia y el sur de Rusia, llegando incluso a extender su amenaza hasta países y regiones de Europa como Polonia o Bohemia en la actual República Checa.

Se cree que la etnia mongol es originaria de China. Al ser un pueblo nómada, los mongoles se dividían en diferentes clanes que ocupaban distintos territorios y rutas de pastoreo. Con el paso del tiempo, entre los siglos III y VIII, algunos de estos clanes se habrían sedentarizado e integrado en la sociedad rural china. Pueden encontrase grupos y clanes de origen mongol en las regiones chinas del Alto Amur, en el extremo norte, y en el territorio del Gran Jiang; el resto de clanes, al resistirse a establecerse en pueblos y aldeas, fueron expulsados de China durante los siglos X y XII. Estos grupos llegarían a la región del mar de Aral, donde siguieron con su cultura seminómada de pastoreo y caza que apreciaba de forma especial los espacios abiertos y la libertad de movimientos que les proporcionaba la estepa.

Por su cultura y forma de vida los mongoles eran excelentes jinetes y grandes guerreros habituados a luchar de forma constante para ocupar los escasos pastos que necesitaban para su ganado.

Estos guerreros fueron también muy conocidos porque montaban caballos pequeños de patas cortas y fuertes capaces de aguantar cabalgadas a gran velocidad sobre terreno árido y duro. Además, los mongoles dominaban el tiro con arco; cuentan las crónicas de Marco Polo, el mercader veneciano del siglo XIII que conoció la época de esplendor del Imperio mongol, que los jinetes de Gengis Kan disparaban sus flechas con precisión y rapidez mientras cabalgaban a gran velocidad cargando contra sus enemigos. El ejército de este pueblo se organizaba en hordas o grupos de ataque que arrasaban sin piedad pueblos y ciudades enteras.

En el año 1206 el gran kan (Gengis Kan en el idioma mongol) Timuyin unifica a todos los clanes mongoles dispersos en una única fuerza que iniciará una rápida y sangrienta conquista de toda Asia y llevará a los temidos jinetes hasta Pekín 73 años más tarde. Todas las crónicas califican a Gengis Kan como un líder carismático que tuvo una clara idea de

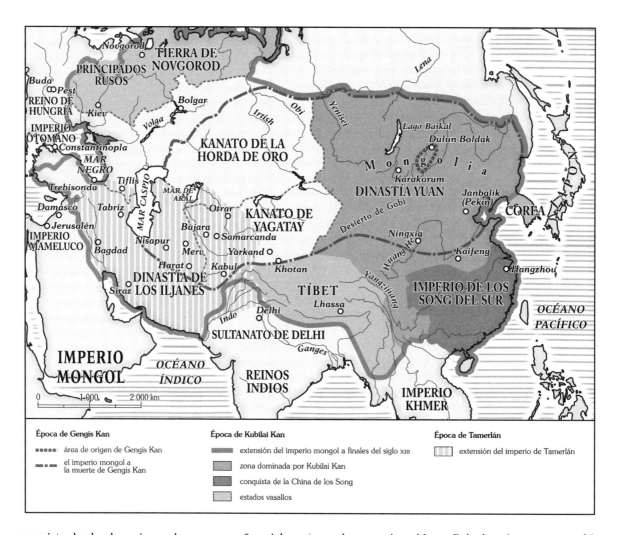

Época de Gengis Kan

- ▪▪▪▪▪ área de origen de Gengis Kan
- — · — el imperio mongol a
  la muerte de Gengis Kan

Época de Kubilai Kan

- extensión del imperio mongol a finales del siglo XIII
- zona dominada por Kubilai Kan
- conquista de la China de los Song
- estados vasallos

Época de Tamerlán

- extensión del imperio de Tamerlán

conquista desde el comienzo de sus campañas. Además de caudillo militar, se autoproclamó líder religioso y administrador de justicia, para lo cual redactó un código de leyes que regiría todo el Imperio mongol. Gengis Kan ideó un sistema fiscal con el que explotar a los pueblos conquistados; la novedad estaba en que los mongoles, al ser un pueblo nómada sin administración ni burocracia, adoptaron los sistemas administrativos, e incluso las creencias religiosas, de cada una de las zonas que caían bajo su poder. De esta manera no es de extrañar que con el paso de los siglos los diferentes kanatos o provincias mongolas se islamizaran en Persia y Asia menor, o bien se convirtiesen al confucionismo, los clanes descendientes de Kubilai, conquistador de China, o incluso al lamaísmo, en el caso de los mongoles que ocuparon el Tíbet. Además, como pudo comprobar el mer-

cader veneciano Marco Polo de primera mano, el Imperio mongol se convirtió durante su esplendor en el garante de la Ruta de la Seda. Gengis Kan y sus descendientes unificaron bajo su poder la totalidad de las fuerzas militares que custodiaban y protegían tan importante ruta comercial. Por todo ello, la figura de Gengis Kan no sólo debe contemplarse como la de un mero conquistador, sino también como la de un emperador capaz de crear, en tan sólo veinte años, una administración imperial que continuó después de su desaparición. Después de la muerte de Gengis Kan, en 1227, el Imperio mongol se dividió en diferentes kanatos o territorios gobernados por descendientes (hijos, sobrinos y nietos) del gran kan. No sólo se mantuvo el auge del poder mongol sino que además aumentó hasta la conquista de China; si bien los territorios estaban divididos administrativamente, incluso los kanatos orientales y occidentales adoptaron idiomas y creencias diferentes, el sistema imperial creado por Gengis Kan, y el código de justicia, mantuvieron el Imperio mongol hasta finales del siglo XV.

El heredero más destacado de Gengis Kan fue su sobrino Kubilai Kan, el caudillo que conoció Marco Polo, quien conquista China en 1279 estableciendo su capital en Pekín. Kubilai aplicó al pie de la letra la filosofía de los mongoles al poner en el poder a la dinastía china Yuang, controlada por Kubilai. Un siglo más tarde, en 1369, los mongoles habían absorbido tanto la cultura de los Yuang que se confundían con ellos. Los descendientes de Kubilai Kan fueron expulsados de China, igual que sus antepasados, por la dinastía Ming que pasó a gobernar el país.

El kanato del Turquestán, en Asia menor, recayó en Yagatai Kan. Éste conquistó la totalidad de Turquía y posteriormente extendió su poder hasta Cachemira (región situada entre las actuales India y Pakistán). En 1370, la parte occidental turca de esta región se separó formando un kanato bajo la dirección del caudillo Tamerlán, uno de los jefes mongoles más temidos y sanguinarios después de Gengis Kan.

Hulagu, nieto de Gengis Kan, se estableció en Persia en 1258 y conquistó las regiones de Arme-nia, Mesopotamia y Georgia. Hulagu se convirtió al islam en 1295. Un siglo más tarde, el que fuera kanato de Hulagu se fragmentó en diferentes territorios en función de los diferentes idiomas que comprendía (mongol, turco y farsi).

La zona de influencia rusa le correspondió al caudillo mongol Batu Kan, que ocupó gran parte del territorio de las actuales Rusia, Ucrania y Bielorrusia. Batu Kan llegó a cruzar el Danubio y adentrarse en Europa llegando hasta Polonia e incluso al Adriático. Este kanato fue uno de los más guerreros, puesto que le correspondió enfrentarse con Rusia, que también buscaba su expansión. El kanato se dividió en dos grupos: La Horda de Oro, que se estableció en la zona de la Rusia europea, y la Horda Blanca en la región del mar de Aral, la misma región donde Gengis Kan, en 1206, unificó a todos los clanes mongoles dando inicio a su expansión.

Rusia tardó cien años, desde 1380 a 1480, en liberarse de las hordas mongolas, que fueron derrotadas por el zar Iván III.

No obstante, pueblos y clanes de origen mongol (kalmucos y tártaros entre otros) siguieron luchando contra los cosacos rusos en toda la frontera de la llamada Horda de Oro, que comprendía las regiones de Crimea, Kazán y Astracán.

IMPERIOS AMERINDIOS, INCAS Y MAYAS

EL IMPERIO INCA llegó a dominar gran parte de los territorios de lo que hoy es Perú, Argentina, Chile y Bolivia. El periodo de su máxima expansión abarcó desde los inicios del siglo XV hasta 1523, año en el que las tropas españolas al mando de Francisco de Pizarro capturaron, juzgaron y asesinaron a Atahualpa, el último emperador inca.

Los incas fueron un pueblo originario de la región del lago Titicaca. A partir del siglo XII comenzaron a desplazarse hacia la región de Cuzco ocupando el territorio de otros pueblos andinos como los quechua, cuya lengua adoptaron los incas en 1438, los collas, los chancas y los lupacas entre otros. Los incas eran un pueblo agrícola que guardaba muchas similitudes con otras etnias de la región andina. Sabían domesticar animales para su alimentación y transporte y, aunque no conocían la rueda, manejaban el arado con destreza y sabían aprovechar el agua para crear zonas de fértiles regadíos en las que se parcelaba la tierra. Pero lo que diferenció a los incas de los demás pueblos vecinos es que desarrollaron una gran capacidad para la organización social, militar y económica. Esta característica fue determinante a la hora de edificar un imperio. La sociedad estaba vertebrada desde la base a través de clanes o ayllu. La agrupación de varios clanes formaba una comunidad que a su vez estaba gobernada por la clase de los nobles. Éstos no tenían la obligación de trabajar y en caso de incurrir en delitos no eran ajusticiados ni torturados. Pero la mayoría de la población no era noble, por lo que tenía la obligación de trabajar la tierra, que la administración del Imperio les proporcionaba, además de cumplir con el servicio militar en el ejército inca. Esta institución armada era de carácter permanente, guardaba las fronteras y vigilaba que los pueblos conquistados, a los que el emperador solía respetar su sistema político, obedeciesen a los gobernadores.

El emperador o «inca único» no sólo gozaba de poder absoluto sino que además estaba emparentado con los dioses. Era, según la tradición, hijo del dios Sol, o Inti. Además, el dios Sol, máxima divinidad de los incas, tenía como hermana a la diosa Luna, o Mara Quilla.

Otra de las instituciones destacadas del Imperio inca, que confirma su extraordinaria capacidad para gobernar y controlar grandes territorios, fue la de los chasquis o mensajeros. Estos funcionarios recorrían mediante relevos una red de caminos imperiales que se extendían a lo largo de 10.000 km manteniendo el Imperio comunicado en todo momento. Esta misma red contaba con una serie de alojamientos imperiales, listos para que el Inca Único pudiese afrontar, con comodidad y solemnidad, cualquier desplazamiento dentro de sus dominios. Tanto la citada red de comunicaciones como las importantes obras arquitectónicas –las ruinas de Machu Pichu son las más conocidas y representativas– y de obras públicas no se podrían haber construido sin el cumplimiento de la mita por parte de nobles y campesinos.

Esta institución fue otro instrumento más de control del Imperio mediante el cual el emperador obligaba a sus súbditos a cumplir con un periodo variable de trabajo en beneficio del Inca Único.

Una mita podía significar trabajar una parcela determinada durante unos años, hasta conseguir el rendimiento óptimo, o bien colaborar en las obras de un edificio público o también en la construcción de los puentes de soga que llegaban hasta los cien metros de longitud.

La historia de los incas se divide en el Imperio legendario y el Imperio histórico. El periodo que va desde la subida al trono de Manco Cápac I, en los inicios del siglo XIII, hasta el mandato de Pachacuti, que en 1438 adopta el quechua como lengua oficial del Imperio, es la época del Imperio legendario.

Durante esos años, de los que se tiene escasa información, los incas conquistaron y consolidaron su presencia en el valle de Cuzco.

A partir de 1438 comienza el Imperio histórico, que se extenderá hasta la derrota del último emperador, Atahualpa, a manos de Francisco de Pizarro en 1523. Con la muerte de Atahualpa desaparece la civilización inca, quedando los indígenas de lengua quechua en situación de desamparo ante las nuevas autoridades coloniales españolas. En 1911, a raíz del descubrimiento de las misteriosas ruinas de Machu Pichu, el interés por la historia del Imperio inca renació entre los historiadores, que quedaron fascinados por su estructura y organización social y política.

Unos veinte años antes de que Pizarro conquistase el Imperio inca, en la península del Yucatán (México) algunos españoles habían tenido encuentros con mercaderes indígenas que decían dirigirse a la tierra maya. Años más tarde, entre 1517 y 1518, el conquistador español Hernán Cortés y algunos de sus oficiales se adentraron en la península del Yucatán en busca de la tierra maya. En la selva que separa México de Guatemala, el conquistador de los aztecas encontró una civilización urbana muy desarrollada que, según las propias palabras de los españoles recogidas en las crónicas de la época, no desmerecían en grandeza ni en belleza a la ciudad de Sevilla. El mismo Cortés, antes de partir hacia el norte en busca del emperador azteca Moctezuma, dejó escrito en una carta al rey Carlos V que los mayas eran «gentes de razón» que vivían «en pueblos grandes y bien concentrados».

Los historiadores y arqueólogos creen que la civilización maya apareció 3.000 años antes de nuestra era en las tierras altas de Chiapas (en la frontera entre México y Guatemala). El llamado periodo formativo de dicho Imperio tuvo lugar entre el siglo VIII antes de nuestra era y el III d.C.

Durante esa época los mayas se establecieron en el valle de Guatemala e iniciaron un lento avance hacia la península del Yucatán, donde cientos de años más tarde se encontrarían con los conquistadores españoles. De este periodo formativo destacan los primeros altares para los sacrificios, la arquitectura de piedra, cerámica de vistosos colores, escritura de glifos y los primeros calendarios mayas que caracterizan a esta civilización.

Entre los siglos III y X de nuestra era tuvo lugar el periodo de esplendor o clásico del Imperio maya. Esta etnia formó federaciones de ciudades-Estado que tendían a agruparse en torno a la figura de un emperador asistido por una casta de sacerdotes, crueles y poderosos, que practicaban sacrificios humanos con esclavos y gente de pueblos conquistados. De esta época destacan los restos arquitectónicos de piedra más impresionantes y las representaciones de figuras humanas en relieve.

A esta época pertenecen también la gran difusión del juego de pelota con sus correspondientes canchas, los calendarios rituales y solares de 260 y 365 días respectivamente y libros hechos con corteza de árbol, además de la utilización de un sistema común de pesos y medidas o el empleo del cacao como moneda de cambio. Además de la construcción de formas piramidales, los mayas también hicieron uso de dinteles, bóvedas y esculturas de dioses y soberanos que completaban con inscripciones escritas con un alfabeto de glifos, mediante el que representaban palabras y sonidos. Esta lengua constituyó otro de los signos de unidad que permiten hablar de una civilización común entre distintas ciudades y federaciones de pueblos diferentes.

A finales del siglo X la civilización maya recibe la influencia guerrera de los pueblos mexicas del norte. Aunque esta etnia acabó por adoptar la cultura de los mayas, el Imperio se sumió en una rápida decadencia. Dejaron de construirse calzadas, los templos pasaron a ser de barro y paja, e incluso el juego de pelota tendió a desaparecer.

La crisis se agudizó entre los siglos XIII y XV cuando, a pesar del auge que tuvo la federación de doce ciudades mayas en la península del Yucatán, se produjeron múltiples guerras civiles que acabaron con la poderosa dinastía de los Cocomes.

Esta época de decadencia, que todavía conservaba importantes ciudades, fue la que conocieron los conquistadores españoles. El Imperio maya desapareció entre 1525 y 1536, con la conquista española de Guatemala y Yucatán respectivamente, aunque el último reducto oculto en la selva resistió hasta el 13 de marzo de 1697. En esa fecha, en la ciudad de Nojpetén, el capitán Martín de Ursúa derrotó a los últimos mayas.

CÓMO CULTIVAR GIRASOLES

SE TRATA DE ALGO MUY SENCILLO, pero que puede resultar muy satisfactorio, y de no mencionarlo aquí podríamos dejar pasar la ocasión. Estas plantas (*Helianthus*) se llaman girasoles porque giran hacia el sol, y al madurar, sus voluminosas cabezas se asemejan a éste. Las pipas de girasol se encuentran en la comida para hámsters y las tiendas de alimentos naturales. El cultivo de todo tipo de plantas y de flores puede resultar gratificante, pero las semillas de girasol son particularmente agradecidas, pues desde el momento de la siembra hasta que maduran plenamente sólo tienen que pasar sesenta días de verano. Crecen a gran velocidad y con unos resultados impresionantes.

Hay que plantar las semillas en tierra fértil a finales de la primavera. Lo único que se necesita son algunas semillas de girasol blancas y negras. Hay que colocarlas en un poco de tierra dentro de un vasito de plástico, echarles agua y aguardar unos días. Necesitan sol, de modo que debes asegurarte de que el vasito esté sobre un alféizar bien iluminado.

El brote que mostramos abajo sale al cabo de sólo una semana. Las semillas se abren y se elevan sobre los tallos como si fueran sombreros. Retíralas cuando puedas ver las hojas.

Con el paso de los días, quizá tengas que utilizar unas finas estacas de madera para dar soporte a los tallos, de los que brota una de las mayores flores cultivadas en cualquier parte del mundo, y llena de semillas comestibles. ¡Puede llegar a tener una altura final de casi dos metros y medio!

El segundo dibujo representa la planta al cabo de un mes, cuando mide aproximadamente sesenta centímetros. Ha sido transplantada a una maceta, lo que significa utilizar un poco más de tierra, abono y mucho riego. Si dispones de un lugar soleado al aire libre, crecerá muy bien, pero tendrás que comprobar regularmente que no se la estén comiendo los caracoles o las babosas. Para mantener este ritmo de crecimiento la planta necesita mucha agua, así que no te olvides de darle su remojón cotidiano.

Cuando, al final del verano, las flores finalmente empiecen a ajarse, abre las cabezas con los pulgares y encontrarás cientos de semillas rayadas listas para volver a empezar al año siguiente. Las cáscaras encierran una semilla de sabor agradable que puede consumirse cruda. También puedes probar a tostarlas, y luego servirlas con sal y mantequilla. Son una buena fuente de potasio, fósforo, hierro y calcio.

PREGUNTAS ACERCA DEL MUNDO – PARTE III

---❊---

1. **¿Cómo navegan los barcos con el viento en contra?**
2. **¿De dónde se obtiene el corcho?**
3. **¿Qué es lo que causa el viento?**
4. **¿Qué es la tiza?**

I. ¿CÓMO NAVEGAN LOS BARCOS CON EL VIENTO EN CONTRA?

En principio, se diría que es imposible que un barco o un navío navegue con el viento en contra. Sin embargo, haciendo un uso inteligente de las velas y del timón, es posible.

La figura 1 es un plano de un pequeño barco con la vela mayor y el timón visibles. El viento sopla en la dirección de la flecha A, y tendería a hacer girar el barco en la dirección de la flecha B. Para contrarrestar esto, el timón se coloca en la posición C, y el peso del agua contra el timón impulsa el barco en la dirección marcada con la D. Entre ambas fuerzas, como una pepita cuando se la aprieta, el barco se desplazará en dirección E.

A fin de llegar a un punto situado a barlovento (contra el viento), el barco ha de realizar la maniobra que aparece en la figura 2: primero a estribor (derecha) y luego a babor (izquierda). El barco navega a estribor, A, y al cabo de un rato, el timón se coloca en la posición B, y la vela se cambia de lado, de manera que el barco se escore y se ciña por babor. Mediante este cambio o virada de babor a estribor y viceversa, recorriendo una trayectoria en zigzag, el barco podrá llegar a un punto desde el que sople el viento, y habrá navegado con el viento en contra.

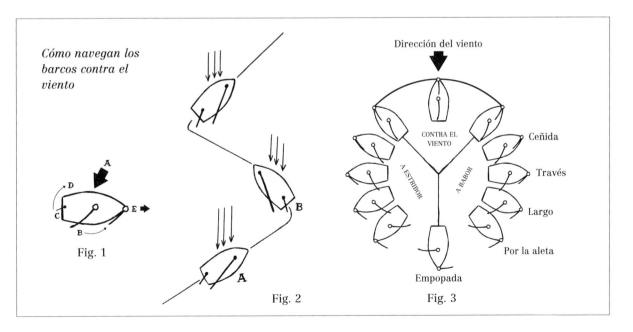

Cómo navegan los barcos contra el viento

Dirección del viento

CONTRA EL VIENTO

A ESTRIBOR

A BABOR

Ceñida

Través

Largo

Por la aleta

Empopada

Fig. 1

Fig. 2

Fig. 3

2. ¿De dónde se obtiene el corcho?

Cuando una planta sufre daños, y sus tejidos internos quedan expuestos, está abierta al ataque de las bacterias y de los hongos. De un modo análogo a la producción de pus por el cuerpo humano, muchos mecanismos de defensa de las plantas segregan un fluido en el proceso curativo. Desde un tejido interior de la planta llamado «callo», se forman nuevas células para cerrar las heridas abiertas. Dichas células no tardan en volverse de color marrón, y adquieren la naturaleza del verdadero corcho.

El hombre necesita el corcho en grandes cantidades, y hay un árbol que lo produce en abundancia: el alcornoque (*Quercus suber*). La corteza exterior de este árbol se compone en gran parte de corcho, el cual puede arrancarse en grandes tiras durante el verano. Este proceso lesiona al árbol sólo en la medida indispensable para estimularlo a producir más corcho y así reemplazar el que se ha perdido. Muchos productores de vino se están pasando a los tapones de plástico o de rosca.

3. ¿Qué causa el viento?

Los vientos son corrientes de aire y su principal causa son las diferencias de temperatura creadas por el calentamiento desigual de la superficie y la atmósfera terrestres por el Sol.

Las regiones polares pueden llegar a estar a 71 °C menos que las regiones ecuatoriales. También resulta relevante el hecho de que en los trópicos, las temperaturas diurna y nocturna difieran en más de 25 °C. Además, por cada kilómetro por encima del nivel del mar que se sube, la temperatura cae una media de 5 °C.

La rotación terrestre también complica las cosas, pues suscita vientos, y las corrientes de aire frío procedente de las regiones árticas no pueden mantener el ritmo de rotación de la Tierra y son desviadas en dirección oeste. Los vientos del norte se convierten en vientos del noroeste; lo mismo sucede en el hemisferio sur, donde los vientos del sur se convierten en vientos del sudeste.

4. ¿Qué es la tiza?

La tiza es una piedra caliza blanda (una de las variedades del carbonato de calcio). Se origina en los caparazones de minúsculos animales denominados «foraminíferos», que viven en los océanos. Al morir los foraminíferos, las conchas insolubles forman depósitos fangosos que se solidifican al ser sometidos a presión, y el resultado es la tiza. Con frecuencia se la encuentra junto al sílex, piedra compuesta por restos orgánicos fosilizados. A pesar de su relativa blandura, la tiza puede hallarse en enormes acantilados, como los que hay en la costa sur de Inglaterra, en Dover y Lyme Regis.

JUEGOS DE ROL

Esta página no tiene por objeto decirte cómo puedes hacer algo, y verás por qué a medida que sigas leyendo. Es un breve informe acerca de los juegos de rol: qué son y cómo empezar a disfrutar con ellos. Son pocos los inventos del siglo XX que combinen tan bien el entretenimiento con la imaginación.

Dragones y mazmorras nació en 1972, y sigue a la venta en las librerías *online* y las tiendas de aficionados. Para empezar se necesita el manual del jugador, el manual del *dungeon master* (amo de las mazmorras), unos dados y, en su momento, una aventura a la que jugar. Empezar no resulta demasiado barato, pero una vez realizado el desembolso inicial, los costes son mínimos: es todo cuestión de imaginación y algún que otro lápiz de vez en cuando.

En esencia, uno compra los libros, los lee y elige un personaje para sí mismo. Existen categorías básicas, como Guerrero, Ladrón y Mago. El personaje empieza con determinadas cualidades, como la destreza y la fuerza, decididas por el lanzamiento de un dado. Con experiencia, el personaje va adquiriendo más poder, más resistencia y más conocimiento. El juego también se vuelve cada vez más complejo. Los Guerreros obtienen armas más poderosas, y los Magos adquieren la capacidad de realizar hechizos de mayor trascendencia. Cuando éramos niños, nosotros progresamos desde el nivel básico al avanzado, y de ahí al experto,

hasta llegar, por último, al inmortal, antes de pasar a batallar a nivel nacional y edificar un imperio. Nunca se olvida la primera vez que uno se ve exiliado de un país que construyó de cero.

Para jugar hacen falta unas cuantas personas: se trata de un juego social, lo que lo hace muy recomendable. En un sentido muy real, es una escuela para la imaginación y, en particular, para las tramas y los personajes. Puede que lo sea incluso para tácticas. Si quieres ser escritor, prueba a jugar a *Dragones y mazmorras*. Ya puestos, prueba a jugar si quieres ser matemático.

El amo de las mazmorras es quien dirige el juego. Éste o bien recopila o bien escribe aventuras, que transcurren en mazmorras o en otros lugares. Los personajes combaten contra los monstruos elegidos por él y o bien sortean sus trampas o caen en ellas, sufriendo horribles muertes. Los jugadores van elaborando personajes con historias, equipamientos y habilidades extraordinariamente pormenorizados.

Para nosotros, *Dragones y mazmorras* significó cientos de horas jugando en el colegio y en casa con lápices, gráficos, dados y risas. Si no te atraen los elfos, hay muchos otros tipos de juegos de rol, desde el *Judge Dredd* a los superhéroes, a *Warhammer* y cientos más... pero *Dragones y mazmorras* sigue siendo el primero y el mejor.

NOCIONES GRAMATICALES – PARTE III
VERBOS Y TIEMPOS VERBALES

En las secciones anteriores de nociones gramaticales hemos aprendido ya lo que es un verbo. Ahora profundizaremos un poco más en esta clase de palabras: su conjugación y sus características funcionales en la oración.

Verbos Transitivos e Intransitivos

¿Cuántas veces te encuentras en situaciones en las que sea necesario distinguir entre verbos transitivos e intransitivos? Casi nunca, la verdad, pero lo más curioso de todo esto es que a todas las personas que conocen estas minucias de la gramática *les encanta* reflexionar sobre ellas.

Los verbos **transitivos** son aquellos que necesitan un complemento directo. Por ejemplo, *regalar, dar, atropellar, negar.* No se puede decir *Juan atropelló* sin especificar a quién o a qué atropelló. Lo mismo sucede con todos los verbos de este grupo.

Los verbos **intransitivos** pueden construirse sin necesidad de complementos directos: *llegar, existir, gustar.*

Algunos verbos pueden ser transitivos o intransitivos, en función del contexto concreto en que aparezcan (esto dificulta las cosas): *La sopa quema* (intransitivo), pero *El fuego quema los bosques* (transitivo).
Con todo, esta cuestión tampoco es un asunto de complejidad exorbitante: reconocer si un verbo se emplea de modo transitivo o intransitivo sólo requiere atención, sentido común y memoria.

Los Tiempos Verbales

Como ya se dijo en la primera parte de las nociones gramaticales, el verbo necesita formas distintas para expresar el pasado, el presente y el futuro. Existen diferencias importantes entre decir *Han cerrado las puertas* y *Van a cerrar las puertas.* Las tres formas **principales** de los verbos —presente, pasado y futuro—, por tanto, expresan esta triple distinción, relacionada con el tiempo.

En castellano, en modo indicativo, existen varios tiempos verbales de pasado:

1. Pretérito indefinido o simple: *hablé.*
2. Pretérito perfecto: *he hablado.*
3. Pretérito pluscuamperfecto: *había hablado.*
4. Pretérito anterior: *hube hablado* (muy poco frecuente en la actualidad).
5. Pretérito imperfecto: *hablaba.*

Y tenemos dos futuros:

1. Futuro imperfecto: *hablaré.*
2. Futuro perfecto: *habré hablado.*

Además de las formas simples, disponemos de perífrasis temporales. Así, en presente, además de la forma simple *hablo* podemos decir *estoy hablando*, que indica lo que estoy haciendo en este preciso momento.

Para el futuro, además de *hablaré* puedo decir *voy a hablar*, que es justo lo que pretendo hacer dentro de unos instantes.

Los Modos y otras Formas Verbales

Además del modo indicativo, existe el modo subjuntivo. El primero se emplea para expresar lo real, los acontecimientos que suceden o han sucedido. También es el modo de las oraciones simples y las principales. El subjuntivo, en cambio, se emplea para la irrealidad o la improbabilidad, así como para algunas oraciones subordinadas. Veamos algunos ejemplos:

Mañana vas a venir (indicativo, realidad).
Ojalá vengas mañana (subjuntivo, deseo).
Es posible que haya venido ya (subjuntivo, probabilidad).
Iremos a la playa (indicativo, oración simple).
Si vinieses, podríamos ir a la playa (oración compuesta; la subordinada va con subjuntivo).

El subjuntivo tiene varios tiempos:

1. Presente: *hable.*
2. Pretérito perfecto: *haya hablado.*
3. Pretérito imperfecto: *hablara o hablase.*
4. Pretérito pluscuamperfecto: *hubiera o hubiese hablado.*

Además del indicativo y el subjuntivo, existen los tiempos condicionales (simples y compuestos), que están a medio camino entre ambos modos, aunque generalmente se clasifican dentro del primero.

1. Condicional o potencial simple: *hablaría.*
2. Condicional o potencial compuesto: *habría hablado.*

También existe el imperativo, que forma parte del indicativo aunque tiene menos personas: *habla, hablad.* Y las formas no personales del verbo:

1. Infinitivo: *hablar.*
2. Gerundio: *hablando.*
3. Participio: *hablado.*

LAS SIETE MARAVILLAS DEL MUNDO MODERNO

LAS SIETE MARAVILLAS DEL MUNDO antiguo son invariables, pero las siete modernas han de ser de algún modo una elección personal. La humanidad ha creado muchas, muchas cosas maravillosas. Un cuadro de Picasso es una maravilla, como lo son también un ordenador, un huevo de Fabergé, un aria de Mozart, el automóvil o una oveja clonada. La lista podría ser interminable.

Sin embargo, ejemplos como éstos no parecen estar a la altura del estilo y la intención de las maravillas antiguas originales. Sin duda, las siete maravillas modernas tendrían que hallar algún eco en las antiguas. De no ser así, ¿por qué no nueve en lugar de siete? Nuestra lista de maravillas ha sido elaborada siguiendo dos requisitos: 1) tratarse de obras hechas por el hombre, lo cual excluye cataratas y montañas; 2) dejarle a uno sin aliento. He aquí siete maravillas modernas. Es imposible contemplar cualquiera de ellas sin pensar cómo demonios pudimos construir eso.

1. EL TÚNEL DEL CANAL DE LA MANCHA

Una obra de ingeniería que excavó un túnel entre Folkestone, Inglaterra, y Calais, Francia, de una longitud de unos 50 kilómetros, con una profundidad media de 45 metros, por debajo del fondo del mar. Tanto Francia como Gran Bretaña emplearon grandes máquinas de barrenado, atravesando terrenos calcáreos para unirse a mitad de camino por primera vez desde la última glaciación. Cuando se produjo por fin el encuentro, había un error de menos de dos centímetros, toda una hazaña de precisión.

Para construir el túnel hicieron falta 15.000 trabajadores trabajando durante siete años; costó más de diez mil millones de libras esterlinas. Una parte de la estructura es un conjunto

de enormes pistones que pueden abrirse y cerrarse para liberar la presión acumulada por los trenes que viajan a una velocidad de 160 kilómetros por hora. También hay unos 482 kilómetros de tuberías de agua fría que discurren por el túnel para reducir el calor creado por la fricción del aire.

Del lado británico, la caliza excavada se depositó en Shakespeare Cliff, cerca de Folkestone. En consecuencia, se ganaron al mar más de 360.000 metros cuadrados de terreno.

2. La Gran Muralla China

Con 6.400 kilómetros de longitud, la Gran Muralla China es pasmosa en virtud de su tamaño y del esfuerzo requerido para construirla. Pese a que evidentemente no es una creación moderna, sigue en pie en la actualidad. Su construcción empezó hace más de dos mil años durante la dinastía Qin. Qin Shi Huang no fue un hombre carente de imaginación. Al morir, fue enterrado en compañía de seis mil guerreros y caballos de terracota de tamaño natural.

La Gran Muralla se edificó para impedir la invasión de China por los mongoles, aunque no por ello logró detener a Gengis Kan. Dispone de un sistema de atalayas y de fortificaciones. Lamentablemente, algunas secciones se han derrumbado o han sido destruidas.

Es un mito que pueda verse la Gran Muralla desde la Luna. Son muchos los objetos construidos por el hombre que pueden ser vistos desde el espacio si se orbita a poca distancia, como por ejemplo ciudades, vías férreas e incluso pistas de aterrizaje. Desde la Luna, no obstante, la Tierra presenta el mismo aspecto que si la humanidad nunca hubiera existido.

3. La torre CN, Toronto, Canadá

Lo más raro es que la torre CN no sea más conocida. Es la estructura exenta (de fabricación humana) más alta del mundo.* Seamos absolutamente justos: su principal función —como repetidor de radio y de televisión— no cautiva la imaginación del mismo modo en que lo haría un gigantesco edificio de oficinas. Con todo, mide 553,2 metros de alto y fue diseñada para soportar vientos de más de 300 kilómetros por hora.

4. La presa de Itaipú

Esta colosal presa se encuentra a orillas del río Paraná, en la frontera entre Brasil y Paraguay. Para construirla, los operarios retiraron 50 millones de toneladas de tierra y piedra. La propia presa tiene la altura de un edificio de sesenta y cinco plantas. Se utilizó hormigón suficiente para construir 15 túneles como el del canal de la Mancha, y suficiente hierro y acero como para construir 380 torres Eiffel.

La estación de energía hidroeléctrica alimentada por la presa ocupa una extensión de ochocientos metros. Contiene dieciocho generadores eléctricos, por cada uno de los cuales pasan 160 toneladas de agua por segundo. El 72% del consumo energético total de Paraguay procede de esta presa.

* Existe un repetidor de radio más alto en EE.UU., de una altura de 629 metros, pero está soportado por cables tensores y resulta mucho menos impresionante que la torre CN.

Uno de los motivos por los que el canal de Panamá aparece en esta lista es porque une dos inmensos océanos y separa dos continentes. Tiene una longitud de 80 kilómetros. Antes de ser construido, un barco que viajase desde Nueva York a San Francisco se veía forzado a dar la vuelta a toda Sudamérica. La construcción del canal significó restarle 12.800 kilómetros a ese recorrido.

En sus orígenes, el canal era un proyecto francés emprendido bajo la dirección de Ferdinand de Lesseps. A pesar de ser muy respetado en Francia, Lesseps tuvo que recurrir a toda su energía y su carisma para reunir el inmenso capital necesario para llevar a cabo la empresa. Cuando empezaron las obras, sus hombres tuvieron que lidiar con parásitos, arañas, serpientes, lluvias torrenciales y riadas. Mucho peor era la amenaza representada por las enfermedades. La fiebre amarilla, la disentería, el tifus, el cólera, la viruela y la malaria eran comunes. En esas condiciones, murieron hasta 20.000 trabajadores. En 1889, la compañía de Lesseps quebró y los inversores perdieron su dinero.

En 1902, el gobierno estadounidense aceptó hacerse cargo de las obras del canal de Panamá, apoyando al mismo tiempo la independencia de Panamá de Colombia. El presidente norteamericano, Theodore Roosevelt, dijo a sus ingenieros que «hicieran desaparecer la tierra». Los estadounidenses reconstruyeron el emplazamiento y pusieron manos a la obra. En torno a 1910, había 40.000 trabajadores en el canal y Roosevelt envió tropas. Fue completado en 1914.

Los principios son similares a los de cualquier canal, pero cada compuerta de esclusa pesa 750 toneladas. Cada año pasan por él 14.000 navíos.

6. El puente Akashi-Kaikyo de Japón, también conocido como el puente de La Perla

Se trata del puente colgante más largo del mundo, aunque sea muchos kilómetros más corto que el puente más largo existente, el Lake Pontchartrain Causeway, que tiene más de 38 kilómetros de longitud. Sin embargo, los puentes colgantes descomunales tienen algo particularmente imponente. Éste tiene una longitud de 1.991 metros. Tardó diez años en construirse y costó dos mil millones de libras esterlinas. Tiene 700 metros más que el Golden Gate Bridge de San Francisco.

Después de un túnel, una muralla, un repetidor, una presa, un canal y un puente, ya hemos cubierto la mayor parte de las obras arquitectónicas verdaderamente impresionantes. La última elección quizá no sea enorme, pero representa el paso siguiente y el futuro.

Es posible que el transbordador espacial sea la máquina más complicada jamás construida. Es la primera nave espacial propiamente dicha del mundo, y aunque los transbordadores actuales se aproximan ya al final de su vida útil, fueron el primer paso dado desde los cohetes de usar y tirar hacia los sueños de la ciencia ficción. El primero fue bautizado como *Enterprise*, en honor a la nave de *Star Trek*, pese a no ser más que un vehículo de prueba y no haber viajado jamás al espacio. En la actualidad se encuentra en el Smithsonian Institute. A éste le siguieron otros cinco: el *Columbia*, el *Challenger*, el *Discovery*, el *Atlantis* y el *Endeavour*. El *Columbia* fue lanzado al espacio por primera vez en 1981, inaugurando una nueva era en los vuelos espaciales. En 1986, cuando el *Challenger* explotó poco después de despegar, acabando con las vidas de sus siete tripulantes, el programa fue suspendido temporalmente.

Cuando vuelve a ingresar en la atmósfera, la temperatura en la superficie exterior de la nave llega a los 1.650 ºC. Es el vehículo más veloz jamás diseñado, capaz de alcanzar velocidades de hasta 29.000 kilómetros por hora.

Se utiliza como nave multiuso, capaz de lanzar y reparar satélites y acoplarse con la Estación Espacial Internacional en órbita.

Hacia arriba y adelante

LOS LIBROS QUE CUALQUIER MUCHACHO
DEBERÍA LEER

A QUÍ EL RIESGO ESTÁ en que intentes leer libros demasiado difíciles para tu edad. La selección la hemos realizado a partir de los libros con los que más disfrutamos nosotros, pero se trata de una lista que todo varón debiera haber leído de niño. Los primeros son los más sencillos, aunque no los mejores. Cada uno de estos títulos ha sido reverenciado por millones de niños. Al igual que una referencia a Jack y la habichuela mágica, deberías conocer a Huckleberry Finn, Sherlock Holmes y todos los demás personajes que constituyen el universo de la imaginación. La lista está acompañada de edades de lectura recomendadas, aunque se trata sólo de aproximaciones. La capacidad lectora es más importante que la edad.

1. Los libros de Roald Dahl. A partir de los 5 años, pueden leerse a los niños. *Los cretinos* es fantástico. Vale mucho la pena leer *Charlie y la fábrica de chocolate, La maravillosa medicina de Jorge, El gran gigante bonachón*, y *James y el melocotón gigante.* Para lectores de más edad, sus relatos cortos son particularmente brillantes.

2. Los libros de Winnie-the-Pooh de A. A. Milne. Historias hermosamente escritas y entretenidas.

3. Todos los libros de los Cinco, de Enid Blyton. También su serie del Club de los Siete Secretos. Se trata de relatos de aventuras y de crímenes clásicos para niños de 8 años en adelante, hasta comienzos de la adolescencia.

4. *Hongo, el Cuco,* de Raymond Briggs. Uno de los libros más extraños de esta lista, pero no por ello menos cautivador. Para todas las edades, pero probablemente a partir de los 10 años.

5. Los cuentos de Grimm; los de Hans Christian Andersen; las leyendas griegas y romanas. Existen muchas colecciones, y estos relatos han sobrevivido porque son buenos.

6. *Crónicas de Belgarath,* de David Eddings. Una serie de cinco volúmenes de relatos de literatura fantástica, cada uno de los cuales es una joya. A partir de los 11 años.

7. *Crónicas de Narnia: el león, la bruja y el armario*, de C. S. Lewis. Magníficos relatos de literatura fantástica para lectores seguros de sí mismos de 12 años para arriba.

8. *Kim,* de Rudyard Kipling. Un clásico relato de aventuras. También la serie de *Los cuentos de así fue...* y *El libro de la selva.* Para lectores seguros de sí mismos, pero sin duda valen la pena.

9. *Los treinta y nueve escalones,* de John Buchan. Casi el relato de aventuras para chicos por definición, con espías y persecuciones frenéticas por la campiña escocesa.

10. Los libros de la serie Harry Potter, de J. K. Rowling. Clásicos de nuestro tiempo.

11. *Las aventuras de Tom Sawyer* y *Las aventuras de Huck Finn*, de Mark Twain. Para lectores seguros de sí mismos de 12 años para arriba.

12. Isaac Asimov. Relatos de ciencia ficción. Asimov escribió cientos de estupendos relatos cortos. Para lectores seguros de sí mismos de 12 años para arriba.

13. Los libros de Mundodisco, de Terry Pratchett. Todos ellos son fantásticos, divertidos e interesantes. Empieza por *Hechicero*. Para niños de 12 años para arriba.

14. *El juego de Ender,* de Orson Scott Card. Un fantástico relato de un chico joven en una academia militar. Para lectores atrevidos de 12 años para arriba.

15. *Seafort, guardamarina,* de David Feintuch. Un relato fantástico situado en el espacio con un protagonista maravilloso. La serie completa tiene siete volúmenes.

16. *La guía del autoestopista galáctico,* de Douglas Adams. Divertido e ingenioso. El viejo truco de la trilogía de cinco volúmenes. Si lees uno, querrás leerlos todos.

17. *Mago: aprendiz,* de Raymond E. Feist. Una de las mejores novelas fantásticas escritas jamás, y le siguen continuaciones de primera categoría.

18. *El señor de los anillos,* de J. R. R. Tolkien. La trilogía maestra. Para lectores adolescentes seguros de sí mismos.

19. Los libros de la serie *Flashman*, de George MacDonald Fraser. Para lectores seguros de sí mismos; estupendos para empaparse de historia y de aventuras. De 14 para arriba.

20. *Rebelión en la granja* y *1984,* de George Orwell. Novelas para despertar el cerebro. Para lectores atrevidos, de 14 años para arriba.

21. *Un mundo feliz,* de Aldous Huxley. Al igual que *1984*, de Orwell, un célebre relato de un futuro que debería atemorizarnos.

22. *El señor de las moscas,* de William Golding. Magnífico, pero sólo para lectores consumados de 14 años para arriba.

23. *La máquina del tiempo, La isla del Dr. Moreau* y *El hombre invisible,* de H. G. Wells. Libros escritos por una de las más grandes mentes literarias del siglo XIX. De 14 años para arriba.

24. Las aventuras de Sherlock Holmes, de Arthur Conan Doyle. Los primeros y originales relatos de detectives. Montones de relatos policiacos breves y de novelas como *El sabueso de los Baskerville.* Sólo para lectores consumados de 15 años para arriba.

25. *Los viajes de Gulliver,* de Jonathan Swift. He aquí un libro que puede leerse en varios niveles. Gracias a él conocemos las tierras de Liliput y Brobdingnag.

26. *Tres hombres en una barca,* de Jerome K. Jerome. El libro más divertido jamás escrito, pero sólo para lectores consumados de 15 años para arriba.

27. Stephen King. Los libros que escribió con el seudónimo de Bachman son un buen punto de partida. Sus novelas son de temática bastante adulta y pueden ser bastante aterradoras. Sólo para lectores consumados de 15 años para arriba.

MEDIDAS

MEDIDAS DE LONGITUD

1 milla = 8 estadios = 1.760 yardas = 5.280 pies = 1,609 kilómetros

1 estadio = 10 cadenas = 220 yardas = 201 metros

1 cadena = campo de críquet = 22 yardas = 66 pies = 20 metros

1 yarda (yd) = 3 pies = 0,9144 metros

1 pie (ft) = 12 pulgadas = 0,3048 metros

1 pulgada (in) = 25,4 milímetros

MEDIDAS DE SUPERFICIE

1 milla cuadrada = 640 acres = 259 hectáreas

1 acre = 10 cadenas cuadradas = 4.840 yardas cuadradas = 0,405 hectáreas

1 *rood* = 1/4 acre = 1.210 yardas cuadradas = 1.011 metros cuadrados

1 yarda cuadrada (sq yd) = 9 pies cuadrados = 0,836 metros cuadrados

1 pie cuadrado (sq ft) = 144 pulgadas cuadradas = 9,29 decímetros cuadrados

1 pulgada cuadrada (sq in) = 6,45 centímetros cuadrados

MEDIDAS CÚBICAS

1 yarda cúbica = 27 pies cúbicos = 0,765 metros cúbicos

1 pie cúbico = 1.728 pulgadas cúbicas = 0,028 metros cúbicos

1 pulgada cúbica = 16,4 centímetros cúbicos

MEDIDAS DE CAPACIDAD

1 fanega = cuatro picotines = 64 pintas = 8 galones = 36,4 litros

1 picotín = 2 galones = 16 pintas = 9,1 litros

1 galón (gal) = 4 cuartos = 8 pintas = 4,55 litros

1 cuarto (qt) = 2 pintas = 1,14 litros

1 pinta (pt) = 20 onzas fluidas = 4 gills = 0,57 litros

1 *gill* = 5 onzas fluidas = 0,14 litros

1 onza fluida (floz) = 1,8 pulgadas cúbicas = 0,03 litros

PESO

1 tonelada = 20 *hundredweight* = 2.240 libras = 1,016 toneladas métricas
1 hundredweight (cwt) = cuatro cuartos = 112 libras = 50,80 kilogramos
1 cuarto = 2 *stones* = 28 libras = 12,70 kilogramos
1 stone = 14 libras = 6,35 kilogramos
1 libra (lb) = 16 onzas = 7.000 granos = 0,45 kilogramos
1 onza (oz) = 16 *drams* = 28,35 gramos
1 dram (dr) = 27,3 granos = 1,772 gramos
1 grano (gr) = 0,065 gramos

MONEDA

La razón de que la moneda británica se llame «libra» en realidad tiene que ver con el peso de los peniques de plata. Alfredo el Grande estableció que el peso del penique debía ser de 24 granos en el siglo VII. 240 peniques de plata sumaban una libra de peso. Es por ello que la moneda se sigue llamando «libra esterlina»; la «plata esterlina» es plata de una gran pureza.

Las medidas imperiales británicas en la actualidad se suelen llamar medidas USA. El sistema estadounidense tiene fracciones distintas a las de las medidas británicas tradicionales; su *hundredweight* es de 100 libras, por ejemplo. Resulta algo irónico que mientras los estadounidenses envían a hombres y mujeres al espacio empleando libras y pulgadas, Gran Bretaña haya adoptado el sistema de medidas de la Revolución francesa. El sistema métrico tiene la ventaja de facilitar los cálculos, al estar todo basado en el número 10. Las medidas imperiales británicas se basan en el número 12 y también en el cuerpo humano: una yarda es el paso de un hombre, un pie tiene la longitud de un antebrazo (o un pie), un acre es aproximadamente un cuadrado de 70 pasos por 70. Tener más de un sistema en vigor en el mundo tiene la utilidad de recordarnos que son todos artificiales: vivimos en un mundo hecho por la mano del hombre.

ILUSTRACIONES

---

140. Mapa del mundo. Sebastian Cabot, Amberes, 1544. París, Bibliothèque Nationale de France

141. Simón Bolívar © Cover
Flag of St George © Collins Gem Flags

185. Marie Curie © Cover

190. Mons Meg / ilustración reproducida con permiso del Edinburgh Castle

191. Primera Guerra Mundial, pieza de artillería británica (© Popperfoto.com)
Soldado preparando proyectiles (© Popperfoto.com)

192. Tanque de fabricación británica Challenger 2 © *Jane's Tanks and Combat Field Vehicles Recognition Guide* de Christopher F. Foss

206-207 Árboles de la península ibérica © Agesma

209-211 Árboles de Latinoamérica © Agesma

212. Huella del hombre en la Luna © Cover

220. Ejércitos coloniales (Bibliothèque des Arts Décoratifs, París/Bridgeman Art Library)

221. Sir Francis Drake (Private Collection/Bridgeman Art Library)

223. Robert Clive de Thomas Gainsborough (Cortesía del Council, National Army Museum, Londres/Bridgeman Art Library)

224. "La muerte del General Wolfe", de Benjamin West (Private Collection/Bridgeman Art Library)

226. La reina Victoria (Private Collection/Bridgeman Art Library)

227. Mapa del mundo, según la proyección de Mercator, con el Imperio Británico (© Guildhall Library/City of London/Bridgeman Art Library)

229. "Together". Cartel de la Segunda Guerra Mundial (Private Collection/Bridgeman Art Library)
Lord Mountbatten (© Bert Hardy/Getty Images)

230. El imperio de Felipe II © GradualMap

233. El imperio romano © GradualMap

236. Imperio otomano © GradualMap

238. Imperio mongol © GradualMap

249. La Gran Muralla de China (© The Travel Library/Rex Features)

250. La Torre CN (© Paul Brown/Rex Features)
La presa de Itaipú (© AFP/Getty Images)

251. El Canal de Panamá (© Popperfoto.com)

252. Puente de Akashi-Kaikyo Bridge (© Rex Features)

253. Transbordador espacial (© Getty Images)

Ilustraciones © Richard Horne (http://homepage.mac.com/richard.horne/)

Agradecimientos:

For the Fallen (Septiembre de 1914) de Laurence Binyon, reproducido, en versión traducida, con permiso de The Society of Authors as the Literary Representative of the Estate of Laurence Binyon

El poema «Ítaca», de Constantino Kavafis, se ha extraído de *Poesías completas*, Ediciones Hiperión, Madrid, 1976, traducción de José María Álvarez

Soneto «El ciprés de Silos», de Gerardo Diego © Herederos de Gerardo Diego